Judith Kösters / Heike Ließmann / Karl-Heinz Wellmann (Hrsg.)

Welt der Wirtschaft

Schriftenreihe Band 1718

Judith Kösters / Heike Ließmann /
Karl-Heinz Wellmann (Hrsg.)

Welt der Wirtschaft

Neue Fragen, einfach erklärt

bpb:
Bundeszentrale für
politische Bildung

Die Herausgeber Judith Kösters, Heike Ließmann und Dr. Karl-Heinz Wellmann sind Redakteure in der Redaktion Bildung und Wissenschaft bei hr-INFO. Ihr Buch basiert auf dem Funkkolleg Wirtschaft, das mit wissenschaftlicher Begleitung des House of Finance und des Fachbereichs Wirtschaftspädagogik der Goethe-Universität Frankfurt/M. entstanden ist.

FSC
www.fsc.org
MIX
Papier aus verantwortungsvollen Quellen
FSC® C089473

Bonn 2016
Sonderausgabe für die Bundeszentrale für politische Bildung
Adenauerallee 86, 53113 Bonn

Entstanden aus der Hörfunkreihe *Funkkolleg Wirtschaft* von hr-iNFO, dem Informationsradio des Hessischen Rundfunks

Umschlaggestaltung: Naumilkat – Agentur für Kommunikation und Design, Düsseldorf
Umschlagmotiv: © Prisma/Znam/Albert

Satz: Campus Verlag GmbH, Frankfurt am Main
Druck und Bindung: Beltz Bad Langensalza GmbH

ISBN 978-3-8389-0718-5

www.bpb.de

INHALT

DER MENSCH IN DER ARBEITSWELT

NEUE WERTE!

VORWORT: ERSCHÜTTERTE WAHRHEITEN – NEUE WERTE?

Einkaufen im Supermarkt, eine App herunterladen, die Rente planen, online ein Buch bestellen: Tag für Tag treffen wir wirtschaftliche Entscheidungen. Wir fragen uns beispielsweise: Warum ist Benzin abends billiger als morgens? Würde die Welt auch ohne Geld funktionieren? Muss die Wirtschaft ewig wachsen? Statt auf Antworten zu warten, haben wir Gewohnheiten entwickelt, die uns Sicherheit vermitteln. Aber viele Aspekte unseres ökonomischen Alltags sind hochkomplex, und wir neigen daher nur allzu gern dazu, sie zu verdrängen: Wie sicher ist meine Altersvorsorge? Wie lange reichen die natürlichen Ressourcen? Wie fair sind Fair-Trade-Produkte?

Hinzu kommt, dass der Glaube an die Funktionsfähigkeit der Märkte erschüttert ist – spätestens seit die Finanzkrise ab 2007 in der Finanzwelt Abgründe von Versagen und ökonomischer Naivität zutage treten ließ: Ist Gier der Urantrieb des Wirtschaftens? Sind Gewerkschaften bloß noch Sand im Getriebe? Wer beeinflusst uns darin, wie wir über Wirtschaft und ihre Werte nachdenken? Welche überlieferten Theoriegebilde funktionieren noch, welche müssen wir neu denken? Aber auch andere Fragen tun sich auf: Wie verändern Globalisierung und Digitalisierung die Arbeitswelt? Formt die Wirtschaft das Internet oder das Internet die Wirtschaft?

Diesen Fragen – und vielen anderen – widmet sich dieses Buch, allgemeinverständlich und nah an unserem Alltag. Die Autorinnen und Autoren möchten Lust darauf machen, sich auf ein Thema einzulassen, dessen Fragen jeden von uns berühren. Denn hinter vielen aktuellen politischen Debatten, genauso wie hinter ganz persönlichen Problemen, verbergen sich häufig ökonomische Grundsatzfragen. Die 22 Kapitel dieses Buches basieren auf dem *Funkkolleg Wirtschaft*, einer Sendereihe, die erfahrene Wirtschaftsjournalisten für das Hörfunkprogramm hr-iNFO verfasst haben. Die Texte der halbstündigen Hörfunkfeatures wurden für die Druckfassung stilistisch und formal überarbeitet. Sie atmen aber noch die Lebendigkeit der Hörfunksendungen, denn die zahlreichen, eigens für das *Funkkolleg Wirtschaft* aufgezeichneten Gespräche mit Wissenschaftlern blieben als wörtliche Zitate erhalten.

Auch beim Thema Wirtschaft lohnt es sich, hin und wieder aus den Routinen des Alltags auszusteigen und über vermeintlich Selbstverständliches nachzudenken.

Judith Kösters
Heike Ließmann
Karl-Heinz Wellmann

SCHÖNE NEUE WIRTSCHAFTSWELT

1.

INDUSTRIE 4.0 – DAS ENDE DES KLASSISCHEN WIRTSCHAFTENS?

Industrie 4.0 – dieses Schlagwort klingt nach einem PR-Slogan. Tatsächlich wurde es von Experten des Hightech-Forums der Bundesregierung kreiert. Sie wollten damit deutlich machen, dass Deutschland für die Zukunft gerüstet ist.

In einem Industriebetrieb für keramische Bauteile, einem Zweigwerk der Schunk Carbon Technology in Willich bei Düsseldorf, hat die Industrie 4.0 bereits ihre Spuren hinterlassen. Diese Firma hat den Niedergang der Schwerindustrie im Ruhrgebiet überstanden und sich mit neuen Produkten erfolgreich am Markt positioniert. Unlängst ist der betriebseigenen Entwicklungsabteilung nämlich ein Durchbruch im 3-D-Druck-Verfahren gelungen. Im Jahr 2010 hatte das Zweigwerk von der Konzernzentrale in Heuchelheim bei Gießen grünes Licht für dieses Entwicklungsprojekt erhalten. Nun ist die Firma in der Lage, im 3-D-Druck Bauteile herzustellen, die mit keinem anderen Formgebungsverfahren realisierbar wären.

Der 3-D-Drucker der Schunk Carbon Technology ist ein großer Block, etwa drei Meter lang und zwei Meter hoch. Gedruckt wird mit dem Werkstoff Siliziumcarbid – eine Innovation. Welche technischen Kniffe und Feinheiten der Geschäftsführer Joachim Heym und sein Team dafür entwickelt haben, sieht man von außen nicht – Betriebsgeheimnis. Nur so viel wird dem Besucher erklärt: Normalerweise wird beim 3-D-Druck Kunststoff auf Kunststoff verarbeitet, hier aber werden abwechselnd dünne Schichten von Keramikpulver verbunden. Man benötigt nur die digitale Konstruktionszeichnung des Kunden und schon kann das Werkstück in Druck gehen, und zwar prinzipiell überall auf der Welt. Das bedeutet eine enorme Beschleunigung des Geschäftsprozesses.

Das 3-D-Druckverfahren haben ursprünglich die »Maker«, eine international vernetzte Szene von Technik-Freaks, kurz nach der Jahrtausendwende vorangetrieben. Da Baupläne und Software als Open Source, also frei und allgemein verfügbar waren, beteiligten sich viele »Maker« an der Weiterentwicklung. Es galt, die industrielle Massenproduktion zu unterlaufen. Jeder sollte sich mit dem 3-D-Druckverfahren bald selbst Industrieprodukte herstellen können. Dass es noch nicht so weit ist, liegt daran, dass die 3-D-Drucktechnik noch zu aufwändig und vor allem zu teuer ist. Doch zusammen mit den Entwicklungen der digitalen Vernetzung sind wir möglicherweise gerade dabei, die bisherige Produktionswelt auf den Kopf zu stellen – und damit zugleich die Arbeitswelt.

Für Andreas Hackethal, Wirtschaftsprofessor an der Frankfurter Goethe-Universität und wissenschaftlicher Berater des *Funkkollegs Wirtschaft*, wird das an einem Smartphone deutlich. Es könne heute besser rechnen und mehr Daten verarbeiten als ein großer Rechner vor gerade mal 20 Jahren. Ihm zufolge sind wir schon Teil einer Wirtschaftswelt 4.0: »Auch das Smartphone ist ja vernetzt. Es zieht Informationen aus allen möglichen Quellen, mittlerweile auch von Maschinen, die dem Paradigma der Industrie 4.0 folgen. Neben der Vernetzung haben wir eine Datenverfügbarkeit, die früher nicht da war. Wenn man das alles zusammenzählt – immense Rechnerkapazität, Vernetzung und unglaubliche Mengen an Daten –, dann wird daraus eine Melange, die tatsächlich menschliche Fähigkeiten überschreitet.«

Vernetzte Maschinen

Alles begann mit der Dampfmaschine – Industrie 1.0, die erste industrielle Revolution. Es folgten die Elektrifizierung und die Einführung der Fließbandarbeit – Industrie 2.0. – und um 1980 die Automatisierung durch Computertechnologien – Industrie 3.0. Mit Industrie 4.0, der Vernetzung von Maschinen untereinander, stehen wir derzeit an der vierten Stufe der großen industriellen Entwicklungen.

Andreas Irmen ist Professor für Volkswirtschaftslehre an der Universität Luxemburg, er hat die gesamtwirtschaftlichen Auswirkungen von Innovationen auf die Industrieproduktion untersucht, vor allem die »disruptiven Innovationen«, die Zerstörung von Altem, was Platz macht für Neues: »Der Begriff der ›disruptiven Innovation‹ bedarf einer Interpretation. Meine Idee ist sehr nahe an den Ideen von Josef Schumpeter, der den Begriff der kreativen Zerstörung im Zusammenhang mit Innovationen, die sich durchsetzen, geprägt hat. Solche Innovationen sind kreativ, weil sie etwas Neues bringen. Und sie sind zerstörerisch, weil sie letztendlich die Märkte derjenigen zerstören, die die alten, überkommenen Technologien oder Produkte herstellen. Insofern ist Industrie 4.0 sicher das Ergebnis eines kreativen Aktes, weil es eine überlegene Technologie zu implementieren erlaubt.«

Was das konkret heißen kann, erläutert Ralf Becker. Er ist Entwicklungsingenieur bei Schunk, einem inhabergeführten Familienunternehmen, das zufällig den gleichen Namen trägt wie der Technologiekonzern Schunk, und das sich zufällig ebenfalls mit 3-D-Druck befasst. Eine gut abgedichtete Tür führt in seinem Betrieb von der Werkshalle zum Druckerraum. In diesem Raum wird Kunststoffpulver verarbeitet. Ralf Becker zeigt auf einen Tisch, auf dem der Inhalt des Behälters aus dem 3-D-Drucker ausgebreitet liegt, ein weißes Pulver mit einer sehr feinen Körnung. Es fühlt sich an wie Mehl. Ralf Becker wischt das lockere Pulver vorsichtig zur Seite und fischt – wie bei einem archäologischen Fund – aus dem Haufen weißen Pulvers ein perfektes Werkstück.

Die Schunk GmbH & Co. KG hat ihren Sitz in Lauffen am Neckar und ist spezialisiert auf Greifsysteme für Industrieroboter. Die Steuerungseinheiten sind standardisiert, aber die Greifer sind von Kunde zu Kunde unterschiedlich. Für Einzelanfertigungen hat Schunk den eGrip entwickelt, erläutert Ralf Becker: Dank der Möglichkeiten im Internet und des 3-D-Druckens habe man eine Prozesskette aufgebaut, mit der die Firma dem Kunden anbieten könne, sein Modell, das er handhaben möchte, als 3-D-Modell direkt auf die Rechner von Schunk hochzuladen. Dadurch sinke die Konstruktionszeit um bis zu 97 Prozent auf nur noch rund 15 Minuten und die Fertigungs- und Lieferzeit durch den 3-D-Druck um bis zu 80 Prozent. Zudem halbierten sich durch die automatisierte Prozesskette die Produktionskosten. Ein weiterer Vorteil, erklärt der Ingenieur, sei, dass man auch kleinste Stückzahlen produzieren könne, angefangen bei »Losgröße 1«, also bei Einzelstücken. Man spricht dabei von kundenindividueller Massenproduktion: »Der gängige Begriff dafür ist ›Mass Customization‹. Wir bauen individuell angepasste Teile, die aber alle Schnittstellen haben, um an unseren Standardkomponenten angeschlossen zu werden.«

Nachdem schon Bücher »on demand«, also in kleinen Auflagen und auf Abruf gedruckt werden, können in Zukunft auch dreidimensionale Gegenstände gedruckt werden. Das Verfahren ist noch teuer, und es lohnt sich bisher nur für hochwertige Produkte. Aber so, wie man mit Vorlagen in einen Copyshop geht, wird man künftig CAD-Dateien, sei es von einem Stuhl oder vom Gehäuse eines Haushaltsgerätes, in eine 3-D-Druckstation schicken und dort das Produkt ausdrucken können. Für manche Unternehmen kann das eine durchaus bedrohliche Entwicklung sein. Andererseits: Auch »Book on demand« hat das Verlagswesen nicht überflüssig gemacht, sondern es wurde von den Verlagen in ihre Produktpalette integriert. So verhält es sich bisher auch mit dem 3-D-Druckverfahren: Es ersetzt die Industrieproduktion nicht, es erweitert sie. Zurzeit jedenfalls. Mit Prognosen hält sich Andreas Irmen nämlich zurück. Prozessinnovationen seien jedoch einer der Treiber für Wirtschaftswachstum: »Prozessinnovationen bedeuten, dass die eingesetzten Faktoren – wie Arbeit und Kapital – effizienter werden. Eine zentrale Frage bei der Einführung der Industrie 4.0 wird sein, wie lange es dauert, bis die Technologien ihr gesamtes produktivitätssteigerndes Potenzial ausbreiten können. Dafür ist es notwendig, dass sich viele Unternehmen entscheiden, diese Technologie zu implementieren. Dass es Ideen gibt, wie man das am besten macht und wie man den Übergangsprozess von den heute benutzten Technologien auf die neuen Technologien gestaltet.«

Wie schnell kann sich die Wirtschaftswelt darauf einstellen? Andreas Irmen verweist auf die Wirtschaftsgeschichte. In der zweiten Hälfte des 19. Jahrhunderts begann mit der Entwicklung des Elektromotors die zweite industrielle Revolution. Die Schwerindustrie musste ihre Vormachtstellung an die »neuen Industrien« abgeben, an die Elektroindustrie, die chemische und die optische Industrie: »Die industrielle Revolution ist ein gutes Beispiel dafür, dass die Implementierung solcher basistechnologischen Erneuerungen sehr lange Zeit dauern kann. Beispielsweise hat die Umstellung von dampfmaschinengetriebener Produktion auf elektromotorgetriebene mehr als 30 Jahre gebraucht, bis tatsächlich die Produktivitätswachstumszahlen diesen Wandel haben zeigen können.«

Autobauer im Abseits?

Seit 2013 ist das Schlagwort »Industrie 4.0« ein beherrschendes Thema auch auf der Hannover Messe. Die Verbände der Elektroindustrie, des Maschinenbaus und der Informationswirtschaft haben die »Plattform Industrie 4.0« gegründet, um mit dem Wandel Schritt zu halten. Der Entwicklungsingenieur Siegfried Dais kommt seit vielen Jahren auf diese weltweit wichtige Industriemesse. Er war in der Geschäftsführung der Robert Bosch GmbH tätig und hat Industrie-4.0--Lösungen eingeführt, er ist einer der Macher der ersten Stunde: »Industrie 4.0 zielt nicht primär auf Technik, sondern Basis ist, die Vernetzung um neue Geschäftsmodelle zu realisieren. Es gibt Vorbilder im Bereich der Consumer-Welt: Denken Sie an die Googles,

Amazons, auch an Uber. Denen ist es gelungen, ein neues Feld zu eröffnen, um sich zwischen Kunden und diejenigen, die bisher das Angebot erbracht haben, zu schieben. An solchen Stellen wird es viele Umwälzungen auch im industriellen Bereich geben. Ziel muss sein, dass die produzierenden Unternehmen selbst diejenigen sind, die die Dienstleistungen in der vernetzten Welt anbieten.«

Wer in diesem weltweiten Geschäft am Ende als Gewinner und wer als Verlierer dastehen wird, ist eine spannende Frage. Google hat mit seinem Google Car längst den Versuch gestartet, ein Stück vom Kuchen der alten, traditionellen Automobilindustrie abzubekommen – sich »dazwischenzuschieben«, wie es Siegfried Dais formuliert hat. Denn Autos sind schon lange nicht mehr nur modisch gestaltete Blechkisten, sondern fahrbare und vor allem dauervernetzte Computer. Und warum, könnte man fragen, sollten Opel oder VW die bessere Ware produzieren können als Google? Noch haben die deutschen Autobauer den potenziellen Konkurrenten aus dem Internet einiges voraus; vor allem die jahrzehntelange Erfahrung im Autobau, das technische Wissen, man könnte auch sagen: Sie bauen die bessere Hardware. Klar ist aber auch, dass die deutsche Autoindustrie diesen Vorsprung durch Technik nur aufrechterhalten wird, wenn sie ihr Geschäftsmodell anpasst. Schließlich steht im Zentrum der neuen vernetzten Produktionswelt, Industrie 4.0, der Umgang mit Daten.

Lutz Jänicke ist Geschäftsführer von Innominate Security Technologies, spezialisiert auf Datensicherheit in der vernetzten Fabrik. Er beobachtet auf der Hannover Messe, wie sich Maschinenbau und Informationstechnologien immer weiter einander annähern: »In der Automatisierung werden heute sehr viele Sensoren eingesetzt, um Messwerte zu erfassen, die man für die eigentliche Steuerungsaufgabe braucht. Das können Temperaturen sein, Druck, Abstände. Diese Daten werden von der Steuerung verarbeitet. Viele dieser Daten werden zusammengefasst. Was jetzt bei Industrie 4.0 neu ist, ist, dass viel mehr mit den Rohdaten gearbeitet werden soll.« Um zum Beispiel aus Daten neue Muster zu erkennen. Das fasziniert auch

Siegfried Dais: »Durch das Internet haben wir die Möglichkeit, Millionen von Instanzen, also Sensoren, Aktoren, Maschinen, zu vernetzen, und wir haben die Fähigkeit, große Datenmengen in Echtzeit auszuwerten. Das ergibt die nächste Stufe der Optimierung, dass es nämlich möglich wird, ganze Ökosysteme in Echtzeit zu optimieren.« Mit »Ökosystem« ist hier das Zusammenwirken von Mensch, Maschine, Software und Management im Produktionsprozess gemeint.

Learning by doing

Auch der deutsche Maschinenbauer Bosch-Rexroth mit weltweit über 33 000 Mitarbeitern ist ein wichtiger Player und will das auch bleiben. Als in seinem Zweigwerk im saarländischen Homburg eine neue Fertigungslinie gebraucht wurde, fiel die Entscheidung, Neues zu wagen. Man hat vom US-amerikanischen Pragmatismus gelernt: Es geht nicht darum, zunächst die eine große Gesamtlösung zu entwickeln und dann die Produktion umzustellen, sondern man beginnt mit einem *use case*, einer Anwendung in der Praxis: *learning by doing*. Der technische Leiter Frank Hess erzählt begeistert von der Zusammenarbeit mit IT-Spezialisten aus dem amerikanischen Palo Alto im Silicon Valley. Er ist überzeugt, »dass wir durch mehr Informationen in der gesamten Wertschöpfungskette bis zum Kunden, bis zu unseren Produkten im Feld, mehr Informationen generieren und daraus künftige Geschäftsmodelle ableiten können. Das geht natürlich nur gemeinsam mit dem Kunden, aber ich bin überzeugt, dass sich daraus etwas entwickeln wird.«

Wie weit die Auswertung der Daten gehen kann, ist noch nicht geklärt, denn die vernetzten Maschinen liefern nicht nur Produktions-, sondern auch Personendaten. Das erzeugt allerdings auch neue Probleme, erklärt Lutz Jänicke, der Datenschutz und Industrie 4.0 zusammendenkt: »Aus den gesammelten Daten ist es natürlich auch möglich, eine Leistungsbewertung der Arbeitnehmer vorzunehmen, weil man sofort sehen kann, wie viel Ausschuss produziert wurde. Man kann Taktzeiten erkennen, man kann sehen, wie schnell jemand etwas gemacht hat oder wie langsam. Das ist eine spannende Herausforderung aus Sicht des Datenschutzes, der das Modell der Datensparsamkeit voraussetzt, was bedeutet, nur jene Daten zu erheben, die man wirklich braucht. Das aber steht in direktem Widerspruch zum sogenannten Big-Data-Konzept, das besagt: Sammle erst einmal alles, was du bekommen kannst, und werte es hinterher aus.«

Rundum erfasste Daten, vernetzte Maschinen, automatische Optimierung, da muss die Frage kommen: Wo bleibt am Ende der Mensch? Wird die Industrie 4.0 womöglich zu Massenarbeitslosigkeit führen? Historische Beispiele gibt es schließlich: Etwa die Weber, die im 19. Jahrhundert auf die Barrikaden gingen, weil Webstühle ihre Arbeitsplätze ersetzten – Webstühle, die nicht mehr von Hand, sondern von Maschinen angetrieben wurden. Jedoch: Sie kämpften zugleich gegen Ausbeutung und Rechtlosigkeit. Die Stunde der Gewerkschaften war gekommen.

Eine große industrielle Neuerung bedeutet immer auch einen gesellschaftlichen Umbruch. Auch die Industrie 4.0 wird vermutlich nicht nur die Arbeitswelt, sondern auch die Gesellschaft verändern. Noch ist allerdings offen, wie genau. Die Europäische Union setzt darauf, dass Industrie 4.0 in den kommenden Jahren eine Re-Industrialisierung bringen wird. Jedoch werden sich die Arbeitsplätze in der Industrie verändern: In der *smart factory*, der intelligenten Fabrik, wird es vor allem auf qualifizierte Fachkräfte ankommen, die komplexe Produktionsprozesse verstehen und steuernd eingreifen können.

Berufe in der Industrie werden eine Aufwertung erfahren, während Berufe im Dienstleistungssektor möglicherweise ersetzbar werden. Eine Studie der Universität Oxford hat eine Prognose für den Arbeitsmarkt in Amerika erstellt. Danach werden im Jahr 2035 rund 50 Prozent der Berufe, wie wir sie heute kennen, nicht mehr gebraucht werden. An der Spitze stehen hier Buchhalter und Verkäufer.

In Amerika rechnet man allerdings schon jetzt damit, dass mit dem »Industrial Internet« auch ganz neue Arbeitsplätze entstehen, so nennt man dort die mit dem Internet vernetzte und Daten-getriebene Produktion. Fünf weltweit führende amerikanische Konzerne, darunter General Electric, haben sich in einem Konsortium zusammengeschlossen, dem Industrial Internet Consortium (IIC). General Electric zum Beispiel hatte seine Produktion in den vergangenen Jahrzehnten mehr und mehr in Niedriglohnländer verlagert. Das aber lohnt sich nicht mehr, denn Digitalisierung und Vernetzung erhöhen die Produktivität. Dafür aber braucht es eine Infrastruktur und gut ausgebildete Fachkräfte – und die findet der Konzern eher in den USA. Analog zu Industrie 4.0 will das IIC die künftigen Potenziale in allen nur denkbaren Anwendungen des Internets gemeinsam entwickeln, aber es fokussiert sich ganz bewusst nicht allein auf die Industrieproduktion. Die im IIC zusammengeschlossenen Technologiekonzerne treiben den Wettlauf um zukunftsweisende Innovationen an.

Vernetzte Kleinkraftwerke

Auch auf der Hannover Messe hat man die Zeichen der Zeit erkannt. Für ihren begehrten Technologiepreis, den »Hermes Award«, wurde ein Unternehmen nominiert, das auf Schwarmenergie setzt: NextKraftwerke hat in einer Branche Fuß gefasst, der Energiebranche, die bisher von einigen wenigen Großkonzernen dominiert wurde. NextKraftwerke betreibt ein rein virtuelles Kraftwerk. Das junge Unternehmen besitzt keine Anlagen zur Stromerzeugung, aber es hat ein Leitsystem entwickelt, NextPool, mit dem es mittelgroße Stromerzeuger, also zum Beispiel Biogas- oder Windradanlagen, vernetzt hat. Eine überzeugende Industrie-4.0-Lösung, befand die

Jury, denn mehr als 2 500 dezentrale Stromerzeuger und -verbraucher mit einer Gesamtleistung von rund 1 500 Megawatt wurden gebündelt. So entsteht ein Schwarm von Kleinkraftwerken, der die Rolle eines Großkraftwerks übernehmen und damit einen entscheidenden Beitrag zur Energiewende leisten kann.

Die Forschung hat die Vorlage dazu geliefert: Schwarmenergie kann funktionieren. Die Gründer von NextKraftwerke, Hendrik Sämisch und Jochen Schwill, haben daraus ein erfolgreiches Geschäftsmodell entwickelt. Aus dem Start-up wurde innerhalb von sieben Jahren ein mittelständisches Unternehmen.

Einer der Konkurrenten von NextKraftwerke ist der Stromanbieter LichtBlick. Das Unternehmen will nicht mehr nur Strom verkaufen, erklärt Geschäftsführer Gero Lücking: »Früher hat der Kunde zu hundert Prozent konsumiert, sein ganzer Strombedarf wurde aus dem Netz geliefert. Wenn er jetzt selber erzeugt, weil er eine Photovoltaik-Anlage auf dem Dach hat, ist er Erzeuger. Der Kunde erwartet in seinem veränderten Rollenverhältnis mehr Dienstleistung, mehr Optimierung, und um das liefern zu können, braucht man viel mehr IT, viel mehr Intelligenz, viel mehr Know-how, als das früher notwendig war. Unternehmen, die das jahrzehntelang verdrängt haben, ganz bewusst, wie zum Beispiel Eon, RWE, Vattenfall und EnBW, weil sie ihre Großkraftwerke hatten, Kohle und Atom, und deswegen diese Dezentralität erstens ignorieren wollten und sich zweitens immer auf ihren politischen Einfluss verlassen haben, die kämpfen jetzt mit dieser Entwicklung umso stärker. Die spannende Frage ist, ob diese Unternehmen diese Kleinteiligkeit schnell genug denken können, ob sie schnell genug diesen Transformationsprozess, der jetzt im Gange ist, leben können.« Das ist eine offene Frage für viele Unternehmen.

LichtBlick ist vor einiger Zeit eine Kooperation mit dem US-amerikanischen Konzern Tesla eingegangen, der für seine schicken Sportwagen mit Elektroantrieb bekannt ist. Nun aber ist Tesla dabei, einen Stromspeicher für Privathaushalte auf den Markt zu bringen. Solch ein Speicher wäre das noch fehlende Puzzle-Stück in der dezentralen, vernetzten Energie-Welt. Im April 2015 hatte Elon Musk, Internetmilliardär aus dem Silicon Valley und im Vorstand von Tesla, in Los Angeles das Modell des Stromspeichers mit großem Pomp vorgestellt. Auf einem PR-Video, das vom Publikum bestaunt werden konnte, war jedoch noch nicht viel zu sehen: eine rechteckige gewölbte weiße Fläche mit der Inschrift »Tesla«. Obwohl der Stromspeicher noch gar nicht fertig entwickelt war, gab es einen regelrechten Hype um ihn.

Die künftigen Märkte werden also bereits abzustecken versucht, ein knallharter Wettbewerb hat begonnen, um mit Industrie-4.0-Geschäftsmodellen Konkurrenten aus dem Feld zu schlagen. Produktionsprozesse gehen online: von der Kommunikation zwischen Hersteller und Kunde über Bestellung, Materialbeschaffung, Fabrikation und Wartung bis hin zur Auslieferung der Ware. Die Produktion wird kleinteiliger, dezentraler und flexibler. Das alles, so der Volkswirt Andreas Irmen, steigert die Produktivität, man kommt mit weniger Mitarbeitern pro produzierter Einheit aus. Das mag einerseits bedrohlich klingen; Andreas Irmen aber ist optimistisch: »Das ist eine Aussicht, die man sehr positiv sehen sollte. In einer alternden Gesellschaft, wie es die unsere ist, bei der der Anteil der Beschäftigten in der Gesamtbevölkerung immer weiter zurückgehen wird, hat Industrie 4.0 mit Sicherheit das Potenzial, für die gesamte Wirtschaft Veränderungen herbeizuführen, die wir alle spüren werden.« Aber er fügt auch hinzu: »Welche Sektoren werden von Industrie 4.0 profitieren, welche werden nicht profitieren? Wird es zu Arbeitslosigkeit kommen? Diese Fragen haben gesellschaftliche Bedeutung, sie müssen gesellschaftlich reflektiert werden. Es wäre wünschenswert, darüber eine etwas größere und breitere Diskussion in Deutschland zu haben.«

Agnes Handwerk

2.

GOOGLE, FACEBOOK, AMAZON – DIE NEUEN MONOPOLISTEN

Und der Haifisch, der will Allmacht,
Und die will er ganz allein.
Gnadenlos – er verdrängt alles,
könnte gieriger nicht sein ...

Die passende Melodie summt sofort im Ohr: das Lied von Mackie Messer, dem gierigen und gewissenlosen Verbrecher. Nur dass der »Schurke« in dieser Version nicht Mackie Messer heißt und dass die Zeilen auch nicht von Bert Brecht verfasst wurden. Der Text handelt von Amazon: Ein deutscher Mittelständler hat die bekannte Brecht-Ballade umgedichtet – um gegen die Macht des Onlinehändlers Amazon zu demonstrieren und gegen den vermeintlichen Missbrauch dieser Macht.

Amazon ist ein Riese, der auch in Deutschland mehr Umsatz generiert als die zehn nächstgrößten Onlinehändler zusammen. Und Amazon ist zugleich die größte und wichtigste Handelsplattform im Internet. Jeder kleine Händler kann seine Waren über Amazon zum Verkauf anbieten. So erreicht er neue Kunden weit abseits von seinem Wohnsitz und spart sich den Betrieb eines eigenen, teuren Webshops. Aber er zahlt auch einen Preis, und das nicht nur in Form einer Umsatzbeteiligung. Denn Amazon verlangt von den Händlern die Unterordnung unter ein strenges Regime: Sie müssen grundsätzlich sieben Tage in der Woche ansprechbar sein, sie sind von positiven Kundenbewertungen abhängig, und sie müssen darauf warten, dass Amazon ihnen ihr Geld überweist – oder im Streitfall eben nicht. Außerdem müssen sie sich Amazons Analyse unterwerfen – über seine Plattform bekommt der Handelsriese exakte Daten über alle Geschäftsvorgänge der Händler: Wann wird welches Produkt von wem gekauft, welchen Preis kann man erzielen.

Solche Daten sind wertvolle Informationen, denn sie geben Amazon die Möglichkeit, den kleinen Händlern ihr Geschäft aus der Hand zu nehmen: Etwa indem Amazon seine eigenen Angebote so zuschneidet, dass sie auf der eigenen Plattform als Erste angezeigt werden. Oder um interessante Geschäftszweige gleich ganz zu übernehmen. Amazon hat als größter Marktteilnehmer und als Betreiber der wichtigsten Handelsplattform deshalb große Macht. Muss man verhindern, dass diese Macht missbraucht wird? Kann man das überhaupt?

Apple, Google, Facebook, Amazon: Diese vier US-Firmen generieren jährlich so viel Umsatz wie das wohlhabende Dänemark insgesamt an Wirtschaftsleistung erarbeitet – und Dänemark hat zehnmal mehr Einwohner als diese Firmen Angestellte. Es sind vier Firmen, die zusammen annähernd doppelt so viel wert sind wie die 30 umsatzstärksten deutschen Unternehmen im Börsenindex DAX; vier Firmen, die zusammen rund sieben Milliarden Kunden zählen – und die genug flüssiges Kapital angehäuft haben, um jeden dieser sieben Milliarden Menschen einmal ins Kino einzuladen – mit Cola und Popcorn.

Ein deutsches Start-up gegen Google

Mit dem Riesen Google steht Michael Weber seit langem im Kampf. Auch wenn es derzeit so aussieht, als ob er die erste Runde des Kampfes verloren hätte, hofft er auf die Hilfe der Politik – genauer: auf die Hilfe der EU-Kommission. Und er ist durchaus optimistisch: »Die Politik hat zwar eine Zeit lang gebraucht, um diese Sachen zu verstehen oder überhaupt wahrzunehmen, aber inzwischen wird an der Sache mit Hochdruck gearbeitet.«

Wobei das mit dem »Hochdruck« so eine Sache ist, das Verfahren läuft seit 2010. Aber der Reihe nach: Ende des vergangenen Jahrtausends begründete Michael Webers Arbeitgeberin, die Euro Cities AG, die Website stadtplandienst.de – eine der ersten digitalen Karten im Netz. Für Privatanwender war der Dienst kostenlos und werbefinanziert, kommerzielle Nutzer sollten für die Einbettung der Karten oder die Nutzung der ihnen zugrundeliegenden Geodaten zahlen. Zunächst hatte der Dienst Erfolg: Wer 2005 nachschauen wollte, wo eine bestimmte Adresse liegt, der ging auf stadtplandienst.de. Doch dann stieg Google in das Geschäft ein: Der Suchmaschinen-Riese übernahm einen Geodaten-Spezialisten und bot alsbald seinen eigenen Dienst an: Google Maps.

Google ist heute in Deutschland praktisch Monopolist bei der Suche. Die Suchmaschine hat einen Marktanteil von weit über 90 Prozent – wir suchen nicht, wir »googeln«. Und wir verlassen uns auf das, was die Maschine uns liefert; wir klicken beispielsweise bei jeder dritten Suche kurzerhand auf das oberste Suchergebnis. Und das bedeutet: Macht. Michael Weber wirft Google vor, diese Macht zu missbrauchen – also die eigenen Dienste zu bevorzugen. Denn wer bei Google nach einem Stadtplan, nach einer Karte oder nach einem Ort suchte, der bekam bald ganz oben einen Link zu den neuen Google Maps angezeigt – und später sogar gleich einen Kartenausschnitt. Heute ist Google Maps Marktführer bei den Kartendiensten. Michael Weber ist überzeugt davon, dass sich nicht der bessere Dienst durchgesetzt hat, sondern ein Monopolist hat falsch gespielt: »Überall auf der Welt, wo Sie auf einer Website eine Google Map sehen, könnte eine Karte vom Stadtplandienst stehen oder von anderen europäischen Kollegen. Was den Unterschied ausmacht, ist, dass wir uns auf Karten konzentrieren und Google unzulässigerweise die marktbeherrschende Stellung in einem Bereich, nämlich der Online-Suche, als Hebel verwendet, um alle möglichen anderen

Dienste zu promoten. Auch wenn die am Anfang gar nicht so beliebt sind, und das war beim Stadtplandienst nachweislich der Fall.«

2009 wandten sich die Stadtplandienst-Macher daher an das Bundeskartellamt, 2010 zog die EU-Kommission den Fall an sich. Im Herbst 2015 war der Fall noch offen. Was Google zu den Vorwürfen sagt? »Kein Kommentar.« Oder im Original: »Vielen Dank für Ihre Anfrage und Ihr Interesse. Leider kann ich Ihnen nach Rücksprache mit Google kein Interview anbieten.« – und dann ein Verweis auf zwei ältere Google-Artikel im Netz.

Facebook – der Social-Media-Monopolist

So unangefochten, wie Google bei den Suchdiensten an der Spitze steht, so stark ist Facebook bei den sozialen Netzwerken. Damit ist Facebook ein immer bedeutenderer Teil der digitalen Öffentlichkeit geworden, auch für die Meinungsbildung. In den USA beziehen zwei Drittel der nach 1980 Geborenen aktuelle, politische Nachrichten über Facebook – CNN oder regionale Fernsehsender schauen dagegen nicht einmal die Hälfte. Die Nachrichten selbst mögen immer noch von Zeitungen, Fernsehsendern und anderen Medienmachern produziert worden sein, über die Verbreitung bestimmt indes immer stärker Facebook. Mathias Müller von Blumencron ist Online-Chefredakteur der *Frankfurter Allgemeinen Zeitung*: »Da haben sich die Gewichte verschoben. Facebook ist eine globale Plattform mit einer gigantischen Leserschaft, und auch im deutschsprachigen Raum ist es das wichtigste soziale Netzwerk geworden. Wenn ich eine große Zahl von Lesern berühren will, gerade neue Leser, dann ist Facebook eine ganz, ganz wichtige Plattform dafür.«

Die *Frankfurter Allgemeine Zeitung* ist eine traditionelle und mächtige Medienmarke in Deutschland, die sich jedoch mit der globalen Reichweite von Facebook nicht ansatzweise messen kann. So verlockend Facebooks Reichweite für Medienanbieter wie die *FAZ* ist, sie stürzt sie in ein Dilemma, je weiter Facebook sein Reich ausdehnt. Bislang war das soziale Netzwerk vor allem ein Vermittler von Inhalten – wenn die Nutzer einen Artikel der *FAZ* auf Facebook geteilt haben, wurde ein interessierter Leser auf die *FAZ*-Website geschickt. 2015 hat Facebook eine neue Artikelform namens Instant Articles vorgestellt. Die Neuerung: Wenn man einen Artikel aufruft, wechselt man nicht mehr auf die Website der *FAZ*, sondern der Artikel erscheint direkt bei Facebook und kann dort gelesen werden. Mathias Müller von Blumencron sieht durchaus den Reiz: »Es geht schneller, es geht besser, es ist viel bequemer und angenehmer für den Nutzer. Tolles Argument. Auf der anderen Seite steht dahinter, dass der Leser noch häufiger die Plattform Facebook direkt ansteuert. Facebook wird noch interessanter, noch spannender, man muss sich noch weniger außerhalb dieses Reiches bewegen.«

Anders gesagt: Facebook nimmt ein weiteres Stück der Verwertungskette in die eigenen Hände. Medienanbietern wie der *FAZ* baut Facebook goldene Brücken, verspricht ihnen den Zugang zu Werbeeinnahmen und zu detaillierten Nutzerstatistiken. Dennoch ist der *FAZ*-Online-Chefredakteur skeptisch und beobachtet momentan lediglich mit Interesse, was Mitbewerber für Erfahrungen damit machen. Die Frage ist nur, ob die *FAZ* irgendwann keine andere Wahl mehr hat, als das Angebot von Facebook anzunehmen. Auch wenn sie ihre Artikel weiter wie gewohnt als Link auf die eigene Seite einstellen kann, hat Facebook alle Möglichkeiten, das im Vergleich mit Instant Articles unattraktiv zu machen. Aber ist wirklich immer Machtmissbrauch im Spiel, wenn ein Internet-Unternehmen zum Monopolisten wird?

Das Netz begünstigt Monopole

Tatsächlich sind die digitalen Riesen auf vielen Gebieten so erfolgreich, weil sie überragende Produkte anbieten – und, so die überraschende Erkenntnis: Die digitale Ökonomie begünstigt das Entstehen von marktbeherrschenden Unternehmen. Bernd Skiera ist Betriebswirt und Inhaber des Lehrstuhls für elektronischen Handel an der Goethe-Universität Frankfurt. Er arbeitet über die Prinzipien der digitalen Ökonomie und erklärt, wie ein Unternehmen groß wird. Es gibt drei ökonomische Prinzipien, auf denen ein Unternehmer versuchen kann, Wettbewerbsvorteile aufzubauen:

- Skaleneffekte auf der Angebotsseite,
- Netzwerkeffekte, insbesondere in sogenannten »mehrseitigen Märkten«,
- »Lock-in«-Effekte durch Wechselkosten für die Kunden.

Diese Prinzipien sollen im Folgenden erklärt werden.

Skaleneffekte

Skaleneffekte entstehen, wenn man ein Produkt oder eine Dienstleistung in großem Maßstab anbietet und dadurch einen Vorteil gegenüber kleineren Anbietern hat, erklärt Bernd Skiera: »Beispielsweise weil ich Fixkosten nur einmal tätigen muss und dann auf mehr Produktionsmenge verteilen kann. Sagen wir es mal so: Die Fabrikkosten fallen an, aber ob ich damit 100, 200 oder 300 000 Stück produziere, die Fabrikkosten sind sowieso da.« Diese so genannten Skaleneffekte sind zwar auch in der alten Welt der Industrie von Vorteil; in der digitalen Ökonomie wirken sie sich jedoch besonders stark aus, weil das Kapital bei Internet-Diensten allein in den Servern und in der Software steckt. Die Grenzkosten, also die zusätzlichen Kosten, die jeder weitere Kunde verursacht, liegen praktisch bei null – ob eine Suchmaschine 1 000 oder 2 000 Anfragen abarbeitet, macht kaum einen Unterschied.

Netzwerkeffekte in mehrseitigen Märkten

Skaleneffekte wirken auf der Angebotsseite, auf der Seite des Anbieters eines Produkts oder einer Dienstleistung. Netzwerkeffekte treten auf der Nachfrageseite auf – also bei den Kunden – und sind einfach erklärt: »Sie treten dadurch auf, dass ich viele Nutzer zusammenbringe. Und je mehr Nutzer zusammengebracht werden, desto höher ist der Nutzen für jeden einzelnen«, erläutert Bernd Skiera.

Der Wert eines sozialen Netzwerks als Kommunikationsplattform steigt, je mehr Menschen dort erreichbar sind; je mehr meiner Freunde WhatsApp oder Facebook nutzen, desto höher ist auch für mich der Anreiz, mich anzumelden. Doch damit nicht genug: Facebook stellt, ökonomisch gesehen, eine besondere Marktform dar, einen sogenannten mehrseitigen Markt. Auf einem mehrseitigen Markt treffen sich verschiedene Gruppen von Marktteilnehmern – Facebook beispielsweise bedient vollkommen unterschiedliche Kundeninteressen: auf der einen Seite die normalen Nutzer und auf der anderen Seite die Unternehmen, die auf Facebook Werbung schalten. Netzwerkeffekte auf mehrseitigen Märkten wie Facebook sind besonders dynamisch. Bernd Skiera erklärt das an einem anderen Beispiel: »Bei einer Dating-Plattform möchte ich normalerweise Männer und Frauen zusammenbringen. Wenn ich als Mann nach einer Frau suche, möchte ich natürlich unter vielen Frauen auswählen können. Und so haben Sie selbstverstärkende Prozesse: Da, wo viele Frauen sind, werden viele Männer hinkommen, da wo viele Männer sind, kommen noch mehr Frauen hin, und so schaukelt sich das nach oben.«

»Lock-in«-Effekte durch Wechselkosten

Noch ein dritter Faktor begünstigt die Großen im Netz: Sie bauen geschlossene Systeme auf. Wer bei Amazon digitale Bücher kauft, nutzt dazu in der Regel das Amazon-eigene Lesegerät, den Kindle, der von Haus aus wiederum nur Inhalte von Amazon nutzbar macht. Der App-Store von Apple ist ebenfalls eine solche geschlossene Welt – auch wenn Apple vor allem am Verkauf von Geräten verdient und deshalb kein typischer Vertreter der digitalen Ökonomie ist. Wer aber die geschlossene Welt verlassen und zur Konkurrenz wechseln will, dem entstehen ganz erhebliche Kosten. Zum einen, weil man alle Apps und Inhalte neu kaufen muss, und zum anderen: Wenn man neue Software nutzen will, entstehen Wechselkosten dadurch, dass man sich einarbeiten muss.

Das aber ist zugleich ein Ansatzpunkt, um die Großen nicht allzu groß werden zu lassen. Den Wettbewerb zwischen den Telefonanbietern brachten die Regulierungsbehörden mit einer einfachen Maßnahme in Schwung, berichtet Bernd Skiera: »Früher war es so: Wenn ich zu einem neuen Anbieter ging, musste ich mir eine neue Nummer geben lassen, und da habe ich mir gesagt, vielleicht ist der Preisvorteil das nicht wert. Mittlerweile kann ich die Telefonnummer häufig für einen geringen Betrag mitnehmen, dadurch sind diese Wechselkosten für einen Anbieter verloren gegangen. Das war sicher für die Einzelanbieter eine durchaus teure Maßnahme.«

Die Zähmung der neuen Riesen

Welche Ansatzpunkte gibt es also für die Politik, die marktbeherrschenden Riesen im Zaum zu halten? Die Frage führt zum obersten Berater der Politik in Fragen der Monopolkontrolle, zu Daniel Zimmer, Professor für Wirtschaftsrecht in Bonn. Er ist zugleich Leiter der fünfköpfigen Monopolkommission des Bundes. Daniel Zimmer beobachtet also von Amts wegen genau, wie die Riesen der digitalen Ökonomie gewachsen sind und welche Macht sie angehäuft haben. Und trotzdem spricht er sich tendenziell dagegen aus, diese neue Macht mit neuen Gesetzen beschränken zu wollen: »Da bin ich der Auffassung – und die Monopolkommission ist der Auffassung –, dass man das Kind nicht mit dem Bade ausschütten sollte, das heißt, es gibt auch eine Gefahr, dass man überreagiert.«

Auch wenn der Wirtschaftsjurist Daniel Zimmer so konkret und verständlich antwortet wie bei der schwierigen Materie nur möglich: Ihn zu fragen, wie er dem Stadtplandienst oder der *FAZ* gegen Google und Facebook denn nun konkret helfen könnte, das ginge zu weit. Wenn die Regulierung der Wirtschaft etwas Ähnliches ist wie die Regelung des Verkehrs, dann ist Zimmers Rolle nicht die des Verkehrspolizisten, er ist nicht einmal der, der dem Verkehrspolizisten die Regeln vorgibt. Er ist vielmehr der, der sich Gedanken macht, nach welchen Prinzipien der Verkehr geregelt werden sollte. Auch kann man nicht sagen, dass die Monopolkommission sich über die digitale Ökonomie keine Gedanken macht. Sie hat in einem Sondergutachten außerplanmäßig und ausführlich die digitalen Märkte analysiert, auch die beschriebenen Marktmechanismen, die den Großen am Markt Vorteile verschaffen. Das hat mit den Interessen der Auftraggeber der Monopolkommission zu tun, erläutert Zimmer, vor allem aber mit der wachsenden Bedeutung der digitalen Märkte: »Es ist ja schon der Ruf aus der Politik gekommen, Google zu zerschlagen; es wird mehr und mehr zu einem politischen Thema. Das ist ein Anlass, sich damit zu beschäftigen, aber unabhängig davon ist die Bedeutung, die die digitale Wirtschaft erlangt hat, ein Grund, sich näher mit ihr zu beschäftigen.«

Zimmer nennt ein aktuelles Beispiel: 2014 übernahm Facebook den Chat-Dienst WhatsApp für 19 Milliarden US-Dollar. Diese Übernahme wurde für die Kartellwächter kein Thema – was kein Zeichen von Rücksichtnahme oder von Ignoranz ist: Nach derzeitiger Rechtslage durfte diese Fusion für sie gar kein Thema sein. Die Monopolkommission hat festgestellt, dass die Gesetze für die alte Welt hier nicht für die neue, digitale Wirtschaft passend sind. Zimmer erläutert das Problem: »Der erste Schritt ist die Entscheidung, ob ein Fall überhaupt anzumelden ist und damit der Kontrolle unterliegt. Bisher müssen Sie, um unter die europäische Fusionskontrolle zu fallen, zweieinhalb Milliarden Umsatz haben. Um unter die deutsche Fusionskontrolle zu fallen, müssen Sie mindestens eine halbe Milliarde Euro Umsatz haben. Viele dieser Start-ups haben aber kaum Umsätze, manche haben gar keine Umsätze, sodass der Erwerb, der Aufkauf eines konkurrierenden Start-ups heute weitgehend kontrollfrei ist.«

Die Monopolkommission machte hier einen ihrer sparsam dosierten Vorschläge für Gesetzesänderungen: In Zukunft soll sich die Fusionskontrolle am Transaktionsvolumen einer Fusion orientieren, also am Kaufpreis für das aufgekaufte Unternehmen. Darin, nämlich im Preis, der für ein Start-up oder für eine Firma geboten wird, steckt zugleich eine Bewertung der Dinge, die heute Größe und Macht herstellen können: die Algorithmen, die Kunden und die Daten. Der Datenschatz fände somit indirekt Eingang in eine Fusionskontrolle.

Dass Daten in der digitalen Wirtschaft einen großen Wert haben, ist zugleich der Ansatzpunkt für die zweite große Veränderung, die die Monopolkommission erreichen möchte – und die auf den ersten Blick mit Kartellrecht wenig zu tun hat: Die Monopolkommission wünscht sich endlich eine europäische Datenschutzgrundverordnung, also einheitliche europäische Datenschutz-Standards, die dafür sorgen, dass Verbraucher mehr Kontrolle über ihre Daten bekommen. Dass deutsche Unternehmen strengen Standards unterliegen, Facebook, Google und andere aber in Europa nach dem vergleichsweise laxen irischen Datenschutzrecht arbeiten, ist auch aus Sicht der Kartellwächter kein Zustand, weil es zu Wettbewerbsverzerrungen führen kann.

Ein weiterer Punkt sind die zuvor erläuterten »Lock-in«-Effekte auf digitalen Märkten: »Wenn ich bei einem bestimmten Smartphone-Hersteller Kunde bin, verweigert der mir vielleicht die Herausgabe meiner Daten, wenn ich irgendwann mein Smartphone wechseln will. Das heißt, ich bin in einem Ökosystem eines Anbieters gefangen. Und mit der Datenschutzgrundverordnung auf europäischer Ebene soll ein Recht auf Datenportabilität eingeführt werden, das heißt, ich soll als Verbraucher in die Lage versetzt werden, meine Daten von einem Anbieter zum anderen mitzunehmen.«

Adresslisten, Kontaktdaten, über soziale Netze gepostete Fotos und Videos – all das sollen Nutzer auf Wunsch in die Hände bekommen, ohne Einschränkungen. Datenschutz, argumentiert der Leiter der Monopolkommission, ist gut für den Wettbewerb. Er hält seine Durchsetzung auf den digitalen Märkten aber auch deshalb für unverzichtbar, weil er sieht, dass die digitalen Riesen den Nutzern ihre Geschäftsbedingungen regelrecht aufzwingen können.

Amerikaner sind vom Mars, Europäer von der Venus

Zum Schluss noch einmal zurück zu Michael Weber vom Stadtplandienst. Seit 2010 liegt die Kartellbeschwerde seines Unternehmens in Brüssel, zusammen mit ähnlichen Beschwerden unter anderem von Shoppingportalen. Auch Googles Einfluss auf das Smartphone-Betriebssystem Android ist im Fokus des EU-Wettbewerbskommissars. Google versprach Zugeständnisse und stand kurz davor, eine Einstellung des Verfahrens zu erreichen, bis 2014 die Kommission wechselte und die neue Wettbewerbskommissarin Margrethe Vestager erneut begann, dem Internet-Riesen unangenehme Fragen zu stellen.

Die Politiker und Regulierer haben viel gelernt in den vergangenen Jahren – so das Empfinden des Stadtplandienst-Managers Michael Weber. Er teilt auch den Glauben, dass die Dynamik der digitalen Märkte die Großen schon kleinkriegen wird – und vor allem will er keine Unterstützung aus der falschen Ecke: »Es ist jetzt hier kein protektionistischer Kampf im Gange, Europa gegen USA, viele der Beschwerdeführer in Brüssel sind auch amerikanische Firmen. Es geht vielmehr darum, dass sich alle an die gleichen europäischen Regeln halten sollen, egal ob es Europäer oder Amerikaner sind.«

Dabei sieht Michael Weber durchaus, dass die US-Unternehmen auf einer anderen Ebene massiv im Vorteil sind: Sie haben bessere Rahmenbedingungen. Schätzungen besagen, dass in den USA etwa das Sechsfache an Risikokapital im Umlauf ist wie in Europa, bei vergleichbarer Marktgröße. Da ist zum anderen ein Binnenmarkt von 300 Millionen Amerikanern, der Start-ups erlaubt, schnell bis zur kritischen Größe zu wachsen. Da ist das Reservoir an den besten und kreativsten Programmierern weltweit, aus denen das Silicon Valley schöpfen kann. Und bei allem Neid auf die besseren Rahmenbedingungen in den USA sollte man auch eins nicht übersehen: Die Schwergewichte der digitalen Ökonomie sind außergewöhnliche Unternehmen. Sie arbeiten nach der Logik des produktiven Scheiterns, nach Samuel Becketts Motto *»Try again, fail again, fail better«* (Probier es immer wieder, scheitere immer wieder, aber scheitere besser) und nach dem Motto *»Move fast and break things«* (Sei schnell und mach Altes kaputt), das Mark Zuckerberg einmal als Leitspruch für sein Unternehmen Facebook ausgegeben hatte. Sie haben es in nur wenigen Jahren geschafft, Millionen weltweit von ihren Produkten und Diensten zu überzeugen – schlichtweg deshalb, weil ihre Produkte innovativ und gut sind. Und sie werden nicht aufhören, diese Innovationskraft in immer neuen Märkten spielen zu lassen, in denen sie Chancen sehen.

Dass der Google-Konzern sich 2015 in Alphabet umbenannte und die namensgebende Suchmaschine nur noch ein Unternehmensteil unter vielen ist, ist Ausdruck dieses globalen Anspruchs. Google kauft den Haustechnik-Anbieter Nest, um das Smart Home zu erschließen. Facebook kauft Oculus und damit die Technik für den Zukunftsmarkt der Virtual Reality. Apple arbeitet angeblich an einem Auto. Auch die scheinbar mächtigsten Branchen sind nicht sicher: Als Nächstes könnte die Bankenbranche reif sein. Der Branchenexperte Andreas Braun, Fachjournalist beim ARD-Börsenportal, rechnet jedenfalls fest damit. Er erzählt von einer Fachkonferenz, auf der sich auch ein Google-Vertreter unter die Banker gemischt hatte und eine Kampfansage formulierte – Googles Absicht, in die

Finanzbranche einzusteigen. »Er sagte: ›Es ist jetzt noch nicht für uns auf der unmittelbaren Agenda, wir bräuchten eigentlich nur eine Banklizenz zu erwerben, was ja kein Problem wäre, aber perspektivisch überlegen wir uns das und schauen, inwieweit wir unsere Anwendungen in diesem Bereich erweitern können.‹ Das wird sicherlich Facebook auch tun, weil es einfach eine natürliche Entwicklung ist: Ich habe einen großen Stamm an Internet-Nutzern, mit vielen Daten über diese Nutzer, und kann diese daher für Finanzprodukte oder Dienstleistungen gut nutzen. Ganz klar.«

Die Großen werden also wohl noch größer, die Ablösung durch die nächste Welle Schumpeterscher Innovatoren scheint nicht unmittelbar bevorzustehen. Kartellbehörden und Gerichte werden es immer wieder mit den Schwergewichten der digitalen Ökonomie zu tun bekommen, und sie werden sich mit schwierigen Fragen auseinandersetzen müssen – eben weil die digitalen Märkte so viel anders sind als die herkömmlichen. Eines aber werden Politiker, Wettbewerbshüter und Verbraucherschützer brauchen: Schnelligkeit.

Jan Eggers

3.

TEILEN ALS MILLIARDENGESCHÄFT – DIE SHARING ECONOMY

Ein Internetcafé im Süden von Köln. Es ist wenig los an diesem Nachmittag. Vor einem der wenigen besetzten Rechner sitzt Atilla Boz, der Erfinder und Betreiber der Online-Bücherei leih-ein-buch. Er ruft die schlicht gehaltene, braun und orange getönte Startseite auf: links eine Navigationsleiste mit Kategorien, in der Mitte die neuesten eingestellten Bücher, und eine Suchmaske, rechts eine Zufallsauswahl vorhandener Bücher. Der Zugang zu seiner Bücherei ist denkbar einfach: Man meldet sich an, bestätigt die E-Mail mit der Anmeldebestätigung und kann sofort damit beginnen, eigene Bücher einzutragen.

Knapp tausend Mitglieder hat die Verleihplattform im Moment, erklärt Attila Boz: »Die Anmeldung ist kostenlos, und man muss keine monatlichen Mitgliedsbeiträge zahlen. Das ist der Standortvorteil gegenüber einer Stadtbücherei und anderen Büchereien, wo man monatlich bezahlt. Man zahlt lediglich pro geliehenem Buch – 33 Cent.« Hinzu kommen allerdings noch die Portokosten für den Versand. Wer sich die sparen will, kann aber auch gezielt nach Büchern in seiner Nähe suchen und sie sich dort abholen: Wenn ein Interessent ein Buch ausgewählt hat, findet er neben den Informationen zum Buch auch die Angabe, wo der Besitzer wohnt.

Atilla Boz ist Experte für Webseiten-Erstellung und andere Internetdienstleistungen. Bereits 2006 ging seine virtuelle Bücherei online. Sie war eine der ersten Sharing-Plattformen in Deutschland, das Konzept war damals noch weitgehend unbekannt. Vorbild war die Verkaufsplattform eBay: »Ich habe mir gedacht: Ein tolles Portal, das nur einmal programmiert werden muss und bei dem man kein großartiges Kapital braucht, um die Waren zu beschaffen, weil die Mitglieder die Waren heranbringen. Und dann habe ich mir gedacht: So könnte man auch eine Bücherei betreiben.« Damals war das Interesse an Sharing-Modellen noch gering, doch in den vergangenen zehn Jahren haben sich zahlreiche ähnliche Verleih-Portale erfolgreich im Internet etabliert. Die Plattformen heißen Leihdirwas, Fairleihen, frents oder Kleiderkreisel, und mit wenigen Mausklicks oder ein paarmal Tippen auf dem Smartphone kann man eine Putzhilfe buchen, Legosteine ausleihen, das zu eng gewordene Abendkleid gegen eine Handtasche tauschen oder bei Zimmervermittlern wie zum Beispiel Airbnb eine private Unterkunft buchen. Für immer mehr Menschen ist das eine einfache und vor allem kostengünstige Alternative zum herkömmlichen Angebot der Kaufhäuser und Online-Shops.

Vom Alternativmodell zum Massenphänomen

Ist Leihen also das neue Besitzen? Wandelt sich unsere Konsumgesellschaft in eine Gemeinschaft von Menschen, die ihr Hab und Gut miteinander teilen, statt ihren Besitz in Schränken und Kellerräumen zu horten? Der Harvard-Ökonom Martin Weitzman hat dafür die Bezeichnung der »Share Economy« geprägt. Sie beruht auf der Annahme, dass sich der Wohlstand für alle vermehrt, je mehr die Marktteilnehmer ihr Eigentum gemeinsam nutzen. Nicht immer geht es dabei tatsächlich darum, sich im engeren Wortsinn etwas mit anderen zu teilen: Die meisten der neuen Portale bieten schlicht die Möglichkeit, sich gegen eine feste Gebühr etwas zu leihen beziehungsweise zu mieten, statt es zu kaufen. Was als Alternativmodell für konsumkritische Bürger begann, ist zu einem Massenphänomen geworden: Laut einer Umfrage des Frankfurter Wirtschaftsprüfungsunternehmens PWC hat jeder zweite Bundesbürger schon einmal ein Sharing-Angebot genutzt. Allerdings, auch das ergab die Befragung, ist Leihen deutlich beliebter als Verleihen; so kann sich nur rund jeder Dritte vorstellen, Gegenstände oder Dienstleistungen zum Tausch oder Verleih anzubieten.

Das lässt sich derzeit besonders gut im Bereich Mobilität beobachten. Während kaum jemand bereit ist, das eigene Auto mit einem Fremden zu teilen, ist das professionelle Carsharing in deutschen Großstädten längst zum Normalfall geworden. In Berlin, Hamburg und München, aber auch in kleineren Städten wie Kassel und Gießen schießen Carsharing-Anbieter wie Pilze aus dem Boden; die Nutzerzahlen sind in den zurückliegenden Jahren geradezu explodiert. Für Niko Paech, der an der Universität Oldenburg über Umweltökonomie und nachhaltiges Wirtschaften forscht, ist das ein gutes Beispiel dafür, dass der sogenannte »Ko-Konsum« (kollaborativer Konsum) den Wohlstand vermehrt: »Wenn wir uns beispielsweise Carsharing-Angebote wie Car2Go anschauen, dann stellen wir fest, dass damit eine Gelegenheit geschaffen wird für Menschen, die sich bislang kein Auto leisten konnten, jetzt tatsächlich Zugriff zu nehmen auf ein Auto, ohne investieren zu müssen.«

Die Null-Grenzkosten-Ökonomie

Forscher wie Niko Paech sind überzeugt, dass künftig nicht mehr der Besitz, sondern der Zugang zu Konsumgegenständen im Mittelpunkt stehen wird. Der US-amerikanische Ökonom und Gesellschaftstheoretiker Jeremy Rifkin geht noch einen Schritt weiter und prognostiziert eine völlige Umwälzung unseres Gesellschaftssystems. »Collaborative commons« nennt Jeremy Rifkin jene Gemeinschaften, die bestimmte Güter miteinander teilen. Mit seinen provokanten Thesen war er Stargast auf der Computermesse Cebit 2015 in Hannover. Für Rifkin ist das, was sich momentan vollzieht, der erste Paradigmenwechsel in der Ökonomie seit dem Vordringen des

Kapitalismus und des Sozialismus zu Beginn des 19. Jahrhunderts. Dies sei ein bemerkenswertes historisches Ereignis, und es werde sich noch lange auf die Gesellschaft auswirken. Auslöser für diesen Paradigmenwechsel ist das, was Rifkin die »Null-Grenzkosten-Ökonomie« nennt.

Die Grenzkosten sind jene Kosten, die nötig sind, um eine zusätzliche Einheit eines Gutes × zu produzieren, wenn die Fixkosten der Produktion gedeckt sind. Zu den Fixkosten gehören beispielsweise die Gehälter, die Kosten für den Maschinenpark – angenommen 100 000 Euro – und für die Rohstoffe pro Stück × – angenommen 5 Euro. Dann kostet die Herstellung eines einzigen Stückes × genau 100 005 Euro, und zwei Stück vom Produkt × herzustellen kostet genau 100 010 Euro. Diese Steigerung der Kosten in Abhängigkeit von der produzierten Stückzahl – im Beispiel genau 5 Euro – bezeichnet man als Grenzkosten. Und weil die Unternehmen durch den großen Wettbewerbsdruck und neue Technologien immer billiger produzieren, so Jeremy Rifkins These, gehen diese Grenzkosten immer mehr gegen null. In der Konsequenz sind Waren quasi umsonst zu haben. Dieser Prozess geht laut Rifkin einher mit einer weiteren entscheidenden Entwicklung, nämlich, dass im Internet längst nicht mehr nur konsumiert wird: »Was derzeit passiert, ist, dass durch die Verbreitung des Internets Millionen von Konsumenten zu ›Prosumenten‹ geworden sind: Sie produzieren und teilen in Netzwerken ihre Videos, ihre Nachrichten und ihr Wissen praktisch umsonst, und sie umgehen damit in vielen Fällen komplett den kapitalistischen Markt.«

Jeremy Rifkin sieht in den gegenwärtigen Entwicklungen des Internets gar Vorboten eines bevorstehenden Untergangs des Kapitalismus. Tatsächlich lässt sich insbesondere in der Unterhaltungsindustrie der Trend zum Gratiskonsum bereits beobachten. Musikdateien werden im Internet geteilt, immer mehr Nutzer produzieren Videos und Nachrichtenblogs selbst, und sie verteilen diese kostenlos. Eine ähnliche Entwicklung ist auch auf dem Energiesektor denkbar: Die Preise für Photovoltaik-Anlagen und Windräder sinken, theoretisch kann jeder seine Energieversorgung selbst bewerkstelligen. Auch hier spielt das Null-Grenzkosten-Phänomen eine zentrale Rolle: Denn die Kosten für das Betreiben von Wind- und Solaranlagen bestehen größtenteils aus den einmalig anfallenden Anschaffungskosten. Wenn die Windräder und Solar-Panels einmal stehen, sind die Grenzkosten für jede produzierte Kilowattstunde nahe null – Sonne und Wind sind, anders als Kohle und Öl, schließlich gratis zu haben. Jeremy Rifkins Vision reicht aber weiter: Bürger schaffen eigene Energieverbünde, die sie übers Internet vernetzen und per Smartphone steuern. In der Industrie sei ein ähnlicher Trend denkbar, denn die 3-D-Drucktechnik, die sich derzeit nach und nach durchsetzt, macht potenziell jeden zum Produzenten der eigenen Gebrauchsgüter.

Jeremy Rifkin entwirft aus diesen Trends äußerst optimistische Szenarien – und sieht in der Null-Grenzkosten-Gesellschaft in Verbindung mit der Sharing Economy eine zukunftsfähige, nachhaltigere Art des Wirtschaftens. Aber taugen solche Technologien tatsächlich als Lösung für Probleme wie Ressourcenverschwendung, Überproduktion und Umweltverschmutzung? Viele befürchten gerade durch 3-D-Drucker einen gegenteiligen Effekt, weil mit ihrer Hilfe vor allem zusätzliche und damit überflüssige Konsumgegenstände hergestellt werden können. Für Michael Kuhndt, Direktor des Collaborating Centre on Sustainable Consumption and Production, ein Forschungsinstitut für nachhaltigen Konsum mit Sitz in Wuppertal, überwiegen dennoch die Vorteile der neuen technologischen Möglichkeiten: Seiner Ansicht nach befinden wir uns derzeit in einer Übergangsphase, in der viele technische Errungenschaften noch nicht effektiv genutzt werden. Nach und nach, davon ist er überzeugt, würden die positiven Effekte aber stärker zum Tragen kommen. Er nennt ein alltagstaugliches Beispiel: »Sie haben vielleicht ein Gartengerät, für das Sie keine Ersatzteile mehr bekommen. Aber mit dem 3-D-Drucker können Sie das benötigte Teil ausdrucken und das Gerät so mithilfe einer Anleitung vielleicht auch selber reparieren.«

Dennoch glaubt der Nachhaltigkeitsforscher nicht, dass unsere Art des Produzierens und Wirtschaftens auf absehbare Zeit komplett abgelöst werden wird. Wahrscheinlicher sei eine Form der dualen Wirtschaft: »Ein Auto wird auch in Zukunft noch produziert, dann aber vielleicht auch geteilt oder getauscht. So wird es ein duales System geben, zwischen der Hardware-Industrie und der Software-Industrie. Das Sharing ist vielleicht auch ein spannendes Experimentierfeld, diese beiden Formen, den klassischen Kapitalismus und die Formen des Tauschens und Teilens ohne eine Geld-Währung, näher miteinander zusammenzubringen.«

Wohnraum – zusätzlich oder zweckentfremdet?

Dabei ist das Konzept an sich nicht neu, unterstreicht Daniel Veit, Wirtschaftswissenschaftler an der Universität Augsburg. Die Ursprünge unseres Wirtschaftens gingen schließlich auf Teil- und Tauschmodelle zurück: »Wir führen sozusagen einen Kreis zu Ende und kommen zurück zu einer Wirtschaft, die in einer ähnlichen Form funktioniert – vermeintlich; weil in der Realität die meisten Geschäftsmodelle sehr anders funktionieren.« Je mehr Sharing-Modelle andere Formen des Wirtschaftens ablösen, desto größer wird nämlich auch die Skepsis gegenüber dem Nutzen der neuen Angebote. Denn das Teilen oder auch das gemeinschaftliche Nutzen ist längst mehr als ein Nischenphänomen, bei dem der eine dem anderen etwas Gutes tut: Es ist ein Milliardengeschäft. Immer neue Anbieter mit zum Teil sehr aggressivem Geschäftsgebaren drängen auf den Markt – Anbieter, die mit ihren nutzerfreundlichen Plattform-Lösungen mitverdienen wollen an der Sharing Economy. Aus der freundlichen Welt des gemeinschaftlichen Konsums ist längst ein hart umkämpftes Marktsegment geworden. Auch wenn das Teilen im Einzelfall eine ganz unkämpferische, pragmatische Grundlage hat.

Ein Beispiel dafür ist das Angebot von Sigrid Bender. Gemeinsam mit ihrem Mann bewohnt sie eine Altbau-Etage in der Kölner Südstadt. Eines der Zimmer hat sie liebevoll mit einem französischen Bett mit bunter Bettwäsche ausgestattet, in einer Ecke stehen Kühlschrank, Toaster und Mikrowelle. Für rund 30 Euro pro Nacht bietet das Ehepaar Bender das Zimmer mit eigenem Eingang und Bad auf diversen Online-Portalen wie Airbnb, 9Flats oder Wimdu an. Die Idee dazu entstand vor zwei Jahren, als die beiden erwachsenen Söhne aus dem Haus waren: »Was macht man dann mit so vielen Zimmern, für zwei Personen? Wir hätten dann sieben Zimmer gehabt und zwei Badezimmer, das ist einfach zu viel.« Statt in eine kleinere Wohnung umzuziehen, finanzieren sie sich jetzt einen Teil der Miete durch die tageweise Untervermietung. Vermietungsportale im Internet machen das denkbar einfach: Man legt ein Profil an mit Bildern und einer kurzen Beschreibung der Unterkunft, legt den Preis pro Übernachtung fest und braucht dann nur noch auf Anfragen zu warten. Und die kamen schnell, erzählt Sigrid Bender: »Köln ist eine Studentenstadt – Zimmer sind immer gefragt.« Zumal die Wohnung der Benders in einem beliebten Stadtviertel liegt, zentral und mit öffentlichen Verkehrsmitteln gut von Universität, Messe und Innenstadt aus erreichbar. Die Gäste sind meistens Fernstudenten oder Berufstätige auf Dienstreise – viele kommen regelmäßig wieder. Abgerechnet wird bequem über das jeweilige Online-Portal: Je nach Anbieter verlangen diese Portale bis zu 20 Prozent Provision. Ein Angebot, von dem alle zu profitieren scheinen: die Benders, weil sie die Wohnung optimal nutzen und nebenbei ein paar Euros verdienen; die Gäste, weil sie eine günstige Unterkunft erhalten, die größer und persönlicher ist als die meisten Hotelzimmer; und die Sharing-Plattform selbst, die ihre Marge einstreicht. Doch die Vermietungsplattformen im Internet sind in die Kritik geraten: Gerade in den Innenstädten der Großstädte, wo Wohnraum knapp ist, gibt es immer mehr Vermieter, die Zimmer oder ganze Wohnungen lieber tageweise im Internet anbieten, als sie dauerhaft zu vermieten. Das ist lukrativer und flexibler. Auch

Sigrid Bender schätzt die Flexibilität: »Wir haben auch ganz viele Anfragen von Studenten, die längerfristig wohnen bleiben wollen. Das machen wir aber nicht, weil wir auch schon mal Freunde da wohnen lassen wollen, dann brauchen wir das Zimmer auch schon mal für uns privat.«

Viele Städte versuchen, der privaten Untervermietung rechtlich einen Riegel vorzuschieben: Berlin beispielsweise hat 2014 ein Gesetz gegen »Zweckentfremdung von Wohnraum« erlassen. Sigrid Bender weiß, wie umstritten die private Zimmervermittlung ist, doch in ihrem Fall treffe der Vorwurf der Wohnraumverknappung nicht zu: »Wenn wir das nicht mehr machen dürften, dann würde das nicht bedeuten, dass dieses Zimmer als Wohnraum wieder zur Verfügung stünde.« Schließlich habe ja auch keiner etwas davon, wenn das Zimmer leer stehe, argumentiert sie.

Dennoch steht besonders Airbnb für die Tendenz, dass ursprünglich rein gemeinnützige Angebote nach und nach kommerzialisiert werden. Am Anfang stand die Idee des »Couchsurfing«: Man bietet im Internet Reisenden aus aller Welt die eigene Schlafcouch an, im Austausch kann man selbst im Urlaub bei anderen übernachten – kostenlos, versteht sich. Doch während das Couchsurfing noch immer ein Nischendasein fristet, entwickelten sich kommerzielle Angebote wie Airbnb, wo ein Luxus-Domizil schon mal mehrere Hundert Euro pro Nacht kostet, zum Milliardengeschäft: Viele sprechen von einer Schattenwirtschaft, die wenig mit dem ursprünglichen Gedanken des Teilens zu tun hat. Beispielsweise wird der Wert des Online-Wohnungsvermittlers Airbnb auf rund 10 Milliarden Euro geschätzt.

Das Taxi der Zukunft?

Der Fahrdienstvermittler Uber soll – Experten zufolge – sogar noch mehr wert sein. Kein Wunder, dass das US-amerikanische Unternehmen als »Taxischreck« gilt. Taxifahrerverbände in aller Welt werfen Uber unfaire Geschäftspraktiken vor, weil die Fahrer keine Lizenzen vorweisen und keine Gewerbesteuern zahlen müssen und deshalb günstigere Fahrpreise anbieten können. In Frankreich, aber auch in Mexiko, Brasilien und Kolumbien kam es deshalb bereits zu gewaltsamen Protesten und teilweise sogar zu Übergriffen gegen Uber-Fahrer. Der Fahrdienst UberPop, bei dem private Fahrer mit ihren eigenen Fahrzeugen für eine geringe Gebühr Fahrten anbieten, wurde deshalb in den meisten deutschen Städten verboten. Uber hat daraufhin begonnen, in einigen deutschen Großstädten stattdessen offiziell einen Mietwagen-Service mit Fahrer anzubieten.

Anbieter wie Uber betonen, dass sie mit ihren innovativen Konzepten alte Geschäftsmodelle nur ergänzen – und damit den Kuchen einfach größer machen: »Wir wollen das Taxi nicht verdrängen, sondern wir wollen einfach weitere Möglichkeiten aufzeigen«, beteuert Fabien Nestmann, der Deutschland-Chef von Uber. »Wenn dadurch ein bisschen Wettbewerb entsteht, ist das durchaus eine interessante Sache.« Aber kann man wirklich von einem fairen Wettbewerb sprechen, wenn ein Hotel oder ein normales Taxiunternehmen eine ganze Reihe von gesetzlichen Auflagen erfüllen muss, ein privater Zimmervermieter oder Uber-Fahrer aber nicht? Der Augsburger Ökonom Daniel Veit, der sich wissenschaftlich mit dem Phänomen der Sharing Economy befasst, hat Zweifel: »Wenn man sich beispielsweise ansieht: Ein Privatwagen ist versichert für eine gewisse Fahrleistung und eine gewisse Fahrform. Wenn man diese Versicherung, die bei etwa 1 000 Euro im Jahr liegt, zugrunde legt und diesen Wagen plötzlich als Taxi benutzt, dann steht man im Wettbewerb mit Taxen, die eine Jahresversicherung von etwa 5 000 Euro aufbringen müssen, um dieses Fahrzeug so betreiben zu können.«

Aus Daniel Veits Sicht wäre es dringend nötig, neue Regeln für diese neu entstandenen Wirtschaftsbereiche zu schaffen. Das sieht – im Prinzip – auch der Uber-Geschäftsführer so. Im Kern geht es Anbietern wie Uber dabei aber um möglichst wenig Regulierung. Sie verfolgen einen libertären Ansatz und sehen sich als Symbol eines freien Unternehmertums, das sich möglichst ungehindert entfalten sollte.

Ausweitung des Konsumverhaltens

Anbieter wie Uber oder der Online-Zimmervermittler Airbnb sehen sich als Vorreiter eines neuen, nachhaltigeren Wirtschaftens: Weil nicht jeder gezwungen ist, alles Notwendige selbst zu besitzen, und die Menschen viele Dinge stattdessen teilen, werden weniger Ressourcen verbraucht. Aber stimmt das tatsächlich? Der Umweltökonom Niko Paech ist skeptisch: Die günstigen und leicht verfügbaren Angebote führen seiner Ansicht nach eher zu einer Ausweitung des Konsumverhaltens. Unsere Wirtschaft ist auf Wachstum ausgelegt, erklärt der Wissenschaftler – und unter diesen Umständen ist es eben nicht so, dass Sharing-Modelle zu einer »Dematerialisierung« beitragen. »Es ist eher umgekehrt: dass Sharing-Modelle sogar zu einer Re-Materialisierung oder einer Verdichtung unseres materiellen Wohlstandes führen.«

Rein theoretisch biete die Sharing Economy durchaus die Chance, mit weniger Ressourcen und Geld auszukommen. Das gelte aber nur in einer Gesellschaft, die sich von der Idee des Wachstums befreit habe: »Unter den gegenwärtigen Bedingungen, die ja einer Steigerungslogik des Einkommens und des Konsums entsprechen, bedeutet ›Sharing‹ im Prinzip nur eine Anreicherung unseres Lebens mit noch mehr Services und Produkten, die eben billiger werden durch Sharing.« Im Klartext heißt das: Das Geld, das jemand spart, indem er bei einer Reise die Unterkunft bei Airbnb bucht, gibt er am Ende für zusätzliche Reisen aus – oder dafür, sich einen teuren Flug ans andere Ende der Welt leisten zu können. Und die vielen Carsharing- und Mitfahr-Angebote machen vor allem dem öffentlichen Nahverkehr Konkurrenz – sie verstopfen die Innenstädte noch mehr, als das ohnehin schon der Fall ist. Experten sprechen in diesem Fall von sogenannten Rebound- oder Bumerang-Effekten. Darunter versteht Niko Paech auch, dass bestimmte Angebote dazu führen, dass ein bestimmtes Konsumverhalten erst entsteht: »Wenn junge Menschen beispielsweise, die nie auf die Idee gekommen wären, Auto zu fahren, weil sie das Auto dann ja hätten kaufen müssen, durch die Verfügbarkeit solcher Sharing-Lösungen erst einmal ans Autofahren, also an den motorisierten Individualverkehr herangeführt werden, werden auch Routinen oder Mobilitätskulturen stimuliert – oder Menschen an bestimmte fossile Mobilitätskulturen herangeführt.«

Am Ende könne das dazu führen, dass sie schließlich doch ein eigenes Auto kaufen. Denn Konsum, so erklärt Niko Paech, hat nicht nur mit dem reinen Nutzwert des Produktes zu tun: Ein Auto sei auch heute noch mehr als ein fahrbarer Untersatz, mit dem man von A nach B fahren und Getränkekisten transportieren kann: »Es gibt eine zweite wichtige Konsumfunktion, und die ist symbolischer Art, die ist kulturgeprägt – weil nämlich Produkte ›Botschaften‹ sind. Die Produkte, die wir unser Eigen nennen, sagen etwas über unsere Identität aus. Aus diesem Grund erleben wir, dass es gar nicht so leicht ist, Sharing-Modelle oder überhaupt Formen der Gemeinschaftsnutzung in Deutschland und in anderen fortgeschrittenen Konsum-Demokratien zu kultivieren.«

Unterlaufene Arbeitnehmerrechte?

Sharing klingt kuschelig und gemeinschaftlich, es klingt nach Gerechtigkeit und sozialem Ausgleich. Doch längst gibt es viel grundsätzlichere Bedenken gegen die Ökonomie des Teilens. Auch Daniel Veit sieht zwar prinzipiell viele positive Aspekte: »Das Problem ist nur, dass dieses Phänomen, das bisher eine starke Nischenfunktion dargestellt hat, sich sehr viel breiter darstellt. Und diese starke Verbreitung führt natürlich zu Nebeneffekten für die Gesamtgesellschaft.« Einer dieser Effekte ist, dass Vermittlungsportale wie Airbnb oder Uber neue Steuerschlupflöcher bieten: Denn wer kann und will kontrollieren, ob die Vermieter oder Teilzeitfahrer ihr zusätzliches Einkommen auch versteuern? Daniel Veit verweist ferner auf die Auswirkungen für die Arbeitswelt: Einerseits biete die Sharing Economy theoretisch jedem eine einfache Möglichkeit, zum Kleinunternehmer zu werden. Andererseits entstünden dabei weitgehend unregulierte Bereiche, die hart erkämpfte Arbeitnehmerrechte unterlaufen könnten.

Wer auf einer Plattform seine Arbeitskraft oder bestimmte Dienstleistungen anbietet, ist in aller Regel selbstständig, trägt also sämtliche Risiken selbst. Das bedeutet: keine Tariflöhne, kein Arbeitsschutz, keine Absicherung im Krankheitsfall. Gewerkschaften warnen daher vor neuen Formen der Ausbeutung: Es drohe ein neues Prekariat aus schlecht bezahlten und weitgehend schutzlosen Arbeitskräften. Manche sprechen deshalb von einem rüden »Plattform-Kapitalismus«, bei dem es weniger um Kundensouveränität und selbstbestimmte Vernetzung geht, sondern vor allem um Marktmacht und langfristige Profite. Viele zweifeln sogar daran, dass der Begriff des Teilens für viele neue Internet-Angebote überhaupt passt: Bei den großen Sharing-Plattformen geht es schließlich längst nicht mehr darum, sich mit den Nachbarn darauf zu einigen, die Waschmaschine im Keller gemeinsam zu nutzen. Oder darum, jemandem eine Bohrmaschine oder ein paar Umzugskartons zu leihen. Sondern es geht um ein knallhartes Geschäft. Zudem gibt es auch hier, wie in anderen Wirtschaftsbereichen, einen Trend zur Marktkonzentration. Hinter Uber stehen zum Beispiel Großinvestoren wie Goldman Sachs und Google Ventures.

Bisher gibt es in diesem Bereich zwar auch viele kleine Start-ups wie die Online-Bücherei leih-ein-buch. Doch mit zunehmender Popularität entsteht auch in diesem Bereich das, was Daniel Veit »ökonomische Netzwerkeffekte« nennt: »Diese Netzwerkeffekte führen dazu, dass die ›großen Fische‹ immer gewinnen und die kleinen Fische gar nicht die kritische Masse erreichen, um überhaupt in diesem Spiel mitspielen zu können.« Die kleineren Anbieter werden vom Markt gedrängt oder aufgekauft, was dazu führt, dass eine starke Konzentration von Marktmacht bei einzelnen Playern entsteht. Die Folgen sind schon jetzt zu besichtigen: Erfolgreiche Plattformen, die Putzkräfte oder, wie Uber, Fahrdienste vermitteln, streichen bis zu 20 Prozent des Stundenlohns ein, erklärt Daniel Veit: »Wofür sie aber letztendlich, außer dem Bereitstellen dieser digitalen Plattform, keinerlei werthaltigen Beitrag geleistet haben.«

Allen negativen Begleiterscheinungen zum Trotz wird gerade diese Effizienz und Einfachheit, so glaubt Daniel Veit, dazu führen, dass die Bedeutung der Sharing Economy in Zukunft weiter zunehmen wird. »Die Frage wird sein, und das ist die große Herausforderung für unsere Gesellschaft, dieser in einer Art zu begegnen, dass dies nicht die positiven Errungenschaften unserer Gemeinschaftsvereinbarungen letztlich untergräbt, sondern dass es wertstiftend für uns alle stattfinden wird.« Das sieht auch der Wuppertaler Nachhaltigkeitsforscher Michael Kuhndt so: »Das heißt, wir brauchen einen gesellschaftlichen Diskurs, wo wir mit solchen Geschäftsmodellen hinwollen: Welche Sozialstandards wollen wir halten? Aber gleichzeitig sehen wir auch, dass Ressourcen international tauschbar und teilbar werden. Wir brauchen da auch einen internationalen Dialog. Nicht umsonst beschäftigen sich mittlerweile auch die Vereinten Nationen mit dem Thema und sagen: Wir brauchen Spielregeln für die Sharing Economy.«

Für Jeremy Rifkin, den Visionär einer Null-Grenzkosten-Ökonomie, sind die erfolgreichen Unternehmen der Sharing Economy aber ohnehin nur ein Übergangsphänomen: Er ist davon überzeugt, dass sie später nicht mehr gebraucht werden, weil das Kollektiv Steuerung und Kontrolle über die Waren und Dienstleistungen übernimmt. Ist der Kapitalismus am Ende also ein Auslaufmodell? Michael Kuhndt glaubt das nicht – allein deshalb nicht, weil zu viele ihren Nutzen aus dem derzeitigen Wirtschaftsmodell ziehen: »Ich glaube, der Kapitalismus wird wahrscheinlich auch in 2000 Jahren noch leben. Wir verdienen ja auch genauso wie sonst Geld mit den Sharing-Economy-Geschäftsmodellen. Aber wir müssen es schaffen, einen grünen, einen nachhaltigen Kapitalismus zu entwerfen, und ich glaube, da sind Ansätze wie die Sharing Economy ganz hilfreich.«

Jeanette Seiffert

4.

GLOBALE GIER – WIE FAIR IST DER HANDEL?

Die Braubachstraße 14 in Frankfurt am Main ist eine besondere Adresse: Der Römer, das Frankfurter Rathaus, ist nur ein paar Schritte entfernt. Der Kaiserdom liegt um die Ecke, und auch die Paulskirche ist nicht weit entfernt. Hier, in diesem Dreieck, findet man »Bitter & Zart«, ein Schokoladengeschäft der besonders feinen Art. Sabine Seidel, eine der beiden Geschäftsführerinnen, zelebriert hier Schokolade – für eine Kundschaft, die Wert legt auf Qualität. Es gibt Schokoladentafeln mit einer Mischung aus Ingwer, Kardamom, Nelken und Zimt. Andere Tafeln enthalten geröstete Kakaobohnensplitter aus Santo Domingo.

Sabine Seidel weiß genau, woher die Zutaten stammen. Eine weiße Schokolade, die Ivoire, kommt beispielsweise von der Elfenbeinküste. Kakao aus Ghana wurde in anderen Tafeln verarbeitet, in solchen mit 85 Prozent Kakaogehalt. Sie erzählt, dass der Chocolatier Stéphane Bonnat, ein guter Freund aus Frankreich, direkt mit den Kakaobauern zusammenarbeitet: »Er fliegt mit dem Hubschrauber dorthin und sucht sich seine Dinge aus. Er weiß genau, diese Familie baut für mich die Kakaobohnen an, erntet sie, und er weiß auch, was aus diesem Produkt letztendlich mal entstehen wird. Das wissen, glaube ich, die wenigsten.«

Auf den Kakaoplantagen an der Elfenbeinküste kann sich niemand einen Laden wie »Bitter & Zart« vorstellen. Fast die Hälfte des Kakaos, den Deutschland importiert, wird in diesem afrikanischen Land geerntet. Das meiste ist Handarbeit: vom Pflücken der Schoten über das Fermentieren bis hin zum Trocknen der Bohnen. Anders als bei Rohrzucker oder Palmöl können die Kakaobauern keine Maschinen einsetzen. Die Kakao-Ernte ist Knochenarbeit.

Plackerei ohne Lohn

Das erlebt auch der junge Mathis. Während der Ernte wuchtet er tagtäglich die braunen 50-Kilo-Säcke mit Kakaobohnen auf seinen Rücken und wirft sie dann auf eine riesige, schwarze Plastikplane. Er atmet schwer, wischt sich den Schweiß von der Stirn. An seinem Arbeitsplatz, im Regenwald der Elfenbeinküste, ist es feucht und heiß, meist um die 30 Grad. Barfuß steht Mathis auf der Plastikplane und öffnet den Sack. Er beugt sich tief und verteilt den Inhalt mit seinen Händen. Er sei neunzehn Jahre alt, sagt Mathis schüchtern – und erst nach kurzem Zögern, so, als hätte man ihm eingebläut, er solle dieses Alter angeben, wenn er danach gefragt wird. Sehr schmächtig ist er, trägt löchrige Jeans und ein verschmiertes, orangefarbenes Fußball-Trikot der »Elefanten«, der ivorischen Nationalmannschaft. Sein verquollenes Kindergesicht verrät: Mathis dürfte höchstens dreizehn sein. Das Geld habe nicht gereicht, daher habe ihn sein Vater auf diese Plantage geschickt, damit er arbeite: »Jetzt bin ich hier und versuche, irgendwie zu überleben.«

Lohn bekomme er nicht für seine Plackerei, höchstens etwas zu essen. Auf seine Knochenarbeit angesprochen, gibt er zu: »Ich habe oft schlimme Rückenschmerzen von den schweren Säcken. Wir arbeiten hier oft von sieben Uhr morgens bis sieben Uhr abends. Pausen gibt es keine. Entweder ich schleppe Säcke mit Kakaobohnen oder ich bin im Wald. Dort helfe ich beim Spritzen der Bäume oder bei der Ernte. Dann sammle ich Kakaofrüchte auf und trage sie in Säcken aus dem Wald.« Kein Lohn, keine Pausen und Arbeitszeiten von täglich 12 Stunden oder mehr – ist das eine gute Basis für faire Handelsbeziehungen?

Vom Rohstoffhafen San Pedro, ganz im Westen der Elfenbeinküste, werden die Reichtümer des Landes in alle Welt verschifft: Holz, Kautschuk, Palmöl, Baumwolle, Kaffee – und sehr viel Kakao. In den Lagerhallen stapeln sich viele Tausend Säcke mit Kakaobohnen. Mehr als 700 000 Tonnen werden hier pro Jahr auf riesige Containerschiffe geladen und verschifft – Tendenz steigend. Der Wert des braunen Goldes lässt sich kaum schätzen. Auf jeden Fall ist es ein Milliardengeschäft. Nicht für die Kakaobauern an der Elfenbeinküste, wohl aber für die Exporteure und für die Schokoladenhersteller.

Und es gibt noch andere, die am Kakao verdienen: Das sind die Händler und Investoren an den großen Rohstoffbörsen in London und New York. Auch viele Banker mischen bei diesem Geschäft mit; bei ihnen geht es oft um sogenannte Absicherungsgeschäfte. Das heißt: Produzenten können ihre Ernte zu einem festen Preis verkaufen, und die Schokoladenhersteller wissen, wie viel Geld sie für den Rohstoff Kakao bezahlen müssen. »Das gibt Planungssicherheit«, sagt Michaela Kuhl. Sie ist Rohstoffexpertin bei der Commerzbank und dort unter anderem zuständig für die Agrarrohstoffe, zu denen auch der Kakao gehört. Anders formuliert: Die Banken übernehmen das Risiko der schwankenden Kakaopreise. »Das sind komplizierte und oft sehr schwierige Geschäfte«, so Michaela Kuhl, denn es gibt sehr wenig handfeste Daten. »Wenn es beispielsweise darum geht, abzuschätzen, wie die laufende Ernte, wie die Anlieferungen sind. Es gibt nur inoffizielle Daten zu der Zahl an Lastwagen, die in die Häfen fährt. Da wird dann hochgerechnet, wie viel Kakao wohl in den Fahrzeugen ist. Viele Monate später kommen dann erst die tatsächlichen, die offiziellen Daten, die häufig in eklatantem Widerspruch zu den Schätzungen stehen. Oder die Erwartungen an eine Ernte werden stark revidiert.«

Handeln erweitert den Horizont

Wenn man zurückschaut: Waren tauschen, handeln, miteinander ins Geschäft kommen: Das machen die Menschen schon seit etlichen Tausend Jahren. Der Ökonom Rolf Langhammer vom Kieler Institut für Weltwirtschaft hat dafür eine plausible Erklärung. Langhammer hat sich unter anderem mit den Themen Globalisierung und internationale Wirtschaftsbeziehungen auseinandergesetzt: »Man handelt, weil man reicher werden will; weil man weiß, dass man nicht alles genauso gut und genauso kostengünstig herstellen kann wie ein anderer. Und weil man weiß, wenn man sich spezialisiert, dann kann man mit den Ressourcen, die man hat – und dazu gehören auch die Zeit und die eigenen Fähigkeiten –, mehr herausholen, als wenn man autark ist und alles selber macht.«

Archäologische Funde haben bestätigt: Schon die Phönizier und die Griechen fuhren – lange vor Christi Geburt – mit ihren Handelsschiffen kreuz und quer übers Mittelmeer. An Bord Leinen aus Ägypten, Weizen und Honig, Ebenholz, Teppiche oder Edelsteine. Die Römer bauten später ein dichtes Straßennetz. So konnten sie ihre Waren auch auf dem Landweg leichter transportieren. Von manch einem Kaufmann kennt man sogar die Handelsrouten: von Marco Polo etwa, der im Jahr 1271 seine Heimatstadt Venedig verließ. Seine Reise sollte ihn bis ins ferne China an den Hof des mächtigen Kublai Khan führen. Rolf Langhammer glaubt, »dass Handeln sehr wichtig ist für die Wertschätzung des Menschen, für das Selbstwertgefühl. Man bekommt neue Anregungen, dadurch, dass man mit anderen Menschen zusammenkommt, dass man sich abgucken kann: Wie machen die das? Dass man neue Einflüsse aufnimmt, dass man Innovationen aufgreift. Und dass man natürlich seinen Horizont insgesamt ausweitet.«

Welche Voraussetzungen müssen erfüllt sein, damit nicht nur die Handelnden selbst, sondern eine ganze Nation zu Wohlstand kommt? Nach welchen Prinzipien funktioniert der Handel überhaupt? Über solche Fragen dachte beispielsweise der schottische

Philosoph Adam Smith viel nach. Er lebte im 18. Jahrhundert, also zu einer Zeit, in der die industrielle Revolution die Art, zu arbeiten und Handel zu treiben, völlig veränderte. Damals entstanden in England die ersten Fabriken. Zahlreiche Dampfmaschinen wurden gebaut. Rolf Langhammer zufolge hat die Mechanisierung dazu geführt, »dass man viel stärker als zuvor arbeitsteilige Prozesse einführen konnte und dass man die einzelnen Produktionsschritte weiter und weiter zerteilen konnte. Dieses Zerteilen hat zu Produktivitätssteigerungen geführt. Es hat auch dazu geführt, dass zum ersten Mal die Logistik eine Rolle spielte, denn diese verschiedenen Produktionsstufen mussten ja auch zusammengeführt werden. Dadurch hat sich eine grenzüberschreitende Arbeitsteilung ergeben, die technologiegetrieben war, die aber gleichzeitig unterstützt wurde vom Sinken der Transportkosten. Aus Seglern wurden Dampfschiffe, und die Dampfschiffe haben die Transportkosten erheblich gesenkt und auch die Zuverlässigkeit der Lieferung sichergestellt«.

»Handel steigert den Wohlstand«

Adam Smith (1723–1790) ging davon aus, dass jeder Mensch im Staat gewisse Aufgaben zu erfüllen habe. Jeder solle seinen individuellen Bedürfnissen und Fähigkeiten nachgehen, um so das Beste für sich selbst zu erzielen. Der Staat dürfe dabei nicht, wie bis dahin oft geschehen, in das Wirtschaftsgeschehen eingreifen. Smith verstand das Wirtschaften vielmehr als einen sich selbst regulierenden Mechanismus, erläutert der Karlsruher Ökonom Andrew Lee: »Es war damals neu, dass Adam Smith gesagt hat: Der Austausch von Waren durch den internationalen Handel ist keine Gefahr für den Wohlstand der Nation. Im Gegenteil. Er ist auch eine sehr wichtige Quelle hierfür.«

Der britische Wirtschaftswissenschaftler David Ricardo (1772–1823) gehörte neben Adam Smith zu den führenden Vertretern dieser klassischen Nationalökonomie. David Ricardo war ein paar Jahre jünger als Smith, er kannte dessen Schriften und war von diesen so fasziniert, dass er selbst begann, sich Gedanken über die Gesetzmäßigkeiten der Ökonomie zu machen. Auch Ricardo wurde ein Verfechter des freien Spiels der Kräfte. Auch er sah darin die beste Wirtschaftsform, den Wohlstand der Nation zu mehren. Aber während Adam Smith ein breiteres, eher philosophisch-ethisches Verständnis entwickelte, konzentrierte sich David Ricardo ganz konkret auf die Bedeutung des internationalen Handels. Seine Theorie, so Rolf Langhammer, »beruht auf dem Gesetz der sogenannten komparativen Kostenvorteile. Das heißt, jeder soll das tun, was er, gemessen an den verfügbaren Ressourcen, am besten kann. Und er hat das berühmte Beispiel geprägt zum Handel zwischen Portugal und England, also zwischen einem Land, das Wein produziert, und einem Land, das Tuche produziert. Beide gewinnen, wenn sie sich spezialisieren auf das, was sie am besten können – Portugal auf die Weinproduktion und England auf die Tuchproduktion. Ricardo ist also jemand, der die Richtung der sogenannten vollkommenen Spezialisierung gelehrt hat.«

John Maynard Keynes (1883–1946) ging ein Stückchen weiter. »Keynes war nicht gegen freie Märkte«, so der Ökonom Andrew Lee: »Bei Vollbeschäftigung funktionieren sie seiner Meinung nach auch im Großen und Ganzen ganz gut. Aber das Stichwort Vollbeschäftigung ist hier sehr wichtig: Keynes war eben nicht der Meinung wie die klassischen Ökonomen, einfach lange genug zu warten, bis sich die Wirtschaft von allein reguliert. Da war Keynes sehr skeptisch und argumentierte, ›langfristig sind wir alle tot‹. Bis wir dorthin kommen, kann es eine halbe Ewigkeit dauern. Der Staat müsste jetzt schon eingreifen.« Der Staat muss also in wirtschaftlich schwierigen Zeiten investieren, um die Nachfrage anzukurbeln, um Arbeitsplätze zu schaffen und um damit letztlich den Handel, ja die Wirtschaft insgesamt, wieder in Schwung zu bringen.

Nun muss man sich immer vor Augen halten: Solche Theorien entstehen nicht losgelöst vom Denken in ihrer Epoche. Die Ökonomen suchen vielmehr Antworten auf drängende Fragen ihrer Zeit. Zum Beispiel Adam Smith: Er gehörte zu den Ersten, die sich mit der Bedeutung der »freien Märkte« auseinandergesetzt haben. David Ricardo hat den Menschen die Augen geöffnet für die Möglichkeiten, die die Globalisierung bietet. Und vom britischen Ökonomen John Maynard Keynes können wir lernen, dass Konjunkturentwicklungen nicht gleichmäßig verlaufen; es gibt vielmehr Wirtschaftszyklen, Märkte können in Unordnung geraten. Und das hat große Auswirkungen auf die internationalen Handelsbeziehungen. John Maynard Keynes hat das so formuliert: »Das System reguliert sich nicht von selbst und ist, ohne zweckgerichtete Steuerung, nicht in der Lage, unsere konkrete Armut in unseren potentiellen Überfluss zu überführen.«

Globale Regeln für globalisierte Märkte

Und heute? Die Welt ist komplexer geworden. Die Globalisierung schreitet voran. Neue technische Möglichkeiten, ein modernes Verkehrs- und Transportsystem und nicht zuletzt die weltumspannende Internet-Kommunikation machen das Importieren und Exportieren einfacher, schneller und effizienter. Das bringt aber auch jede Menge Probleme mit sich, warnt Heiner Flassbeck. Er hat lange Zeit die Abteilung für Globalisierung und Entwicklungsfragen bei der UNCTAD geleitet, der Konferenz der Vereinten Nationen für Handel und Entwicklung: »Das Problem ist, um es noch einmal deutlich zu sagen, man kann nicht die Welt globalisieren, die Wirtschaft nicht globalisieren, und keine globalen Regeln haben. Markt funktioniert nicht ohne Regeln.«

Doch wie könnten solche globalen Regeln aussehen? Gleich nach dem Zweiten Weltkrieg trafen sich Vertreter der Siegermächte, um über die Grundlagen für ein neues Weltwirtschaftssystem zu beraten. Die Idee war, Zölle und andere Handelshemmnisse abzubauen, um so den freien Waren- und Dienstleistungsverkehr zu fördern und die Wirtschaft wieder in Schwung zu bringen. Am 1. Januar 1948 trat das Allgemeine Zoll- und Handelsabkommen GATT in Kraft. Später kamen GATS und viele weitere bilaterale und multilaterale Abkommen hinzu. Mitte der 1990er Jahre wurden diese Regeln mit Gründung der Welthandelsorganisation WTO institutionalisiert. Für Rolf Langhammer vom Kieler Institut für Weltwirtschaft ist die WTO »heute noch das Kontrollgremium für – sagen wir – unfairen Handel. An die WTO kann sich jeder wenden, der glaubt, dass der Handelspartner ihn regelwidrig behandelt. Das ist das eine. Und das andere ist: Die WTO bietet die Möglichkeiten, dass sich Länder in großen Liberalisierungsrunden zusammentun, um den globalen Handel zu erleichtern. Also zwei Dinge: zum einen ein Disziplinierungsinstrument durch Streitschlichtungs-Mechanismen, und zum anderen die Möglichkeiten, im Rahmen der WTO über Liberalisierung zu verhandeln.«

Zollschranken und andere Handelshemmnisse abbauen, Kontrollinstanzen schaffen, die über den internationalen Handel wachen – das klingt vernünftig. Eigentlich müssten alle davon profitieren. Fragt man Firmenchefs, sagen viele auch: »Ja, wir brauchen solche Instrumente, um Kosten zu sparen und besser wirtschaften zu können.« Ulf Schneider ist Vorstandsvorsitzender von Fresenius, einem großen Gesundheitskonzern. Er hat seine Sorgen und Nöte in dieser Hinsicht einmal so beschrieben: »Wer aus Deutschland ein Medizinprodukt nicht nur in Europa, sondern auch in den USA vertreiben möchte, muss es sowohl in Europa bei der zuständigen Behörde, der EMA, zulassen als auch in den USA bei der FDA. Ansonsten darf es in diesen beiden Regionen nicht in den Verkehr gebracht werden. Er muss sich darüber hinaus laufenden Qualitätskontrollen von beiden Behörden unterziehen. Beide haben einen sehr gut vergleichbaren Sicherheitsstandard, aber die Inhalte weichen leicht voneinander ab, und daher führt das zu echten Doppelbelastungen, die aber die Sicherheit der Bürger in keiner Weise erhöhen.«

Doch die internationalen Handelsbeziehungen sind kompliziert. Hinzu kommt: Ob es nun die EU ist, die USA oder andere Staaten – sie alle haben sich in einigen Branchen abgeschottet, profitieren von Importzöllen oder von hohen Subventionen. Wenn es nun darum geht, bilaterale oder multilaterale Handelsabkommen in die Praxis umzusetzen, müssen Zigtausende Einzelregelungen unter einen Hut gebracht werden. Lobbyisten, Gewerkschaftsvertreter, Bürgerinitiativen und viele andere wollen nun einmal von ihren womöglich in langen Kämpfen erworbenen Privilegien und Prinzipien nicht abrücken. Wie schwierig es ist, auf einen gemeinsamen Nenner zu kommen, zeigen die Diskussionen um TTIP, das Transatlantische Freihandelsabkommen zwischen der Europäischen Union und den USA. Angesichts solcher Diskussionen stellt sich durchaus die Frage: Ist die Art und Weise, wie wir heutzutage handeln, wirklich »anständig«? Ist sie fair? Was ist fairer Handel überhaupt?

Gleichberechtigung und faire Preise

Kai Falk, Geschäftsführer vom Handelsverband Deutschland beantwortet die Frage so: »Fair heißt, dass die Menschen, die in die Produktionen einbezogen sind, fair bezahlt werden. Das heißt, dass sie einen anständigen Lohn bekommen, dass es keine Kinderarbeit gibt, dass die Kinder die Möglichkeit haben, ihrer Bildung und einem kindgerechten Leben nachzugehen. Aber es geht sicherlich auch um Umweltthemen. Das heißt, dass die Plantagen so behandelt werden, dass die Mitarbeiterinnen und Mitarbeiter keinen gesundheitlichen Schaden nehmen.« Und Claudia Brück vom Vorstand von Fairtrade Deutschland sagt: »Fairer Handel ist ein alternatives Wirtschaftsmodell, in dem wir versuchen, auf Augenhöhe mit Produzenten aus dem globalen Süden einen Handel zu etablieren, der auf Gleichberechtigung, fairen Preisen und gegenseitiger Wertschätzung beruht.«

Die Anfänge des so definierten fairen Handels reichen in Deutschland zurück bis in die 1960er Jahre. Zunächst waren es einzelne Aktionen, häufig von kirchlichen Gruppen initiiert, berichtet Claudia Brück: »Ob es Misereor war oder der Jugendverband der katholischen Kirche, BDKJ, die damals auf die Straßen gegangen sind und mit den Menschen ins Gespräch kamen und darauf aufmerksam gemacht haben, dass die Art, wie wir wirtschaften, oft auf Rohstofflieferungen aus dem Süden aufgebaut ist. Dass aber die Menschen, die die Produkte im Süden anbauen, davon nicht leben können.« Vieles hat sich seitdem getan: In den Produktionsländern sind Kooperativen entstanden. Diese kleinen Genossenschaften sind zertifiziert, tragen ein Gütesiegel. Die Bauern dort arbeiten nachhaltig, schützen die Umwelt und lassen keine Kinder arbeiten – zumindest offiziell.

Der Sozialpsychologe Gerhard Reese von der Universität in Jena sagt: »Wenn die Frage jetzt ist, warum Menschen Fair-Trade-Produkte kaufen oder Fair-Trade-Produkte unterstützen oder fairen Handel toll finden, dann ist ein besseres Gewissen oder ein gutes Wissen möglicherweise eine Motivation, aber sicherlich nicht die einzige.« Die Welt rückt immer näher zusammen. Viele Menschen begreifen sie als »eine Welt«, sagt die Fairtrade-Vorstandssprecherin Claudia Brück: »Wir können uns ganz schnell informieren, wir erhalten auch Nachrichten, was in entfernten Regionen passiert. Das zweite ist, dass die Menschen gesättigt sind. Wir können uns alles leisten. Es ist eher die Frage, was wir uns leisten wollen. Und dann gibt es jene, die sagen, wenn ich schon einkaufe, dann möchte ich, dass es nicht nur mir gutgeht, sondern dass es auch dem, der es hergestellt hat, besser geht.«

Fair gehandelte Produkte gibt es heute fast überall zu kaufen: Im Eine-Welt-Laden genauso wie im Supermarkt oder beim Discounter. Das Sortiment reicht von Blumen über Reis, Kaffee und Kakao bis hin zu Kleidung. Verbraucher können solche Waren an Gütesiegeln erkennen. Gemessen am Gesamtumsatz im Einzelhandel spielen Fair-Trade-Produkte zwar noch immer eine untergeordnete Rolle, aber, so Kai Falk vom Handelsverband Deutschland: »Wir merken, dass sich immer mehr Kunden mit dem Thema beschäftigen: Woher kommt eigentlich das, was ich esse oder kaufe? Für einige bedeutet das dann tatsächlich auch, gezielt nach fair gehandelten Waren zu suchen. Andere sind noch nicht so weit. Aber wir merken, dass das Thema des nachhaltigen Handelns und des nachhaltigen Handels eine immer größere Rolle spielt, und die Unternehmen tragen dem auch Rechnung.«

Irritierende Siegel-Vielfalt

Ist das die Lösung? Ist der faire Handel besser – oder sagen wir: gerechter – als der »normale« Handel? Ohne Frage, sagt der Karlsruher Volkswirtschaftsprofessor Andrew Lee: »Die beteiligten Bauern sind insgesamt durch fairen Handel bessergestellt. Das wird von der überwältigenden Mehrheit der Evaluierungsstudien bestätigt. Es wäre auch überraschend, wenn das anders wäre.« Andrew Lee stieß im Rahmen seiner volkswirtschaftlichen Studien zum fairen Handel aber auch auf eine Reihe von Problemen. Oft fließt beispielsweise nur ein kleiner Teil des Geldes, den die Verbraucher hierzulande als Mehrpreis für fair gehandelte Produkte bezahlen, auch wirklich zu den Bauern, sagt er. Mehr noch: »Ich sehe zudem einen Wildwuchs an Labels. Wie soll ich als Konsument wissen, ob das Rainforest-Alliance-Siegel oder das Fair-Trade-Siegel bessere Lebensbedingungen garantieren? Dann sehe ich im Regal noch ein Fair-Plus-Siegel der GEPA, da bin ich vollends verwirrt.« Zudem gibt es Spannungen innerhalb der Fairer-Handel-Bewegung: »Es gibt einerseits diejenigen, die eine breitere Konsumentenschicht erreichen wollen. Sie möchten, dass auch größere Plantagen ins faire Handelssystem aufgenommen werden. Sie sind der Meinung, dass fairer Handel nur in Zusammenarbeit mit konventionellen Unternehmen wachsen kann. Und auf der anderen Seite sind andere der

Meinung, dass das absolut nicht geht, dass die Standards dadurch verwässert werden, was ihrer Meinung nach unter keinen Umständen passieren darf.«

Aber auch in den Produktionsländern ist manch einer skeptisch: Ein Zertifikat bedeutet nicht automatisch, dass ein Produkt fair produziert sei, meint etwa Brice Delagneau. Er ist Kakaoaktivist an der Elfenbeinküste. Auf jeden Fall seien Gütesiegel keine Wundermittel, mit denen sich die Lebensbedingungen auf den Plantagen verändern ließen: »Es gibt große Produzenten und kleine. Der kleine verkauft zum Beispiel eine Tonne Kakao an den großen. Und der verkauft alles zusammen weiter. Es gibt viele Fälle, bei denen es null Kontrolle gibt, bei denen wir nicht nachvollziehen können, ob das alles fairer Kakao ist, ob er aus zertifiziertem Anbau stammt. Das ist das Problem: Dieser in weiten Teilen undurchsichtige Prozess der Produktionskette vom Kakaobaum bis zum Hafen. Ich will aber wissen: Wer sind die Kakaobauern? Wer sind die Zwischenhändler? Was für ein Kakao ist das?«

Brauchen wir also überhaupt fairen Handel? Für Friedel Hütz-Adams vom Südwind-Institut für Ökonomie und Ökumene ist vor allem Bildung ein wichtiger Schlüssel zu mehr Wohlstand in den Entwicklungsländern – und damit eine wichtige Basis für gerechtere Handelsbeziehungen: »Viele Bauern sind in den Kakaosektor eingestiegen, als die Preise in den 1970er/80er Jahren für Kakao sehr hoch waren. Viele dieser Bauern sind Zuwanderer. Sie kommen aus dem Norden Ghanas, aus Mali oder Burkina Faso, auch aus dem Norden der Elfenbeinküste. Das heißt, sie haben nie von Kind auf gelernt, wie man in einem Tropengürtel anbaut. Sie haben oft als Helfer auf den Kakaoplantagen angefangen, dann Geld zusammengespart und schließlich Kakao angebaut. Viele dieser Bauern haben aber nie durchgerechnet, wie viel sie mit Kakao verdienen und was sich lohnt. Viele dieser Bauern haben auch zu wenige Kenntnisse darüber, wie man andere Früchte oder die eigenen Nahrungsmittel anbaut.«

Die Kakaobauern sollten also mehr über die Vermarktung ihrer Produkte wissen. Und: Wer einen besseren Zugang zu Bildung hat, der hat auch bessere Chancen, das globale Handelsgefüge mitzugestalten. Für Rolf Langhammer vom Kieler Institut für Weltwirtschaft ist dabei noch ein anderer Punkt wichtig: »Mir wäre es lieber, wir würden sagen, fairer Handel ist, wenn wir Protektion in Industrieländern abschaffen, wenn wir es unterlassen, Exportsubvention zu zahlen. Das ist ja ein bekanntes Thema, womit wir die Produzenten in Westafrika unter Druck setzen. Also mir wäre es lieber, wir hätten eine weitere Sicht von fairem Handel, als wenn wir nur sehr eng formulieren und sagen, fairer Handel ist, wenn wir dem Bauern mehr Geld geben, als er normalerweise bekommen würde.«

Der Volkswirt Andrew Lee stimmt dem zu, gibt aber zu bedenken: »Der faire Handel ist nun mal ein einfaches Konzept, er ist sehr verständlich. Das ermöglicht den Konsumenten, freiwillig einen Beitrag zur Armutsbekämpfung zu leisten. Andere Ansätze begeistern uns Ökonomen vielleicht mehr. Sie können aber keine zufriedenstellende Antwort geben auf die Frage: Was kann ich konkret tun? Und das schafft ja der faire Handel.«

Claudia Wehrle

5.

WERT AUS DEM NICHTS – UNSER GELD

Das Klirren und Klappern der Münzen ist uns seit frühester Kindheit vertraut. Aber wie lange werden wir es noch hören – angesichts der lauter werdenden Forderungen nach einer Abschaffung des Bargeldes? Münzen sind unser universelles »Geld-Gedächtnis«. Sie sind es seit fast 3 000 Jahren, mal in Gold, mal in Silber, mal in Kupfer; Werte, die wir anfassen und die manche sogar verehren. Geld macht vielleicht nicht glücklich, aber es macht das Leben angenehmer – und jeder von uns braucht es.

Am Geld scheiden sich die Geister: »Es liegt in der Natur der Sache, dass Geld eine moralische Seite hat oder eine eher amoralische«, sagt etwa Otmar Issing, einer der anerkanntesten Geldtheoretiker. Er war Chefvolkswirt bei der Deutschen Bundesbank und bei der Europäischen Zentralbank. Was ihn umtreibt, ist, dass das Geld in Verruf zu geraten scheint. Es sei wichtig, sich seiner »Verleumdung« zu widersetzen, erläutert Issing. Tatsächlich löst Geld derzeit besonders starke Emotionen aus – seine praktische, seine funktionale Seite wird davon fast überlagert: »Rund um die Finanzmarktkrise, die Bankenkrise, um die vielen Gelder, die man eingesetzt hat, um Banken zu retten: Das hat sich im Bewusstsein vieler übertragen auf das Geld generell. Es steht sozusagen für alles Böse in der Welt. Und logisch, wenn man das Geld abschafft, ist auch das Übel aus der Welt«, sagt Issing ironisch.

Das dritte Medium

Wir erinnern uns, es war im März 2015: Die Blockupy-Proteste vor dem neuen Gebäude der Europäischen Zentralbank in Frankfurt am Main waren der vorläufige Höhepunkt dieses Unmuts. Der Wunsch nach einer Veränderung besteht aber in vielen Teilen der Gesellschaft, auch bei Wissenschaftlern. Und das durchaus schon lange: Bereits 1516 machte Thomas Morus in seinem philosophischen Dialog *Utopia* das Geld für alles Böse in dieser Welt verantwortlich. Dabei ist Geld doch nur ein Instrument, eine Sache – und die Sache mit dem Geld ist eigentlich ganz einfach, zumindest für Ökonomen. Geld ist ein Medium, das drei wichtige Funktionen erfüllt: Es ist Tausch- und Zahlungsmittel, es ist Recheneinheit, und es dient der Wertaufbewahrung. Diese drei Funktionen ziehen sich durch die gesamte Geschichte des Geldes, erklärt der Historiker Michael North von der Universität Greifswald: »Geld ist entstanden, indem man getauscht hat und indem man gehandelt hat. Wenn man Gut gegen Gut tauscht, braucht man eigentlich kein Geld. Aber wenn ein Gut nicht dem anderen entspricht, braucht man ein drittes Medium – das Geld.«

Der wesentliche Grund, Geld einzuführen, war also, dass man den Tauschhandel vereinfachen wollte. Einen Apfel gegen eine Birne zu tauschen, das scheint einfach zu sein. Dieser Tausch funktioniert aber nur, wenn der Anbieter von Birnen und der von Äpfeln genau diese Produkte tauschen wollen. Sobald einer von beiden etwas anderes will, zum Beispiel Reis oder Kartoffeln, wird es kompliziert. Dann muss man ein Medium dazwischenschalten, das allgemein anerkannt wird – das Geld. Denn Geld hat als Tauschmittel im Vergleich mit der Naturalwirtschaft immense Vorteile: Es reduziert die riesige Zahl von »Preisrelationen« und ist zudem schlichtweg praktisch – wie ein Beispiel aus dem 19. Jahrhundert zeigt; es stammt vom britischen Nationalökonomen William Stanley Jevons. Er berichtet von einer Sängerin der Opéra Lyrique in Paris, die auf einer Fidschi-Insel einen Liederabend gegeben hatte. Als am Abend die

Einnahmen gezählt wurden, waren das unter anderem fünf Hühner und zehn Kilo Bananen. Otmar Issing: »Das macht ganz praktisch deutlich, welche Probleme entstehen, wenn statt der Geldwirtschaft eine naturale Tauschwirtschaft besteht. Es ist kein modernes Staatswesen – auch in Entwicklungsländern nicht – denkbar, ohne dass man mit Geld bezahlen kann.«

Mit Geld war es möglich, Güter aus weiter Entfernung zu handeln und zu tauschen: das begehrte Salz, Safran oder auch wertvolle Stoffe – Kostbarkeiten, für die man nicht mehr mit einem Stück Vieh bezahlen konnte. Man einigte sich dabei übrigens auf sehr unterschiedliche Formen des Geldes. In der Steinzeit und in der Bronzezeit benutzte man Schmuckgeld, Kleidergeld oder auch Viehgeld. Schon im antiken Griechenland war das Geldwesen bereits untrennbar mit blühendem Handel verbunden. Die Griechen hatten ihre Handelskolonien im gesamten Mittelmeerraum, und sie vererbten das System an die Römer. Deren ursprüngliches Tauschmittel war das Rind. Als die Römer um 600 vor Christus die ersten Bronzemünzen prägten, trugen sie das Bildnis eines Rindes.

Sogar die Bezeichnung ging auf das altrömische Geld über: *pecus*/das Vieh – *pecunia*/das Geld. Der Historiker Michael North ergänzt: »Die Kleinen haben ihr Brot oder ihren täglichen Einkauf mit Kupfergeld bezahlt. Die Großen im Fernhandel haben mit Gold bezahlt.« Vor allem durch Kriege und Eroberungen kamen die Gold- und Silbermünzen ins Römische Reich, und dieses Geld brachte Rom einen immensen wirtschaftlichen Fortschritt. Die römischen Goldmünzen wurden dann beispielsweise nach Indien zum Kaufen von Waren geschickt.

Fortschritt und Gier

Dass Geld Fortschritt bedeutet, hatten auch die Chinesen schon früh erkannt. Sie zahlten zunächst zwar ebenfalls mit Silber-, Gold-

oder Kupfergeld, erfanden aber als Erste im 10. Jahrhundert nach Christus das Papiergeld. Auch viele Jahrhunderte später nährte das Geld den Fortschrittsglauben. Im Roman *Das Geld* von Émile Zola aus dem Jahr 1891 spricht der Protagonist Saccard sogar von einem Wunder: »Ja, die Brachfelder werden wieder angebaut werden, Straßen und Kanäle entstehen, neue Städte werden aus dem Boden sprießen, kurz, das Leben wird zurückkehren wie in einen kranken Körper, wenn man durch die blutleeren Adern den Kreislauf eines neuen Geblütes beschleunigt. Ja, das Geld wird diese Wunder wirken.«

Die Gier macht das »Wunder« des Fortschritts jedoch allzu oft zunichte – das maßlose Pracht- und Luxusbedürfnis der römischen Herrscher verbrauchte Unsummen von Geld und führte zum Niedergang Roms. Mit dem Zusammenbruch des Römischen Reiches brachen auch Handel und Geldwirtschaft im Mittelmeerraum und in Westeuropa ein. Erst im späten 8. Jahrhundert nach Christus legten die karolingischen Herrscher Pippin und dessen Sohn Karl der Große mit ihrer Münzreform die Grundlage für die mittelalterliche Geldgeschichte. Sie führten eine einheitliche Währung, den Denar ein, der im ganzen Reich galt: ein Pfund zu 20 Schillingen, ein Schilling zu 12 Denaren. Besonders fortschrittlich in Gelddingen waren aber die Italiener, erläutert Michael North: »Italien ist sozusagen die fortschrittlichste Wirtschaft im Spätmittelalter. Nicht ohne Grund sind viele Begriffe aus dem Italienischen – *banco* ist der Wechslertisch und *giro* steht für Umlauf. Und bankrott ist der Tisch des Geldwechslers, der zusammengebrochen ist: *banca rotta*.«

Schon im Spätmittelalter zahlte man Edelmetall auf ein Konto ein – *conto*: die Rechnung – und konnte Geld überweisen, ja sogar das Konto überziehen. Die italienischen Kaufleute, die häufig gleichzeitig Bankiers waren, erfanden auch den bargeldlosen Handel. Die Kaufleute mussten nun nicht mehr umständlich riesige Mengen an Münzen mit sich führen, sie trugen stattdessen ein Papier, einen Wechsel, bei sich. Damit sank zugleich die Gefahr, ausgeraubt zu werden. Michael North sieht noch weitere Vorteile: »Die italienischen Kaufleute begleiten ihre Waren nicht länger durch die Welt, sondern sie sitzen im Kontor, verschicken ihre Waren, zahlen bargeldlos, haben ein ausgeprägtes Münzsystem entwickelt, haben Gold aus Afrika, sodass sie auch in großem Stil Goldmünzen prägen können. Der *Fiorino*, der Gulden, der aus Florenz kommt, hat dann der Goldwährung ihren Namen gegeben, und das hielt sich bis vor kurzem in Holland.« Es ist kein Zufall, dass Gedanken zur Volkswirtschaft, zum Geldwesen oder zum Bankwesen gerade in Ländern veröffentlicht wurden, die schon sehr früh wichtige Handelsnationen waren: Italien, die Niederlande und auch England.

Geld – geprägte Freiheit?

Geld war aber immer mehr als ein Instrument, welches das Rechnen oder den Handel erleichtert hat. Mit Geld hat man schon immer bestimmte Werte verbunden. Holger Schmieding ist Chefvolkswirt der privaten Berenberg-Bank, er kommt beim Thema Geld regelrecht ins Schwärmen: »Insgesamt ist die Geschichte des Geldes eine große Erfolgsgeschichte. Ohne Geld wäre es uns nicht möglich, eine moderne Wirtschaft aufzubauen. Ohne die Erfindung des Geldes und all der Sachen, die zum Geld gehören, auch des modernen Finanzwesens, gäbe es unseren Lebensstandard von heute nicht. Ohne Geld würden viele Menschen Hungers leiden – auch bei uns.«

Tatsächlich wurde schon im Mittelalter auch das Leben der kleinen Leute, der Bauern, Handwerker und Tagelöhner, mit Geld einfacher. Otmar Issing, der den Euro als Währung mitentwickelt hat, gibt dem Geld sogar einen moralischen Stellenwert. Er spricht von Freiheit, in Anlehnung an den russischen Dichter Fjodor Dostojewski. Dostojewski lernte im Gefangenenlager den Wert des Geldes schätzen. Geld war für ihn geprägte Freiheit, erläutert Issing: »Es gab eine ganze Reihe von Ländern, in denen man den Leibeigenen verboten hat, Geld zu besitzen. Denn wenn jemand Geld in der Tasche hat, dann kann er sich der Herrschaft seines Lehnsherrn entziehen. Das spielt auch in Diktaturen eine große Rolle. Wenn man ins Ausland reisen will, braucht man Devisen, und wer Devisen besaß – etwa im Dritten Reich –, der musste damit rechnen, dass er sogar zum Tode verurteilt wurde. Denn das bedeutete, dass man mit fremdem Geld die Möglichkeit hatte, sich diesem Regime zu entziehen.«

Fortschritt, Wohlstand, sogar Freiheit – das sind die guten Seite des Geldes; aber nur, solange alles gut läuft. Dem stehen in der Geldgeschichte die schwierigen Seiten gegenüber, die Krisen, erklärt Michael North: »Es gibt mehrere Sorten von Krisen. Es gibt die Finanzkrisen, wo beispielsweise der Staat oder die Banken Probleme haben, sich zu finanzieren. Dann gibt es aber auch die monetären Krisen, wo entweder nicht genügend Edelmetall da ist oder wo mit dem Geld in großem Stil manipuliert wird und es zur Inflation kommt. Diese Krisen ziehen sich durch die gesamte Geschichte des Geldes.«

Die Krisen, die mit dem Geld verbunden sind, hängen vor allem mit dem Prozess der Geldschöpfung, mit dem Entstehen des Geldes zusammen. Das Geld kommt ja schließlich nicht aus dem Nichts – oder doch? Hier kommt eine sehr wichtige Funktion des Geldes ins Spiel: die Wertaufbewahrung. Mit meinem Geld kann ich sofort etwas kaufen, oder ich kann es ruhen lassen; ich kann das Gut später erwerben, im Vertrauen darauf, dass das Geld seine Kaufkraft behält. Das ist das Schlüsselwort im Zusammenhang mit dem Geld, sagt Holger Schmieding – Vertrauen: »Geld ist tatsächlich geronnenes Vertrauen. Wir vertrauen darauf, dass jemand anders dieses Geld künftig akzeptiert. Deshalb akzeptieren wir Geld, einschließlich Papiergeld oder Einträge in irgendwelchen Konten.«

Vertrauen muss gewonnen und vor allem bewahrt werden – für den Volkswirt Holger Schmieding ist das fast ein Glaubensbekenntnis. Erfüllt unser Geld aber noch diese Wertaufbewahrungsfunktion, in Zeiten, wo die Märkte mit Billionen von Dollar, Euro, Yen und Yuan geflutet werden? Man nennt es in der Fachsprache »quantitative easing« oder auch unkonventionelle Geldpolitik. Das Ziel ist, eine gefährliche Preisspirale nach unten, eine Deflation, zu verhindern, was zu enormen Bremseffekten in der Wirtschaft führen könnte.

Gold oder Bitcoins?

Geld können die Zentralbanken dieser Welt scheinbar unbegrenzt drucken: Das macht sie so mächtig wie nie zuvor. An dieser scheinbaren Grenzenlosigkeit entzünden sich aber Diskussionen über neue Formen des Geldes, die der Geldschöpfung enge Grenzen setzen sollen: ein neuer Goldstandard, Vollgeld oder digitales Geld, die Bitcoins. Diese sogenannte »Währung der Enttäuschten« tauchte 2009 zum ersten Mal auf. Dahinter steht kein Staat, keine Zentralbank, sondern ein hochkomplizierter Algorithmus: Mit einer Bitcoin-Software kann man sich eine digitale Brieftasche schaffen. Diese neue, weltweit nutzbare Währung hat aber in ihrer kurzen Geschichte schon viele Höhen und Tiefen erlebt, sie ist alles andere als wertstabil.

Natürliche Grenzen gibt es bei Edelmetallen, bei Gold, Silber und Kupfer. Gold- und Silbermünzen haben neben dem Tauschwert auch einen Gebrauchswert. Man nennt das in der Ökonomie auch »Warengeld«. Einige sehnen sich wieder nach diesem Warengeld zurück – auch der ehemalige Chefvolkswirt der Deutschen Bank, Thomas Mayer: »Ich denke, dass Warengeld ein stabiles Geld ist, weil dieses Geld nicht nach Belieben von der jeweiligen staatlichen Instanz vermehrt und als Schuldtitel missbraucht werden kann.«

Beliebig vermehrbar versus begrenzt; also schlechtes versus gutes Geld? So einfach ist die Sache nicht. Dazu genügt ein Blick in die Geschichte. Denn auch beim Edelmetall, auf dem Geld und Kredit die längste Zeit basierten, war der Manipulation Tür und Tor geöffnet, erklärt Otmar Issing: »Zu allen Zeiten hat man entweder in

Kriegszeiten die Goldeinlösung aufgehoben – das ging schon unter Diokletian und selbst davor los. Man hat aus der gleichen Menge Gold oder Silber mehr Münzen gedruckt, dünnere, mit weniger Gewicht, und dann gab es Inflation.« Der Hintergrund: Um 300 vor Christus sorgte der römische Soldatenkaiser Diokletian durch Geldvermehrung und schlechte Kupfermünzen für eine Zerrüttung des Geldwesens. Bereits 264 vor Christus, während der Punischen Kriege, wurden in großem Stil Goldmünzen durch vergoldetes Blei ersetzt. Zu Zeiten Ciceros hat man Silbermünzen innen mit Kupfer »gefüttert«. In jener Zeit war der Geldwert so unsicher, dass niemand wissen konnte, was er tatsächlich besaß.

Zu einer Inflation durch betrügerische Münzentwertung kam es auch in der Zeit des Dreißigjährigen Krieges. In der sogenannten Kipper- und Wipper-Krise wurden in einem Wiegevorgang die wertvollen Münzen ausgekippt, sprich: aussortiert, um anschließend – mit minderwertigem Kupfer gestreckt – wieder in Umlauf zu kommen. Dies gipfelte sogar in einem Wettbewerb der Münzverschlechterung, berichtet der Greifswalder Professor Michael North: »Der Finanzbedarf der Kriege im 17. und 18. Jahrhundert generierte grundsätzlich Verschuldung. Man musste Geldgeber finden, die Kredit gaben, und gleichzeitig manipulierte man an der Währung, indem man schlechte Münzen in Verkehr setzte, beispielsweise in Preußen während des Siebenjährigen Krieges. Aber dann haben Sie das Problem, dass das Finanzsystem zusammenbricht und Vertrauen nur durch einen Währungsschnitt wiederhergestellt werden kann.«

»Böses Geld« nannte es seinerzeit der Berliner Bäckermeister Heyde in einer Chronik. Wie einfach und verlockend war die Geldvermehrung erst dank des Papiergeldes! Goethe ließ bezeichnenderweise Mephisto im *Faust* die Banknoten erfinden und ironisch erklären: »Ein solch Papier, an Gold und Perlen statt, ist so bequem, man weiß doch, was man hat.« Zumindest, solange das Vertrauen in diese Papiere besteht; das Vertrauen, nicht nur heute, sondern auch morgen etwas dafür kaufen zu können. In diesem Sinn war die Hyperinflation im Jahr 1923 der schlimmstmögliche Vertrauensbruch – ein Vertrauensbruch, der sich ins nationale Gedächtnis eingebrannt hat. Ausgelöst wurde die Inflation insbesondere durch die Finanzierung und die Folgen des Ersten Weltkriegs. Nach 1918 wurde immer mehr Papiergeld gedruckt, um Wiedergutmachungsleistungen, Reparationen, für den Ersten Weltkrieg zu bezahlen. Im Oktober 1923 betrug die monatliche Inflationsrate unvorstellbare 32 000 Prozent.

Münzen verschlechtern, endlos Papiergeld drucken – Geld, für das man sich nichts mehr kaufen konnte. Das führt im schlimmsten Fall zur Verelendung ganzer Schichten. In Deutschland verursachte die Hyperinflation Massenarbeitslosigkeit, was zu einem nationalen Trauma und zu einem weiteren Krieg führte.

Zinsen: der Preis des Geldes

Eine weitere Schattenseite des Geldes ist die Geldvermehrung durch den Zins, ökonomisch gesprochen: durch den Preis des Geldes. Der griechische Begriff für Zins ist zugleich der für Kinder; so, wie die Menschen sich über Kinder vermehren, vermehrt sich Geld, indem es Zinsen bringt. Allen monotheistischen Religionen war der Zins jedoch ein Dorn im Auge. So enthält die Thora ein ausdrückliches Verbot des Darlehenszinses. Im Koran muss man dafür im Höllenfeuer schmoren, und auch für die Christen galt der Zins als eine schwere Sünde. Die Kirche bezeichnete jeden, der Zinsgeschäfte betrieb, als Wucherer. Zinsgeschäfte waren in der Folge nur Nichtchristen und Fremden vorbehalten – den Juden und Lombarden, sprich: den Italienern. Für die Juden wurde der Geldhandel das Hauptgeschäft, gezwungenermaßen, da sie weder ein Handwerk ausüben noch Land besitzen durften. So wurde der Grundstein gelegt für Gewalt, für Pogrome, für den Antisemitismus mit seinen katastrophalen Folgen. Bis heute.

Das Geschäft mit dem Zins gehört aber untrennbar zum Kredit, und auch die Geldschöpfung ist untrennbar mit dem Kredit verbunden – auch das ist eine Quelle des Fortschritts, ohne die keine Wirtschaft, keine Gesellschaft auskommt. Das Wort Kredit ist abgeleitet von lateinisch *credere*, glauben. Glauben an die Rückzahlung. Michael North: »Natürlich braucht es immer Vertrauen, denn Sie müssen ja sicher sein, dass Sie irgendwann das, was Sie gegeben haben, zurückbekommen. Zunächst ist der Kredit mehr oder weniger eine Hilfeleistung, eine barmherzige Hilfeleistung. Irgendwann wird aber ein System daraus.« Ein System, dessen Grundstein schon vor vielen Jahrhunderten gelegt wurde. Im Italien des 13./14. Jahrhunderts boten Bankiers bereits Dispo-Kredite an. Die Ausweitung der Kredite kam dem Handel und auch der Landwirtschaft zugute. Doch mit dem Fortschritt kamen auch die Exzesse – und damit die ersten Bankenkrisen: Manchmal wollen plötzlich alle an ihr Geld; dann bricht die Bank zusammen, *banca rotta* – Bankrott.

Daraus zog das Finanz- und Handelszentrum Venedig seine Lehren. Man etablierte eine Bankenaufsicht und gründete eine staatliche Wechselbank als Versuch, den Wechselverkehr, den ungezügelten Kreditverkehr und damit auch die Geldschöpfung, zu reglementieren. Das ist der Hauptgrund, warum Notenbanken entstanden sind, erklärt der ehemalige Bundesbanker Hans-Helmut Kotz: »Tatsächlich sind alle Notenbanken im Wesentlichen entstanden, um mit dem Problem von instabilen Banken umzugehen. Weil, wenn alle das Geld abheben wollen, jemand dahinterstehen muss, der Geld bereitstellt. Man redet vom Ausleiher letzter Zuflucht. Bankensysteme ohne diesen Ausleiher letzter Zuflucht neigten alle paar Jahre dazu, zusammenzubrechen. Finanzstabilität ist die Rolle, die an der Wiege der Notenbanken stand.«

Diese Rolle mussten die Notenbanken jüngst wiedergewinnen, denn selten trat das ungezügelte Finanzwesen so misslich zutage wie in der Finanzkrise von 2008. Damals mussten Notenbanken und Politiker alles in die Waagschale werfen, um das Finanzsystem vor dem Untergang zu bewahren und damit wieder Vertrauen zu schaffen. Vertrauen auch in unser Geld, über das die Notenbanken herrschen. Sie allein haben die Lizenz zum Drucken von Banknoten. Mit der Amsterdamer Wechselbank wurde 1609 die erste Notenbank-ähnliche Institution gegründet. Als älteste heute noch existierende Zentralbank gilt die Schwedische Reichsbank. Ende des 17. Jahrhunderts kam es dann zur Gründung der Bank of England, dem Vorläufer der heutigen Zentralbank des Vereinigten Königreichs. Im 19. Jahrhundert entwickelte sich schließlich eine Deckungspflicht.

Der Dollar wird Ankerwährung

1844 wurde mit der Peelschen Bankakte festgelegt, dass alle Banknoten der Bank of England voll durch Gold gedeckt werden mussten. 1873 wurde dieser sogenannte Goldstandard in Großbritannien eingeführt und von den meisten europäischen Ländern übernommen. Das Ziel war Preisstabilität, denn die Bindung an Gold setzte der Geldschöpfung eine automatische Grenze. Doch das verhinderte nicht, dass die Menge an Papiergeld die Menge an Münzen und Edelmetallen in der Folge deutlich überstieg. Es kam zu einem Run auf das Gold – und das System brach schon mit dem Ersten Weltkrieg zusammen. Der Goldstandard wurde daher nach dem Zweiten Weltkrieg durch das bis Anfang der 1970er Jahre bestehende Bretton-Woods-System ersetzt. Dabei war immer der Dollar die Referenz, die Ankerwährung.

Der Wunsch nach einer Rückkehr zum Goldstandard hat aber überlebt, befeuert durch die Finanzkrise, die bei vielen das Vertrauen in unser Geldsystem nachhaltig zerstört hat. Otmar Issing, der Fachmann für Geldtheorie und Geldpolitik sieht das aber sehr kritisch – und nicht nur er: »Ich halte es für nahezu grotesk, dass man ernsthaft daran denkt, wieder einen Goldstandard einzuführen. Man würde die Geldschöpfung von den Zufälligkeiten der Goldproduktion abhängig machen. Das hat sich in der Vergangenheit schon nicht bewährt, als in Kalifornien die Goldfunde gemacht wurden. Als durch die Spanier das Silber aus Lateinamerika nach Europa kam, gab es Inflation. Zu einer modernen Gesellschaft und Wirtschaft passt dieses Modell überhaupt nicht.«

Die Befürworter verweisen wiederum auf die zerstörerische Kraft der heutigen Geldschöpfung, die eine Krise nach der anderen heraufbeschwöre. Viele sehen die Schuld bei den Notenbanken, die doch eigentlich der Stabilität des Geldes verpflichtet sind – das ist ihr gesetzlicher Auftrag. Ein Auftrag, den die Notenbanken sehr ernst nehmen: Vor der Finanzkrise wurde gut zwei Jahrzehnte lang die Inflationssteuerung, das *inflation targeting* zum Credo erhoben. Das galt als die beste geldpolitische Strategie. Diesen Auftrag hat die Europäische Zentralbank (EZB) beim Euro quasi übererfüllt. Seit es den Euro gibt und die EZB die Europolitik überwacht, liegt die Inflationsrate im Mittel nah am Stabilitätsziel von 2 Prozent – eine ungewöhnlich lange Zeit der Geldwertstabilität. In D-Mark-Zeiten war die Inflationsrate im Schnitt deutlich höher, bei etwa 2,7 Prozent. Doch bleibt es so? Dem ehemaligen Notenbanker Otmar Issing ist angesichts der ultralockeren Geldpolitik mulmig zumute: »Ich sehe mit großer Besorgnis, dass die Notenbanken in globalem Maße die Märkte mit Geld überfluten, weil sie nach meiner Meinung fälschlicherweise annehmen, dass man damit die Probleme der Realwirtschaft lösen kann.«

Tatsächlich können per Knopfdruck und in Millisekunden zig Milliarden Euro erzeugt werden, Geld, das die Banken von der Notenbank angefordert haben, das ihnen gutgeschrieben wird. Für diesen Kredit müssen die Banken aber Sicherheiten hinterlegen. Das Geld, das in Umlauf ist, Banknoten und Münzen, macht aber im Euroraum nicht einmal ein Zehntel der gesamten Geldmenge aus, die bei etwa 10 Billionen Euro liegt. Die Notenbanken sind nämlich gar nicht die Schöpfer des Geldes – es sind die Banken. Dieses Geld nennt man Giralgeld, Geld, das Banken ohne Papier erschaffen. Selbst vielen Bankern ist nicht bewusst, dass die Geldinstitute für über 90 Prozent der Geldmenge zuständig sind. Der Volkswirt Thomas Mayer: »In unserem gegenwärtigen Geldsystem schaffen die Banken Giralgeld dadurch, dass sie Kredite vergeben. Der Bankangestellte schaut Ihnen tief in die Augen, ob Sie kreditwürdig sind. Wenn er findet, dass Sie das sind, gibt er Ihnen einen Kreditvertrag. Den unterschreiben Sie. Dann geht der Kreditvertrag zur Einlagenabteilung – und die schreibt Ihnen das Geld gut – aus dem Nichts!«

Diese Möglichkeit haben Banken, weil sie für Einlagen nur einen kleinen Teil als Sicherheit, als sogenannte Mindestreserve, bei der Zentralbank zurücklegen müssen. In der Eurozone liegt diese Mindestreserve bei nur 1 Prozent. Wenn ein Kunde 100 Euro auf sein Girokonto eingezahlt hat, kann jede Bank, jede Sparkasse mit genügend Eigenkapital, davon 99 Euro als Kredit vergeben. Diesen Prozess können Banken mehrfach wiederholen, allerdings nicht endlos. Geld gibt es also tatsächlich fast aus dem Nichts. Die Notenbank kann diesen Geldschöpfungsprozess zwar steuern – über einen höheren Mindestreservesatz und über den Leitzins –, doch in diesen Krisenzeiten tun Notenbanken alles, um Kredite zu fördern. Ist die nächste Krise also programmiert? Könnte womöglich ein radikal neues Geld- und Bankensystem für mehr Stabilität sorgen?

Vollgeld – ein Ausweg?

Schlagzeilen hinsichtlich eines neuen Geld- und Bankensystems machte vor allem das sogenannte Vollgeld. Damit soll Banken die Möglichkeit der Geldschöpfung genommen werden. Die alleinige Herrschaft über das Geld läge dann bei der Notenbank. Banken könnten nur das ausleihen, was sie tatsächlich an Geld vorrätig, was sie an Einlagen haben. Ein ähnliches Konzept hatten US-Ökonomen schon in den 1930er Jahren entwickelt. Doch der Preis für ein solches System wäre sehr hoch, glaubt Otmar Issing: »Dann würden die Banken als Geldschöpfer ausfallen, aber sie würden auch als Institutionen ausfallen, die in großem Maße Kredite gewähren. Kredite brauchen wir aber. Wo wandert das dann hin? Dann wandert das aus den Banken heraus in Schattenbanken, die zwar kein Geld schöpfen, aber Geld einsammeln müssen, um es zu verteilen. Ob dieses System sicherer ist und ob es ausreicht, um alle nötigen Investitionen zu finanzieren, das ist sehr fraglich. Ich halte es für ausgeschlossen.« Die Folge wäre wohl weniger Wachstum.

»Warengeld« und »Vollgeld« blieben in Diskussionen nach der Finanzkrise auch in Wissenschaftskreisen letztlich nur Randthemen. Die Mehrheit der Experten hält trotz der jüngsten Krisen am bestehenden System fest, das aber nach dem Überstehen der Finanzkrise stark renoviert werden musste. Das Ergebnis, bisher: mehr Kontrolle und mehr Regulierung, vor allem für die Banken. Das zwang auch die Notenbanken, einen neuen, genauer: einen alten Fokus einzunehmen. Allein die Inflation in Schach zu halten, wie vor der Finanzkrise, das genügt nicht mehr, sagt Hans-Helmut Kotz, ehemaliger Bundesbank-Vorstand und Direktor des Center of Financial Studies an der Frankfurter Goethe-Universität: »Der liebe Gott hat den Notenbanken zwei (!) Augen gegeben, um sowohl auf Kaufkraft als auch auf Finanzstabilität zu schauen.«

Aber auch das muss nicht der Weisheit letzter Schluss sein. Mehr als 2700 Jahre Erfahrung haben die Menschen mit dem Geld. Fast genauso lange mit Krisen und mit Schwankungen, mit guten und mit schlechten Zeiten. Das Auf und Ab wird es immer geben – egal in welchem Geldsystem. Alles andere wäre eine Illusion.

Dorothee Holz

6.

SPAREN BIS ZUM UNTERGANG? REFORMPOLITIK IN DER KRISE

Finanzkrise, Bankenkrise, Krise in Europa – seit Jahren ist Krise. Die Zusammenhänge sind komplex, und selbst für Experten sind sie nur schwer zu durchschauen. Viele Bürger fühlen sich überfordert. Wie praktisch, dass Bundeskanzlerin Angela Merkel eine sehr einfache Antwort parat hat, die sie unter anderem 2008 bei einem CDU-Parteitag in Stuttgart präsentierte: »Man hätte hier in Stuttgart nur eine schwäbische Hausfrau fragen sollen«, so die Kanzlerin. »Sie hätte eine ebenso kurze, wie richtige Lebensweisheit gesagt, die da lautet: Man kann nicht auf Dauer über seine Verhältnisse leben. Das ist der Kern der Krise.«

Diese simple Botschaft kam an bei den Bürgern, das zeigen Umfragen immer wieder: Demnach findet die Mehrheit in Deutschland den Sparkurs richtig. Eine breite Debatte darüber gibt es nicht. Etwa über die Frage, wann das Schuldenmachen nötig sein kann, und wofür der Staat Geld ausgeben soll. In der Wissenschaft wird das durchaus sehr unterschiedlich gesehen. Viele der in deutschen Talkshows tonangebenden Ökonomen verteidigen aber den Sparkurs, den die Bundeskanzlerin in ganz Europa durchgesetzt hat. Einer der führenden Meinungsmacher ist Hans-Werner Sinn, bis 2016 Chef des ifo-Instituts. Warum er das Sparen für die richtige Antwort auf Staatsverschuldung und Zinsbelastungen sieht, erklärte Sinn in einer Talkshow von Maybrit Illner: »Jeder, der über die Stränge schlägt, wird bestraft von den Kapitalmärkten. Dann strengt er sich an, macht so'n Sparpaket, dann kommt das wieder ins Lot.« Laut

Sinn ist also die Sparpolitik für Staaten ebenso simpel und schlüssig wie mutmaßlich für Merkels schwäbische Hausfrau.

Sparen: ein Brandbeschleuniger?

Nicht nur in Talkshows entsteht der Eindruck: Es scheint eine Allianz zu geben aus Journalisten, Ökonomen und Politikern in Deutschland, die die Sparpolitik als alternativlos darstellt. So, als gäbe es nicht auch anerkannte, alternative Konzepte. Aber die sind vor allem außerhalb Deutschlands populär: Prominente angelsächsische Ökonomen etwa, wie der US-Nobelpreisträger Paul Krugman, fordern: In Krisen dürften Staaten gerade nicht sparen, im Gegenteil; sie müssten Geld ausgeben, um die Wirtschaft wieder in Schwung zu bringen. Für Krugman hat erst der Sparkurs die verschuldeten Staaten immer weiter in die Krise geführt. In Deutschland gehört der Ökonom Heiner Flassbeck zu den Spar-Kritikern, zuletzt war er Chefvolkswirt der UNO-Organisation für Handel und Entwicklung, UNCTAD. Seine Bilanz der Sparpolitik fiel Mitte 2015 negativ aus: »Ganz Europa ist in einer Rezession seit sechs Jahren«, sagte er. »Das ist ein historisch einmaliges Versagen der Wirtschaftspolitik. In den USA wären alle auf den Barrikaden und würden sagen, die Welt geht unter, wenn wir sechs Jahre Stagnation und Rezession hätten. In Europa wird es hingenommen. Sie beharren darauf, sie seien erfolgreich. Letztes Jahr war Aufschwung, vorletztes, vor drei Jahren, in diesem Jahr – immer ist Aufschwung. Und immer wird dem dummen Volk erzählt – Entschuldigung, dass ich das so sage –, es ginge jetzt gerade aufwärts. Jetzt zeigen sich die Erfolge unserer Politik.«

Für die Spar-Kritiker ist der Sparkurs also so etwas wie ein Brandbeschleuniger in der Krise, für die Spar-Befürworter ist er die Lösung. Die Frage ist daher: Ist Sparen tatsächlich das richtige Rezept? Welche Antworten geben die Wirtschaftswissenschaftler und die

Wirtschaftstheorien, auf die sich Politiker, die den Sparkurs durchsetzen, gern berufen?

Sparen in der Krise?

Die andauernde Krise ist ein Albtraum, auch für die Ökonomen. Kaum einer hat sie vorhergesagt. In den Risiko- und Rechenmodellen der Ökonomen kam ein Szenario, wie wir es seit 2008 haben, nicht vor. Wie ein Staat seine Schulden wieder los wird und wie die Wirtschaft sich in einer Krise wieder erholen kann, ist eine der am heftigsten diskutierten Fragen unter Volkswirten. Dabei ist das Sparen an sich gar nicht umstritten. Die meisten Ökonomen würden unterschreiben, dass sparsames Haushalten für Staaten grundsätzlich eine gute Idee ist. Die entscheidende Frage ist, ob Staaten ausgerechnet in der Krise sparen sollten. Und ob die Spar- und Reformpolitik, die verschuldete Euro-Staaten von ihren EU-Partnern verordnet bekommen haben, tatsächlich aus der Krise herausführt.

Zu den Spar-Befürwortern gehören in Deutschland vor allem wirtschaftsliberale Ökonomen. Etwa die Leiter einflussreicher deutscher Wirtschaftsforschungsinstitute wie der ehemalige ifo-Präsident Hans-Werner Sinn, Michael Hüther, Direktor des Instituts der deutschen Wirtschaft, und Bundesbankpräsident Jens Weidmann. Zwar lassen sie sich nicht alle über einen Kamm scheren – aber es gibt Gemeinsamkeiten. Viele teilen Annahmen des neoklassischen Wirtschaftsmodells und des politischen Neoliberalismus. Demnach soll wirtschaftliche Probleme nicht der Staat lösen, sondern möglichst der freie Markt. Für Heiner Flassbeck sind diese Überzeugungen auch die Grundlage für die Sparkonzepte für Griechenland: »Man hat mit Griechenland ein Programm gefahren, das der sogenannten neoklassischen oder neoliberalen Lehre in der Ökonomie entspricht. Nämlich, Zurückdrängung des Staates, Flexibilisierung der Märkte und natürlich Sparpolitik im Sinne von:

Der Staat darf keine Schulden machen. Das ist ein Programm, das sehr viele Länder in den letzten 30 Jahren selbst durchgeführt haben, und das hat man Griechenland verordnet.«

Ziel ist es, für gute Stimmung bei den Unternehmern zu sorgen, damit sie im Land investieren, was dann im besten Fall die Wirtschaft wieder in Schwung bringt. Deshalb bestehen die Reformen vor allem aus unternehmensfreundlichen Maßnahmen, wie zum Beispiel der Privatisierung von öffentlichem Eigentum. Aber auch das Sparen an sich soll Vertrauen schaffen – und zwar bei den Anlegern am Finanzmarkt, wie es Adalbert Winkler, Professor an der Frankfurt School of Finance, erklärt: »Wenn ich anfange zu sparen, verbessere ich ja meine Einnahmen-Ausgaben-Situation, und damit reduziert es meine Notwendigkeit, mich zu verschulden; ich kann sogar Überschüsse bilden. Das führt dazu, dass ich dann auch wieder kreditwürdiger werde, und das führt dazu, dass ich wieder Zugang zu den Kapitalmärkten erhalte. Das bedeutet, dass die Krise gelöst ist. Das ist die Theorie, die zu diesem Ergebnis kommt.«

Anleger, die Staaten Geld leihen, haben naturgemäß wenig Interesse daran, dass diese Staaten Geld etwa in die Sozialsysteme stecken. Sie wollen – verzinst – ihr Geld wiedersehen. Das ist – aus Sicht der Austeritätspolitiker eher der Fall bei einer sparsamen Haushaltspolitik. Austerität: Das kommt aus dem Altgriechischen und bedeutet »Strenge« und »Disziplin«. Die Frage ist, inwieweit diese Sparpolitik auch den Bürgern nützt, denen der Staat verpflichtet ist.

Jugendarbeitslosigkeit auf Rekordhöhe

Die Austeritätspolitik soll also günstige Investitionsbedingungen schaffen. Und die Staaten sollen sich dabei richtig ins Zeug legen, denn Unternehmen wollen möglichst hohe Renditen. Nach Logik der angebotsorientierten Ökonomen müssen deshalb unter anderem die Löhne niedrig und die Preise günstig sein. Auch Preissenkungen gehören deshalb zum Austeritätskonzept. Niedrige Preise seien auch für Griechenland wichtig, so die Chefvolkswirtin Gertrud Traud: »Wenn man sich mal die Tourismuskosten anschaut in den unterschiedlichen Ländern, dann ist es schon wichtig, dass der Milchkaffee in Griechenland nicht 5,40 Euro kostet. Dann geht nämlich niemand da hin. Also auch da spielen die Kosten eine große Rolle.«

Wie hoch die Preise sind, das ist in einem freien Markt Sache der Unternehmen. Staaten können die Preise aber beeinflussen: Sie können versuchen, sie künstlich zu verbilligen, indem sie ihre Währung abwerten. Das Problem: Länder wie Griechenland oder Portugal können genau das nicht, weil sie keine eigene Währung mehr haben. Sie sind im Euroverbund. Ein Dilemma. Die Lösung soll die sogenannte interne Abwertung bringen. Der Staat soll versuchen, Druck auf die Löhne auszuüben, etwa durch eine Deregulierung des Arbeitsmarktes. Oder indem er seine Investitionen zurückfährt – und so versucht, eine Preissenkung durch die Hintertür zu bewirken.

Eine solche Spar- und Reformpolitik wird die Krise in der Regel erst einmal verschärfen: Der Staat vergibt dann weniger Aufträge, Unternehmen investieren weniger, die Arbeitslosenrate steigt. Und genau das ist in Griechenland, Spanien und Portugal auch passiert – die Jugendarbeitslosigkeit stieg teilweise dramatisch an. Für die Spar-Kritiker ist diese künstlich befeuerte Krise eine der fatalsten Auswirkungen der Austeritätspolitik. Die Spar-Befürworter nehmen einen Abschwung dagegen in Kauf. Denn sie sind überzeugt, dass es nach der Durstrecke dann umso stärker bergauf geht – zum Nutzen aller.

Investieren in der Krise

Ein völlig anderes Konzept vertreten die Spar-Kritiker. Vielen gemeinsam ist die Überzeugung, dass gerade in Wirtschaftskrisen nicht gespart werden sollte. Im Gegenteil. Damit stehen sich zwei Lager gegenüber – oder zwei Schulen, wie es Union-Investment-Chefvolkswirt David Milleker nennt: »Die eine Schule sagt relativ klar: Wenn der Staat spart, sorgt das für Vertrauen beim Privatsektor, der dann ausgabenfreudiger wird. Die andere Schule sagt: In der Regel wird der Privatsektor nicht ausgabenfreudiger, nur weil der Staat auf die Bremse tritt. Im Zweifelsfall, wenn Ihnen jemand Einkommen wegnimmt, sei es, dass er die Steuern erhöht, oder sei es, dass er die Ausgaben kürzt, dann tritt der Privatsektor eher noch mehr auf die Bremse.«

Auch die Spar-Kritiker berufen sich auf sehr verschiedene Ansätze. Viele sehen sich aber in der Tradition von John Maynard Keynes und der nach ihm benannten Theorie des Keynesianismus. Demnach ist in Krisen der Markt allein nicht in der Lage, die Wirtschaft wieder in Schwung zu bringen. Der Staat muss sich deshalb einmischen. Zum Beispiel, indem er investiert, etwa Straßen baut und damit auch für Beschäftigung sorgt. So sieht es Adalbert Winkler, Professor für Entwicklungsfinanzierung an der Frankfurt School of Finance: »Es wird nicht berücksichtigt, dass, wenn die Löhne allgemein sinken, auch weniger Ausgaben getätigt werden«, sagt er. »Wenn Arbeitnehmer insgesamt weniger Lohn haben, dann können sie auch weniger ausgeben. Und wo geben sie es aus – bei den Unternehmen, dann haben die auch weniger Einnahmen. Das heißt: Ihre Situation verbessert sich nicht. Insgesamt Effekt null, das heißt, es hat sich überhaupt nichts verbessert. Deswegen kommt der Markt aus sich selbst heraus nicht aus der Krise.«

Nach dieser Auffassung stärkt ein Spar- und Reformkurs das Vertrauen der Unternehmen eben nicht. Im Gegenteil, meint der Volkswirt Heiner Flassbeck: »Was heißt Vertrauen? Unternehmer vertrauen vielleicht darauf, dass ihre Geschäfte laufen. Aber wenn ich die Löhne senke und dann die Nachfrage sinkt, dann sind die Geschäfte kaputt, damit schaffe ich kein Vertrauen. Wenn die Löhne gesunken sind, stellen die Unternehmer fest: Ich habe 30 Prozent weniger Nachfrage. Das ist die Realität. Aber die wird nicht zur Kenntnis genommen. Man tut so, als würden Lohnsenkungen oder das Senken staatlicher Ausgaben den Unternehmer glücklich machen. Macht es aber nicht, weil es die Nachfrage senkt. Die Nachfrage ist das Entscheidende für ein Unternehmen, nicht die Frage, wie viel Löhne er zahlt; ob er viel oder wenig zahlt, das ist nicht entscheidend.«

Spar-Kritiker und Spar-Befürworter haben also völlig entgegengesetzte Auffassungen davon, wie sich Krisen bewältigen lassen. Die Frage ist: Wie haben sich ihre Konzepte in der Realität bewährt? Die Frage lässt sich nicht eindeutig beantworten. Ökonomen versuchen zwar, ihre Annahmen empirisch zu belegen – zum Beispiel untersuchen sie, wie sich Lohnkürzungen auswirken. Die Forschung hat allerdings Grenzen. Denn die Volkswirtschaftslehre ist keine exakte Wissenschaft mit beweisbaren, mathematisch-präzisen Aussagen. Das zeigt sich auch daran, dass sowohl Spar-Kritiker als auch Spar-Befürworter ihre eigenen Annahmen durch Statistiken, durch die Geschichte und durch mathematische Modelle belegt sehen. Und Politiker wissen die Ökonomie für sich zu nutzen, wie es Martin Hellwig, Leiter des Max-Planck-Instituts für Gemeinschaftsgüter zuspitzt: »Der normale Politiker interessiert sich für die Wissenschaft nur dann, wenn die Wissenschaft ihn bestätigt.«

Etwas fällt auf bei der Recherche für dieses Kapitel über die Sparpolitik: Wir haben Wissenschaftler und Volkswirte nach den Grundlagen ihrer Annahmen gefragt und worauf sie sich berufen, wenn sie den Sparkurs befürworten oder ablehnen. Aber: Nur Spar-Kritiker haben die Frage beantwortet. Die befragten Spar-Befürworter wollten dazu kaum etwas sagen. Denn, so lässt sich ihre Haltung zusammenfassen, es gehe nicht um Theorien oder wirtschaftspolitische Überzeugungen. Die Sparpolitik sei der richtige Weg, weil sie eben das sei, was die ganz spezielle Lage in den einzelnen Krisenländern erfordere. Die eigene Haltung wird hier zur objektiven Wahrheit, so scheint es.

Troika und IWF: Akteure ohne Kontrolle?

Dass fast ganz Europa auf Sparkurs gebracht würde, danach sah es zunächst nicht aus. Im Gegenteil. Während der Finanzkrise legten viele Staaten Konjunkturpakete auf, nach keynesianischem Rezept. Auch Deutschland, mit der Abwrackprämie als Stütze für die Autoindustrie. Als die Finanzkrise im Jahr 2010 europäische Staaten erfasste, schuf die EU einen zunächst vorläufigen Rettungsschirm und stattete ihn mit Geld aus, um Kredite an verschuldete Staaten vergeben zu können.

Kredite – das klingt, als würde die Konjunkturpolitik fortgesetzt werden. Aber: Diese Kredite sind an sehr strenge Reform- und Sparauflagen gebunden. 2013 wurde dieser Rettungsschirm zur festen Einrichtung und heißt seitdem »Europäischer Stabilitätsmechanismus«, ESM. Die »Troika«, später umständlich in »die Institutionen« umbenannt, soll die Reformen entwickeln und durchsetzen: ein Gremium aus Europäischer Zentralbank, Europäischer Kommission und dem Internationalen Währungsfonds (IWF). Bundeskanzlerin Angela Merkel hatte darauf bestanden, den IWF zu beteiligen: »Die Bundesregierung wird sich dafür einsetzen«, sagte sie, »dass im Notfall solche Hilfen als Kombination von IWF und gemeinsamen bilateralen Hilfen in der Eurozone gewährt werden müssen, aber ich sage noch einmal, als Ultima Ratio.«

Dass die deutsche Kanzlerin unbedingt den IWF ins Boot holen wollte, hatte einen Grund: Der IWF ist eine Sonderorganisation der Vereinten Nationen und so etwas wie die Finanzfeuerwehr der Welt. Er springt mit Geld ein, wenn Staaten überschuldet sind. Allerdings gegen Auflagen. Und die heißen in aller Regel: sparen, Betriebe privatisieren, die Wirtschaft von Regeln befreien – also deregulieren,

Sozialleistungen abbauen und Märkte öffnen. Globalisierungskritikern etwa gilt der IWF deshalb als Verkörperung einer neoliberalen Wirtschaftsideologie.

Auch die Reform- und Sparpolitik im Euroraum trägt die Handschrift des umstrittenen Währungsfonds. Portugal, Irland und Griechenland mussten unter den Rettungsschirm, Länder wie Spanien oder Italien legten auf Druck der anderen Euro-Staaten ebenfalls Spar- und Reformpakete auf: Ganz Europa ging auf Sparkurs.

Zwei Staaten gelten als Paradebeispiele für eine geglückte und für eine missglückte Austeritätspolitik: Griechenland ist danach das schwarze Schaf, Irland der Spar-Musterschüler. Die irische Regierung hat unter anderem im öffentlichen Dienst Löhne gesenkt, Stellen gestrichen und das Rentenalter angehoben. Gekürzt wurde außerdem bei der Arbeitslosenhilfe und beim Wohnungsgeld. Die Reformen trafen am härtesten die unteren Bevölkerungsschichten. Aber Irland konnte 2013 den Rettungsschirm wieder verlassen – obwohl das Land noch immer hoch verschuldet war. Es gilt vor allem deshalb als Erfolgsmodell, weil die Wirtschaft wieder gewachsen ist. 2014 fast um 5 Prozent.

Irland: Vertrauen wiederhergestellt

Was unterscheidet Irland also von Griechenland? Der SPD-Europaabgeordnete Udo Bullmann meint, Irland habe bessere Voraussetzungen für wirtschaftliches Wachstum gehabt: »Es gibt einen funktionierenden wirtschaftlichen Sektor, es gibt eine funktionierende staatliche Verwaltung«, sagt er. »Auch wenn uns die Steuerpolitik nicht immer schmecken muss: Es gibt funktionierende Strukturen. Insofern ist dort auch sehr krude gearbeitet worden, die Normalbevölkerung hat harte Einschnitte hinnehmen müssen, aber es war auch einfacher, auf soliden Strukturen wieder auf die eigenen Beine zu kommen.«

Hinzu kommt, dass die irische Wirtschaft stark von Exporten und von ausländischen Investitionen abhängig war und ist. Die Kosten senken, die Bedingungen für Unternehmen verbessern – das ergab hier mehr Sinn als in Griechenland, dessen größter Wirtschaftszweig der Tourismus ist. Eine Hauptforderung für die Sparpolitik, nämlich, Vertrauen zu schaffen, hat Irland erfüllt. Das Land kehrte schon 2012 wieder an den Kapitalmarkt zurück, es kann sich wieder Geld von Investoren leihen.

Anders Griechenland: Als der Staat im Jahr 2010 vor der Pleite stand, gerieten auch die seit Jahrzehnten bestehenden Probleme wie Korruption und eine ineffiziente Verwaltung in den Blick. Reformen waren schon damals dringend nötig, daran zweifelt kaum jemand. Umstritten ist dagegen, welche Reformen sinnvoll sind. Für eines der größten Probleme hält der Chefvolkswirt von Union Investment, David Milleker, »dass wir es mit einer zutiefst korrupten politischen Elite zu tun hatten«. Griechenland stand am Pranger.

Auffällig ist aber, dass mit der Verschuldung der südeuropäischen Staaten die Kritik vieler Politiker und Ökonomen in Deutschland an den Banken schnell verstummte. Obwohl deren Geschäftsgebaren die Finanzkrise mitverursacht hatte und damit auch die teuren staatlichen Rettungsaktionen – wiederum eine maßgebliche Ursache für die Staatsverschuldung. Die Kritik richtete sich nun aber gegen die verschuldeten Staaten. Ein eindrückliches Beispiel dafür ist ein Interview mit Bundesfinanzminister Wolfgang Schäuble im Oktober 2011 im ZDF. Auf die Frage, ob die Banken nicht schärfer hätten reguliert werden müssen, sagte er: »Ich glaube, das Hauptproblem ist, dass wir eine zu hohe Staatsverschuldung haben. Und zwar in vielen Teilen der Welt. Ich bin ja in den letzten zwei Jahren viel gescholten worden, weil ich so unverdrossen gesagt habe, wir müssen unsere zu hohen Schulden reduzieren. Deutschland liefert ganz gute Zahlen, wir sind ganz gut, wir sind der Stabilitätsanker in Europa. Aber nicht alle sind schon so weit wie wir, wir müssen daran beharrlich weiterarbeiten. Das ist die eigentliche Ursache. Die kann ich auch niemandem ersparen, die Lösung des Problems.«

Sebastian Gechert vom gewerkschaftsnahen Institut für Makroökonomie und Konjunkturforschung (IMK), hat untersucht, wie sich die Sparpolitik ausgewirkt hat. Sein Ergebnis: »Die Sparpolitik hat laut unserer Studie dazu geführt, dass das Bruttoinlandsprodukt in Griechenland nach 2010 um etwa 25 Prozent eingebrochen ist. Das heißt, etwa ein Viertel der Wirtschaftsleistungen ist innerhalb von vier Jahren verloren gegangen. Der Erfolg dieser Sparmaßnahmen hat sich gar nicht eingestellt am Ende.«

Auch Volkswirte, die den Sparkurs grundsätzlich richtig finden, meinen inzwischen, er sei zu hart und zu schnell durchgesetzt worden. Etwa David Milleker, Chefvolkswirt bei Union Investment: »Im Euroraum haben wir definitiv zu viel des Guten getan. Wir haben in vielen europäischen Volkswirtschaften drastische Fehlentwicklungen gehabt. Darauf haben wir dann aber in der Summe mit sehr brachialer Sparpolitik reagiert.«

Inzwischen hat sogar der IWF zugegeben, dass die Wirtschaft stärker eingebrochen ist als erwartet und dass die Sparpolitik Griechenland überfordert hat. Und nicht nur das: Sie kostet mittlerweile Menschenleben. Die renommierte Medizinzeitschrift *The Lancet* veröffentlichte 2014 eine Studie britischer Forscher über die massiven Kürzungen der griechischen Gesundheitsausgaben. Demnach stieg die Säuglingssterblichkeit um mehr als 40 Prozent an, die Selbstmordrate hat sich zwischen 2007 und 2011 fast verdoppelt. Die Autoren sehen in der Austeritätspolitik deshalb eine Verletzung der Menschenrechte.

Die Spar-Befürworter sehen die Verantwortung für die Zustände in Griechenland hingegen bei der griechischen Regierung. Nicht die Reformen seien falsch gewesen – die Regierung habe sie nur nicht umgesetzt. Die Reichen seien von höheren Steuern verschont geblieben, eine durchgreifende Reform des Steuersystems habe nicht stattgefunden. Gekürzt worden sei an den falschen Stellen, da, wo leicht Geld zu holen war. So sieht es Martin Hellwig, Direktor des

Max-Planck-Instituts für Gemeinschaftsgüter: »Das betrifft nicht nur den Arbeitsmarkt, sondern es betrifft auch die Überlebensfähigkeit von mittelständischen Unternehmen. Was denen zusätzlich an Belastungen und Auflagen auferlegt wird, das macht viele Familienunternehmen kaputt. Aber da kommt man relativ gut ran.«

Eine daniederliegende Wirtschaft, wachsende Armut: Hat nicht auch die Troika versagt? Die Troika, das Kontroll-Gremium, ist hoch umstritten. In den Europäischen Verträgen ist ein solches Konstrukt nicht vorgesehen; kein Parlament hat über die Sparpolitik abgestimmt. Das heißt: Eine Handvoll Beamte diktiert Regierungen, wie sie ihr Land zu führen haben, jenseits aller Öffentlichkeit. Udo Bullmann ist SPD-Abgeordneter im Europaparlament. Er hat gemeinsam mit anderen Abgeordneten fraktionsübergreifend im Auftrag des EU-Parlaments die Arbeit der Troika untersucht und zum Beispiel deren Mitarbeiter gefragt, wie sie zu ihren Empfehlungen gekommen sind. Sein Fazit: »Ich habe mir die Freiheit genommen, das ein System der organisierten Unverantwortlichkeit zu nennen. Wir haben versucht, denjenigen kennen zu lernen, der in den entsprechenden Programmen die Maßnahmen diktiert hat. Bislang hat niemand die Verantwortung übernommen. Jeder, den wir interviewt haben von den beteiligten Akteuren, hat gesagt, er hätte das Programm nicht geschrieben. Das kann ja wohl so nicht sein.«

Die Troika greift weitgehend in die Souveränität eines Staates wie Griechenland ein; die EU-Staaten diktieren Regierungen, was sie zu tun haben. Links-Partei-Politiker Gregor Gysi nennt das »die Abschaffung der Demokratie«. Und das alles, obwohl sich nicht eindeutig belegen lässt, dass die Sparpolitik tatsächlich wirkt. Im Fall Griechenlands gibt es keine Einigkeit darüber, warum das Land immer tiefer in die Krise geschlittert ist. Liegt es an den Regierungen, an nicht umgesetzten Reformen? An den Zuständen im Land? Oder hat vor allem die Sparpolitik die Krise verschärft?

Für den ehemaligen SPD-Staatssekretär Heiner Flassbeck ist deshalb klar: Sparen ist eine Ideologie: »Wir kommen aus dieser Misere nicht heraus, weil das Versagen dieser Ideologie nicht zur Kenntnis genommen wird. Griechenland ist ja ein dramatischer Fall, da hat diese Ideologie in unglaublicher Weise versagt. Man hat fünf Jahre lang den Griechen diktiert, was sie tun sollen. Gegen alle Erwartungen ist die Wirtschaft zusammengebrochen, und trotzdem geht man nicht weg davon, weil ja der Ruf als Mediziner an dieser Medizin hängt. Und wenn ich diese Medizin jetzt absetze und sage, wir nehmen eine andere, es war die falsche, dann bin ich verloren. Als Politiker verliere ich meine Existenzgrundlage. Das ist, glaube ich, was dahintersteht.«

Nicht nur viele Politiker, auch viele der tonangebenden Ökonomen in Deutschland haben jahrelang das Sparen gepredigt. Aber es ist eine eher akademische Frage, ob man die Sparpolitik aus wissenschaftlicher und politischer Sicht richtig oder falsch findet. Die entscheidende Frage ist: Welche Folgen hat sie für die Menschen? Europa ist bei einer Krisenpolitik angekommen, die Menschenleben kostet, die Menschen in Arbeitslosigkeit und Armut treibt. Nicht nur in Griechenland, auch in anderen Ländern ist die Lage besorgniserregend. Und dennoch: Auf die Frage nach der sozialen Katastrophe in den Krisenstaaten reagieren viele der befragten Ökonomen und Politiker verstörend rational. Immer wieder kommen Antworten wie: Ja, das sei wirklich schlimm, aber die Reformen müssten sein.

Mit anderen Worten: Es gibt keine Alternative. Das bleibt übrig als zentrales Argument für die Sparpolitik. Koste es, was es wolle.

Eske Hicken

DER MENSCH IN DER WIRTSCHAFTSTHEORIE

7.

GIBT ES DAS UNTERNEHMER-GEN?

Unternehmerpersönlichkeiten haben häufig Ecken und Kanten. Sie sind kratzbürstig, rechthaberisch und autoritär, risikofreudig und visionär – und besessen von einer Idee. Aber gibt es *den* Unternehmer-Typ, womöglich ein Gen dafür? Ist es mehr Wissen oder mehr Intuition, was ihren Erfolg ausmacht? Sind Frauen als Unternehmenschefs auf andere Art erfolgreich als Männer? Untersuchungen belegen, dass Unternehmer durchaus sozial und psychisch anders funktionieren als ihre Untergebenen. Oft tragen gerade jene Eigenschaften, die sie groß gemacht haben, auch zu ihrem Untergang bei – wenn sie nicht klug genug sind, zu erkennen, wann Umsteuern nötig ist. Beispiele aus dem Leben von Großindustriellen, von mittelständischen Gründerfamilien und Start-up-Genies zeigen das.

Die Erfolgreichen sehen das so, vier Beispiele: Franziska von Hardenberg, Start-up-Unternehmerin: »Es sind vier Eigenschaften, die man braucht, um erfolgreich zu sein: Das ist Mut, die Dinge zu tun, das ist die Leidenschaft für das, was man tut, ein sehr großes Maß an Disziplin, und das ist einfach die Durchsetzungsfähigkeit, nicht aufzugeben.«

Berthold Beitz, Krupp-Manager: »Ich habe doch ’ne Menge Glück gehabt in meinem Leben. Denn das Leben ist nicht von großen Entscheidungen allein zu beeinflussen; es hängt von Kleinigkeiten ab.«

Claus Hipp, Kinderbrei-Hersteller: »Das langfristige Denken, beste Qualität zum günstigsten Preis herzustellen – das war sicher ein Erfolgsrezept.«

Aenne Burda, Verlegerin: »Ich habe mich nie an ein Rollenverhalten gehalten, ich nie. Ich war immer ein Rebell und war immer dagegen.«

Schöpferische Zerstörung

Vier Erfolgsgeschichten, vier Erklärungsversuche: lehrbuchmäßig, bescheiden, sachlich, auftrumpfend. Es scheint nicht leicht zu sein, die eine gültige Antwort zu finden auf die Frage, was erfolgreiche Unternehmer und Unternehmerinnen ausmacht. Sind es Könner? Sind es Spieler? Schon beim Begriff »Unternehmer« fängt das Problem an. Was ist das überhaupt – ein Unternehmer? Zu den ersten, die darüber forschten, gehörte der österreichische Nationalökonom Joseph Schumpeter. Werner Plumpe, Professor für Wirtschafts- und Sozialgeschichte an der Goethe-Universität Frankfurt, fasst Schumpeters Erkenntnisse zusammen: »Eigentlich zeige die Weltgeschichte, dass, was die Wirtschaft angeht, über Jahrhunderte hinweg eigentlich nichts Neues passiert ist. Und dann, sagt Schumpeter, kommen plötzlich – unter den Bedingungen des 19. Jahrhunderts – diese Unternehmer hinzu. Was sie ausmacht, ist einfach, dass sie sagen, nee, dieser ewige Schlendrian, das Immer-so-Weitermachen-wie-bisher, das wollen wir nicht. An die Stelle der Kutsche kommt die Eisenbahn – damit zerstört man das gesamte Fuhrmanngewerbe. Und dann kommt die nächste Innovation, dann wird die Dampflok durch die E-Lok ersetzt, und die E-Lok zerstört die Vorgänger.«

»Schöpferische Zerstörung« nannte Joseph Schumpeter diesen Prozess. Namen wie Thyssen oder Krupp fallen einem dazu ein: Familiendynastien, die die industrielle Entwicklung in Deutschland maßgeblich geprägt haben. Oder man denkt an Ferdinand Piëch, Enkel von Ferdinand Porsche, Großaktionär, langjähriger Vorstands- und Aufsichtsratsvorsitzender bei VW, der mit kühler Stimme erklärte: »Es gibt immer Gewinner und Verlierer, und ich habe die Absicht, der Sieger zu sein.« Daneben gibt es aber auch die gerade in Deutschland so verbreiteten und erfolgreichen mittelständischen Betriebe, die ebenfalls von Unternehmergeneration zu Unternehmergeneration weitervererbt werden. Unternehmerischen Mut beweisen aber auch die fünf Schneider, die ihre pleitegegangene Firma in Eigenregie übernehmen – und der Bio-Metzger, der einen veganen Imbiss aufmacht. Unternehmerin ist schließlich auch die Ärztin, die ihre Praxis mit ihren Mitarbeiterinnen zu einer Schmerzambulanz ausbaut.

An solchen Beispielen wird deutlich: Es gibt nicht *den* Unternehmer, sondern eher verschiedene Unternehmertypen. Sie alle bemessen ihren Erfolg nach sehr unterschiedlichen Kriterien. Was ist das also, Erfolg? Nummer eins werden auf dem globalen Markt? Oder qualitatives Wachstum nach innen, das auf die Zufriedenheit von Kunden und Beschäftigten setzt? Und über welche Qualitäten muss eine Unternehmerin, ein Unternehmer verfügen, um sich langfristig auf dem Markt zu behaupten? Sind das heute andere als im 19. Jahrhundert?

Klar, ein Unternehmer muss rechnen können. Er muss wissen, was wann auf dem Markt gefragt ist, er muss Angebot und Nachfrage im Blick haben. Er wird Preise und Löhne so kalkulieren, dass er einen Gewinn dabei erzielt – ob er ihn nun zur Befriedigung persönlicher Bedürfnisse anhäuft, seine Mitarbeiter beteiligt oder ihn in Innovation und Expansion investiert. Aber wird er auch erfolgreich sein, wenn ihm egal ist, was er produziert? Für viele erfolgreiche Unternehmer stand am Beginn ihrer Karriere eine Idee, der sie zum Durchbruch verhelfen wollten. Wie bei Claus Hipp, dessen Name nicht nur für Baby-Brei im Gläschen steht: »Das Überzeugtsein, dass der biologische Landbau der richtige Weg ist, war für mich eine wichtige Orientierung.« Und der Dübel-König Artur Fischer, einer der vielen schwäbischen Tüftler und Mittelständler, die es zu Weltruhm gebracht haben, sagt: »Ohne Neugierde geht nichts. Aber es hat keinen Sinn, die Neugierde dazu zu verwenden, um möglichst schnell möglichst viel Geld zu verdienen; das klappt nämlich nicht. Aber diese Neugierde erweckt Wünsche, Aufgaben und Lösungen, die im Interesse nicht von einem selber sind, sondern der Allgemeinheit.« Man könnte auch sagen: für die es einen Markt gibt.

Möglichst schnell möglichst viel Geld verdienen – das geht, zumindest kurzfristig, durchaus auch mit Mitteln, die man nicht gerade sozialverträglich nennen wird. Langfristig allerdings sieht das möglicherweise anders aus. Rolf van Dick, Professor für Sozialpsychologie an der Goethe-Universität Frankfurt, zitiert eine Studie aus den 1980er Jahren: »Die Autoren haben sich Unternehmen in Amerika angeschaut, die über mindestens 50 Jahre deutlich mehr Aktien-Performance geliefert haben als die direkten Mitbewerber. Und sie haben gefunden: Die Unternehmer, die ein Ziel, einen Zweck, eine Vision kreiert haben, die mehr war als nur Geld verdienen, die hatten Mitarbeiter, die mitgezogen sind und Höchstleistungen erbracht haben, selbst dann, wenn die Gründer der Unternehmen schon längst tot waren.«

Andererseits: Visionen haben viele, aber längst nicht alle setzen sich durch. Rolf van Dick: »Es gibt gute Beispiele von technischen Entwicklungen, die sich nicht durchgesetzt haben, wie zum Beispiel das Videosystem Beta 2000, das besser war als das VHS-System, was sich durchgesetzt hat. Aber sie kamen zur falschen Zeit, mit der falschen Marketingstrategie.« Schumpeter würde sich vermutlich über dieses moderne Beispiel freuen, bestätigt es doch seine Theorie: Denn VHS wurde durch die Festplatten- und USB-Technologie inzwischen »schöpferisch zerstört«, sprich: vom Markt gefegt. Eine Vision allein genügt also noch lange nicht. Man muss auch wissen, wie man sie um- und durchsetzt, zumindest auf Zeit. Kann man das lernen?

Handwerksinstrumente

In vielen familiengeführten Betrieben lernen die Söhne und Töchter auch heute noch an der Hand ihrer Väter – seltener ihrer Mütter – das Unternehmen und das zugehörige Fachwissen von klein auf kennen. Andere müssen sich ihr Wissen anders aneignen: Ein Studium der Betriebswirtschaftslehre – mit Abschluss als Master of Business – scheint heute vielen als Einstieg attraktiv. Aber was genau ist lehr- und erlernbar am Unternehmererfolg? Eine Antwort hat Gabriele Fischer parat, die Chefredakteurin von *brand eins*, einem seit 1999 publizierten Wirtschaftsmagazin: »Man kann ein paar Handwerksinstrumente weitergeben. Wie man guckt, ob die Zahlen stimmen; wie man ein halbwegs hilfreiches und nicht überbordendes Controlling aufzieht – das kann man durchaus mitkriegen in einem Seminar. Aber dann stehen Sie womöglich plötzlich vor der Situation, dass eine feste Finanzierungszusage abgesagt wird, und Sie müssen sich im Moment was überlegen – das können Sie nicht lernen.« Gabriele Fischer wurde mit der Gründung von *brand eins* übrigens eher unabsichtlich zur Unternehmerin, nachdem ein Vorläufermagazin vom Verlag kurzerhand eingestellt worden war.

Hilft neben Seminarbesuchen vielleicht auch der Blick in diverse Business-Ratgeber? Die finden sich massenhaft in den Buchhandlungen und versprechen zum Beispiel, *Das Geheimnis der erfolgreichen Unternehmerpersönlichkeit* zu lüften. Doch der Frankfurter Wirtschaftshistoriker Werner Plumpe warnt: »Es gibt das Handbuch der erfolgreichen Führung. Das kann man auswendig lernen und trotzdem an der Führung grandios scheitern. Es gibt das Handbuch der Innovation, es gibt das Handbuch für alles Mögliche. Das kann man auswendig lernen, aber der praktische Prozess, solche Dinge zu tun: Das ist etwas ganz anderes. Da sind andere Fähigkeiten als die gefragt, die man akademisch erlernen kann.«

Was sind das für Fähigkeiten? Welche Eigenschaften muss ein Unternehmer, eine Unternehmerin vor allem mitbringen, neben der zündenden Idee? Und: Wie führt man erfolgreich? Eine Antwort lautet so: »Man braucht einen gewissen Hang zur maßlosen Selbstüberschätzung. Man glaubt immer, dass man Dinge selber besser kann als andere, sonst macht man es nicht. Das ist der pure Wahnsinn, eigentlich ...«, sagt Franziska von Hardenberg, die ihren Blumen-Abonnement-Dienst per Internet zu einem erfolgreichen Start-up-Unternehmen ausgebaut hat. Und Werner Plumpe ergänzt: »Man muss dazu in der Lage sein, Einsichten, bezogen auf die Organisation, auf neue Produkte, auch auf Konkurrenzverhalten, gegenüber anderen praktisch umzusetzen; man darf Konflikten nicht aus dem Weg gehen, wenn bestimmte Dinge sich nicht so einfach durchsetzen lassen. Da stecken wahrscheinlich psychische Kräfte drin – ein großer Anerkennungsdrang, vielleicht auch ein Selbstdarstellungsdrang, eine gewisse jähzornige Art. Unternehmer sind ›Täter‹, und sie haben auch die Handlungsstruktur und die Energie von Tätern, die etwas erreichen und es auch durchsetzen wollen, und zwar um einen ziemlich hohen Preis.«

Die großen Unternehmerlegenden des 19. Jahrhunderts waren selbstverständlich Herren im eigenen Haus. Ob sie Räuberbaronen glichen wie die US-amerikanischen Carnegie-Stahlmagnaten und Vanderbilt-Eisenbahnkönige oder ob sie sich um die sozialen Belange ihrer Mitarbeiter kümmerten wie die deutsche Krupp-Dynastie: Ihr Unternehmen spiegelte die hierarchische Struktur der Gesellschaft. Werner Plumpe: »Man hat die Vorstellung, das eigene Unternehmen ist ein von mir geordneter Kosmos. Ich als Unternehmer garantiere hier eine funktionierende, sinnvolle technische Ordnung; und die politische, in der ich lebe, soll das bitte respektieren.« Der Frankfurter Sozialpsychologe Rolf van Dick ergänzt: »Eine Unternehmerpersönlichkeit wie Krupp, dass jemand für seine Mitarbeiter einstand, aber auch keinen Widerspruch duldete; der auf der einen Seite patriarchalisch gut geführt hat, der auf der anderen Seite aber auch undemokratisch und zum Teil bis ins Tyrannische hinein bestimmt hat, wo es langgeht – junge Leute, die von der Hochschule oder aus der Ausbildung kommen, die würden so nicht mit sich umgehen lassen.«

Ruf nach Freiraum

Unternehmerisch führen: Das bedeutet in einem großen, international agierenden Konzern wie dem Chemieunternehmen BASF oder bei VW heute etwas ganz anderes als in einem kleinen oder mittelständischen Betrieb. Den Konzernen der Großindustrie attestiert Werner Plumpe, »dass die Unternehmensbürokratien eine sehr große Bedeutung angenommen haben und dass wir sehr viele Stäbe, sehr viele Vorbereitungsgruppen, sehr viele formalisierte Abläufe haben, in denen die Bedeutung des Einzelnen zumindest nach außen hin reduziert wird«. Andererseits gibt es eine Verschiebung weg von der Großindustrie hin zu einer Ökonomie, in der Dienstleistungen und Wissen immer wichtiger werden. Denn seit dem Internet ist das Gründen von Unternehmen in vielen Branchen leichter geworden, wie Gabriele Fischer weiß: »Sie brauchten nicht mehr erst mal eine Fabrik hinstellen, um Unternehmer zu werden, sondern Sie konnten sich ihren kleinen Rechner nehmen, und wenn Sie eine tolle Idee hatten, waren Sie plötzlich eins vor.« Das bringt eine völlig andere Organisationsstruktur mit sich – und neue Anforderungen an die Chefs: »Wenn Sie eine Wissensorganisation haben – wenn Sie Software entwickeln, Programme schreiben –, dann haben Sie Leute, die sehr hohe Anforderungen an ihren Freiraum stellen, an die Möglichkeiten, auch anderswo zu arbeiten; Leute, die nicht in der Form zu kontrollieren sind, wie das in früheren Organisationen üblich war. Mit dem Versuch, eine generalstabsmäßige Organisation aufzubauen, hat das überhaupt nichts mehr zu tun. Und Sie brauchen Chefs, die das aushalten, die Talente anziehen und nicht einfach nur gute Arbeitnehmer.«

Um erfolgreich zu bleiben, müssen sich Unternehmensstrukturen verändern. Ein schlagendes Beispiel dafür liefert die Drogeriemarktkette Schlecker. Anton Schlecker hatte sein Unternehmen einst zum Marktführer gemacht, indem er geschickt Lücken in den gesetzlichen Regularien ausnutzte, die den Kunden Vorteile brachten. Rolf van Dick: »Er hat aber dann nicht verstanden, mit seinen

Mitarbeiterinnen und Mitarbeitern so zu kommunizieren, dass er die sich ändernden Kundenwünsche verstanden hat. Hingegen Götz Werner, der DM-Gründer und -Aufsichtsratsvorsitzende; der verstand es, dass man den Mitarbeitern Eigenverantwortung geben muss, weil in den Filialen vor Ort am ehesten erkannt wird, wenn sich Kundenwünsche ändern – und dass dort auch die richtige Stelle ist, auf diese sich ändernden Kundenwünsche zu reagieren.«

Ein offenes Ohr zu haben für die Mitarbeiter kann also Gold wert sein. Wobei die unternehmerische Nettigkeit ihre Grenzen dort hat, wo es um die Rentabilität geht. Das hat nichts mit Moral zu tun: Ein Unternehmer, der diese Grundregel verletzt, wird kein erfolgreicher, sondern gar kein Unternehmer mehr sein; egal ob er ein guter Mensch ist oder ohne Rücksicht auf Verluste durchregiert. Letzteres aber ist durchaus ein Kostenfaktor. Nach einer regelmäßig vom renommierten Gallup-Institut erhobenen Umfrage sind zwei Drittel der Mitarbeiterinnen und Mitarbeiter in deutschen Unternehmen unzufrieden mit der Wertschätzung durch die Führung. Das ist ein Zeichen dafür, dass es nicht gelungen ist, jene gemeinsame Unternehmensidentität zu schaffen, die in den Augen von Rolf van Dick unabdingbar ist für langfristigen Erfolg. Oft tritt an ihre Stelle dann verstärkte Kontrolle: »Kontrolle bedeutet zwei Dinge: Zum einen bedeutet sie Kosten – irgendjemand muss die Kontrolle ausüben. In der Regel bedeutet das auch mehr Führungskräfte-Hierarchien. Zum andern signalisiert es den Mitarbeiterinnen und Mitarbeitern aber auch mangelndes Vertrauen.« Womit wir beim Stichwort »Manager« wären.

Unternehmer oder Manager?

In der Öffentlichkeit werden Manager und Unternehmer schnell gleichgesetzt. Dabei gibt es einen fundamentalen Unterschied: Manager stecken kein eigenes Geld ins Unternehmen; sie sind ganz normale Angestellte, wenn auch oft hoch bezahlte. Das Image des Managers hat aber – anders als das des Unternehmers – in den letzten Jahren recht tiefe Kratzer bekommen, was laut Rolf van Dick zu verhindern gewesen wäre: »Manager sind dann erfolgreich, wenn sie ein Programm abspulen, wenn sie kontrollieren. Sie monitoren den Erfolg, sie greifen ein, wenn man vom Weg abkommt. Das Beste, was Manager tun können, ist, konsequent und konsistent gutes Verhalten der Mitarbeiter, was dem Ziel dient, zu belohnen und schlechtes Verhalten zu bestrafen.« Gabriele Fischer ergänzt: »Es ist ein großer Unterschied, ob Sie in einem Unternehmen arbeiten, wo der Chef eine Idee hat, die er, wenn sie schiefgeht, auch selber bezahlt, oder ob Sie in einem Unternehmen arbeiten, wo der Chef ein angestellter Manager ist. Wenn der eine Idee hat, dann muss er sich irgendwie gegenüber Aufsichtsräten und Aktionären verantworten, weil die das bezahlen. Das verändert das Klima, aber das verändert auch den Umgang mit Risiken, mit neuen Ideen, mit den Leuten – mit allem.«

Große Unternehmerpersönlichkeiten scheinen meist Männer zu sein. In den letzten Jahren allerdings holten die Frauen erheblich auf. In ihrem Gespür für den Markt und für das Geschäftemachen standen sie den Männern noch nie nach, wie das Beispiel der Verlegerin Aenne Burda zeigt: »Das war der Erfolg von Burda Moden: Dass ich selber eine durch und durch praktische Frau war und bin und wusste, was so normale Frauen brauchen.« Trotzdem sind die Aenne Burdas – wie die Jil Sanders – noch immer eine Ausnahme in der männerdominierten Welt der großen Konzerne. Bei mittelständischen Unternehmen hingegen sieht es schon anders aus. Von einer 50:50-Verteilung sind wir aber noch weit entfernt, sagt der Sozialpsychologe Rolf van Dick: »Zum einen liegt es daran, dass Unternehmerinnen – wie Frauen allgemein – vielleicht etwas weniger risikobereit sind, und gerade da, wo man Unternehmen gründet, natürlich die Risikobereitschaft dazugehört. Der zweite Faktor ist die externe Bewertung, dann, wenn man auf Finanzinvestoren zugeht. Weil Finanzinvestoren in der Regel männlich sind, wird einer

Frau weniger zugetraut; deswegen haben Frauen dort auch mit Diskriminierung zu kämpfen.« Wie ja auch der Kampf um die Frauen-Quote in den Aufsichtsräten der DAX-Unternehmen zeigt.

Was aber geschieht, wenn Frauen dann doch mal am Ruder sitzen? Rolf van Dick: »Es gibt eine Meta-Analyse von ungefähr hundert Einzelstudien, die zeigt: Es gibt zwar nur kleine Effekte, aber deutliche Effekte dahingehend, dass Frauen etwas besser darin sind, Visionen zu verkörpern, besser sind, zu kommunizieren und etwas besser darin sind, sich um die Bedürfnisse der Mitarbeiterinnen und Mitarbeiter zu kümmern.« Und Gabriele Fischer beobachtet zudem, »dass Gründungen von Frauen selten in großen Imperien landen. Ich kenne ganz viele großartige Gründerinnen, für die die Tatsache, dass sie eine Unternehmensstruktur erhalten wollen, in der Frauen auch Kinder kriegen können, in der es ein gutes Klima gibt, sehr wichtig ist, und die für sich auch klar festhalten, dass sie nicht unbedingt einen Konzern aufbauen wollen.« Und das scheint durchaus ein Trend zu sein: Konzerne sind unabdingbar, weil Flugzeugentwicklung zum Beispiel unmöglich ist ohne umfangreiche Infrastruktur-Netzwerke. Erfolgreich aber können Unternehmerinnen und Unternehmer auch in kleinerem Rahmen sein, wie Gabriele Fischer konstatiert: »Es gibt hochinnovative Firmen, die beschließen, wie sie das in kleineren Einheiten schaffen. Wachstum bedeutet für mich, immer bessere Lösungen finden, und es bedeutet nicht, immer größer und fetter zu werden.«

Unternehmerischer Erfolg, so scheint es nach alldem, ist nicht planbar. Gute Ideen verpuffen, wenn sie zu früh kommen. Was gestern funktionierte, gilt heute nicht mehr. Kontrolle wird zum Hemmschuh. Aber da ist auch der tyrannische Firmenchef, dessen Vision massenhaft ehrgeizige junge Leute anzieht. Da sind Klitschen, denen keiner eine Chance ausrechnete, und die senkrecht nach oben durchstarten. Da ist der Weltverbesserer, der überraschend auch ein Händchen hat für das, was die Konsumenten benötigen – und haben wollen. Hier versagt die betriebswirtschaftliche Erfolgsfaktorenliteratur, sagt der Historiker Werner Plumpe, »die den erfolgreichen

Unternehmer als denjenigen bezeichnet, der die richtigen Entscheidungen trifft. Das ist aber bei genauerem Hinsehen eine leere Aussage, die darauf hinausläuft zu sagen, der erfolgreiche Unternehmer ist erfolgreich, weil er erfolgreiche Entscheidungen trifft.«

Selbst wenn es also etwas wie eine Unternehmerpersönlichkeit geben sollte, wenn eine oder einer alles mitbringt, was das Lehrbuch lehrt: Mut, die Dinge zu tun, die Leidenschaft für das, was man tut, ein sehr großes Maß an Disziplin und die Durchsetzungsfähigkeit, nicht aufzugeben – selbst dann bleibt Unternehmerglück doch unberechenbar. Und es zeigt sich auch, dass die Genese des Erfolgs immer noch eine Black Box ist. Vielleicht ist jener Unternehmer am weisesten, der, wie der langjährige Krupp-Manager Berthold Beitz von sich sagen kann: »Ich habe eine Menge Glück gehabt im Leben. Denn das Leben ist nicht von großen Entscheidungen alleine zu beeinflussen, es hängt von Kleinigkeiten ab.«

Ruth Führer

8.

ÜBERSCHÄTZTE PROPHETEN: DIE WIRTSCHAFTSGURUS

Egal, ob es um den Mindestlohn geht, um Klimaschutz oder um die Eurokrise: Der Wirtschaftswissenschaftler Hans-Werner Sinn bezieht Position. Von 1999 bis 2016 war er Chef des ifo-Instituts für Wirtschaftsforschung in München, und er hat starke Meinungen, die er mit Nachdruck vertritt. Als Talkshow-Gast ist der 68-Jährige daher gefragt wie kein anderer Ökonom in Deutschland; drei Zitate mögen das belegen: »Das ist nicht gerecht, aber es schafft Jobs; und weil es Jobs schafft, ist es der richtige Weg.« »Die einzige Lösung für Griechenland, da rauszukommen, ist, aus dem Euro auszutreten.« »Also, wer das jetzt anführt als Gegenargument, der hat die Funktionsweise einer Marktwirtschaft nicht verstanden.«

Hans-Werner Sinn ist ein Phänomen. Das muss auch Thomas Mayer, der ehemalige Chefvolkswirt der Deutschen Bank und Senior Fellow am House of Finance der Frankfurter Goethe-Universität, neidlos anerkennen: »Er hat einen sehr fundierten akademisch-wissenschaftlichen Hintergrund. Er hat es geschafft, in der öffentlichen Debatte fundierte Beiträge zu leisten. Und dann kommt noch etwas Drittes hinzu, das ihn meiner Meinung nach auszeichnet: die Leidenschaft, mit der er bei der Sache ist.« Die Energie und Leidenschaft, mit der Hans-Werner Sinn bei der Sache ist, wenn es um Wirtschaftsfragen geht, beeindruckt selbst diejenigen, die ihm inhaltlich nicht zustimmen oder ihn gar als marktradikalen Ignoranten abtun. Wenn ein Wirtschaftswissenschaftler in Deutschland den Titel »Wirtschaftsguru« zugesprochen bekommen sollte, dann er.

Der Journalist und Ökonom Thomas Fricke hat vor nicht allzu langer Zeit eine Umfrage unter den Forschern an deutschen Wirtschaftsfakultäten durchgeführt und unter anderem gefragt: Welcher Ökonom hat Ihrer Meinung nach den größten Einfluss auf die deutsche Wirtschaftspolitik? Hans-Werner Sinn lag klar auf Platz 1. Auf Platz 2 landete Marcel Fratzscher vom Deutschen Institut für Wirtschaftsforschung in Berlin. An dritter Stelle folgte Clemens Fuest, Chef des Zentrums für Europäische Wirtschaftsforschung in Mannheim und ab April 2016 designierter Nachfolger von Hans-Werner Sinn an der Spitze des ifo-Instituts. Marcel Fratzscher hielten 7 Prozent, Clemens Fuest gerade einmal 3 Prozent der Ökonomen-Kollegen für besonders einflussreich. Hans-Werner Sinn hingegen bekam über 30 Prozent der Stimmen. Thomas Fricke: »Das ist ein sehr markantes Ergebnis gewesen. Aber auch ein mit Schmunzeln zu beobachtendes Ergebnis, weil viele geantwortet haben: Hans-Werner Sinn – und in Klammern geschrieben haben: leider.«

Mainstream ohne Mehrheit

Warum dieses »leider«? Thomas Fricke erklärt es unter anderem so: »Ich glaube, Hans-Werner Sinn hat sich in der Eurokrise ein bisschen verrannt in diese Richtung, dass das alles zulasten der Deutschen ist, dass wir furchtbar viel bezahlen und dass die Griechen am besten raus sollten aus dem Euro. Da hat er sehr viel Kampagne gemacht, auch eben weit über das, was man akademisch und ökonomisch vertreten kann. Er ist jemand, der sehr maßgeblich diese negative Stimmung – auch von akademischer Seite – gegenüber Griechenland mitbestimmt hat.« Auch Henrik Müller, Professor für Wirtschaftsjournalistik an der Universität Dortmund, hat sehr genau verfolgt, welche Rolle die deutschen Wirtschaftsfakultäten und ihre öffentlichen Köpfe in der Griechenland-Debatte gespielt haben. Auch er stellt eine gewisse Unwucht fest: »Es gibt in Deutschland einen Mainstream unter den Ökonomen, der nicht unbedingt die Mehrheit der Ökonomen ausmacht, der aber ziemlich stark ist und der auch sehr auffällig in der öffentlichen Debatte ist. Was die Griechenland-Debatte angeht, so war eigentlich von Anfang an klar, dass der Mainstream der deutschen Ökonomen gesagt hat: Wir wollen, dass die Regeln eingehalten werden, wie sie in den 1990er Jahren vereinbart wurden. Darauf pochen wir, und wir können und dürfen auch nicht davon abweichen. Das war der Rat an die Politik, dem sie gefolgt ist. Die Krise ist noch immer nicht gelöst, nichtsdestotrotz werden die gleichen Empfehlungen weitergegeben.«

Tatsächlich: Als in Brüssel im Sommer 2015 über Griechenlands wirtschaftliche Zukunft verhandelt wurde, trat der deutsche Finanzminister Wolfgang Schäuble als Zuchtmeister Europas auf und beharrte auf einem harten Sparkurs für die Griechen. Überraschend offen stellte er die Drohung in den Raum, Griechenland könne ja temporär aus dem Euro ausscheiden – was den Verhandlungsdruck weiter erhöhte, wie sich Henrik Müller erinnert: »Dieser Vorschlag, dass Griechenland für eine gewisse Zeit die Eurozone verlassen soll und dann ja wieder eintreten kann, kam ursprünglich von Hans-Werner Sinn. Dieser Vorschlag ist vom Bundesfinanzministerium aufgegriffen worden und ganz überraschend in die Verhandlungen hineingespielt worden.«

Unbestritten ist Sinn der mit Abstand medienwirksamste deutsche Ökonom – und er beeinflusst damit, direkt oder indirekt, auch die Politik. Gut möglich, dass sich in diesem »leider« seiner Kollegen auch ein gewisser Frust widerspiegelt. Ein Frust darüber, dass Ökonomen es in ihren Analysen mit einem extrem komplizierten Zusammenspiel von Wirtschaft, Gesellschaft und Politik zu tun haben, das nur schwer zu fassen ist. Und das sich nicht immer auf die knappen, eindeutigen Zwei-Minuten-Statements zusammenfassen lässt, die in öffentlichkeitswirksamen Formaten wie Talkshows gefragt sind und die man am wirkungsvollsten in polternder Art präsentiert. So beschreibt es die Mainzer Expertin für Finanzmarkt-Fragen, Isabel Schnabel: »Man kann nicht sagen, ›es hängt davon ab, ob ...‹, weil dann die Redezeit ja schon längst wieder vorbei ist. Es ist auch so, das hängt ein bisschen von der Talkshow ab, dass die Gesprächskultur in solchen Talkshows sehr gewöhnungsbedürftig ist. Da geht es manchmal auch darum, wer redet am lautesten, am aggressivsten. Es werden viele Zahlen zitiert, von denen man weiß, dass sie so im Detail nicht stimmen, aber das kann man in der Situation eben nicht erklären, weil es zu kompliziert ist. Das ist für einen Wissenschaftler gar nicht so einfach, damit umzugehen.«

Isabel Schnabel ist keine, die sich versteckt, obwohl sie Talkshows meidet: Sie gehört zu den Topleuten unter den jüngeren deutschen Ökonomen. Ihr Spezialgebiet sind die Finanzmärkte – und die Risiken für die gesamte Wirtschaft, die von den Finanzmärkten ausgehen. Vor vielem, was während der Finanzkrise passierte, habe sie zuvor schon in ihrer Promotionsarbeit gewarnt, sagt die 44-Jährige selbstbewusst. Die Mainzer Professorin stieß im Sommer 2014 als neuestes Mitglied zum Rat der Sachverständigen für Wirtschaftsfragen hinzu, der die Bundesregierung berät – zu den Wirtschaftsweisen also. Isabel Schnabel ist unter den fünf »Weisen« das jüngste Mitglied und die einzige Frau.

Weise Politikberatung

Die fünf Wirtschaftsweisen sollen die Politiker, genauer: die Regierung, beraten. Einmal im Jahr überreichen sie der Bundesregierung ihr Jahresgutachten – es enthält eine Prognose darüber, wie sich die Wirtschaft im kommenden Jahr entwickeln wird. Und es enthält konkrete politische Empfehlungen, die die Politik zumindest hier und da aufgreift. Isabel Schnabel: »Ich glaube, ein Beispiel, wo es sehr gut funktioniert hat, sind die Hartz-IV-Reformen. Da hat auch der Sachverständigenrat eine ganz wichtige Rolle gespielt. Er hat diese Reformen maßgeblich mitgeprägt, aber da war es eben auch so, dass es auf fruchtbaren Boden gefallen ist und dass eine politische Konstellation da war, die begünstigt hat, dass diese Vorschläge umgesetzt wurden.«

Beim Thema Hartz-Reformen sind sich große Teile der Wirtschaftswissenschaften und große Teile der Politik tatsächlich in ihrem Urteil auffällig einig: Sie halten diese Gesetzesänderungen, als deren Folge Sozialleistungen gekürzt und zusammengelegt wurden, im Grundsatz für richtig, und sie sehen sich durch die gute Wirtschaftsentwicklung der zurückliegenden Jahre bestätigt. Ganz anders lief es jedoch bei der Einführung des Mindestlohns. Für die große Koalition aus CDU und SPD war es Ende 2014 beschlossene Sache, dass der Mindestlohn zum Jahreswechsel 2015 eingeführt werden sollte. Im Jahresgutachten des Sachverständigenrates hagelte es dafür Kritik. Die Wirtschaftsweisen warnten vor negativen Folgen für die Wirtschaft, aber die Politiker wollten davon nichts hören. Sie kritisierten hingegen die Wirtschaftsweisen. Zwar gingen die Politiker der Großen Koalition nicht so weit wie der Linken-Politiker Klaus Ernst, der die Wissenschaftler als »Quacksalber mit Professoren-Titel« beschimpfte. Die damalige SPD-Generalsekretärin Yasmin Fahimi warf den fünf Weisen aber vor, ihre Analyse werde »wissenschaftlichen Anforderungen nicht gerecht« und scheine in ihrer »ganzen Methodik nicht mehr auf der Höhe der Zeit zu sein.« Kanzlerin Angela Merkel wahrte zwar offiziell die Form, während sie das kritische Gutachten des Rats entgegennahm, doch zwischen den Zeilen ging sie mit feiner Ironie auf Distanz: »Es ist nicht ganz trivial, zu verstehen, wie ein Beschluss, der noch gar nicht in Kraft ist, jetzt schon eine konjunkturelle Dämpfung hervorrufen kann.«

Für den Wirtschaftsjournalistik-Professor Henrik Müller ist die Debatte um den Mindestlohn ein Paradebeispiel dafür, dass es unter Deutschlands Ökonomen einen bestimmten ideologischen Mainstream gibt. Er spricht sogar von einem Herdentrieb, dem die Ökonomen, aber auch die Wirtschaftsjournalisten folgten. Die Diskussion über den Mindestlohn, sagt er, sei in Deutschland sehr einseitig geführt worden: »Sie finden wenige Ökonomen, die gesagt haben: ›Das ist ein sinnvolles Instrument, wenn er die und die Höhe hat oder den und den Wert nicht übersteigt‹. Es gibt ja eine Menge empirischer Untersuchungen aus verschiedenen Ländern, aber es haben sich kaum Ökonomen in Deutschland gefunden, die sich getraut haben, das öffentlich zu sagen. Der öffentliche Mainstream war: Der Mindestlohn ist Teufelszeug, und wir müssen auf jeden Fall verhindern, dass er eingeführt wird.«

Thomas Fricke, zuletzt Journalist bei der *Financial Times Deutschland*, hat die Wirtschaftswissenschaften in Deutschland seit vielen Jahren beobachtet. Er gibt der sozialdemokratischen Mindestlohn-Befürworterin Yasmin Fahimi und ihrer Kritik an den Wirtschaftsweisen zu einem großen Teil recht. Die für mindestens fünf und oft sogar zehn Jahre berufenen Professoren seien tatsächlich nicht auf der Höhe der Zeit: »Dieser Rat ist schon eine sehr träge Institution, die immer noch sehr viel altes Denken mit sich trägt; sehr viel konventionelles, orthodoxes Denken. Das ist international nicht mehr Standard, und das ist ein Problem, weil wir damit in der Diskussion nicht standhalten. Daher war die Kritik nicht unberechtigt. Man muss sagen, der Sachverständigenrat steht tatsächlich unter Legitimationsdruck und wird international sehr kritisch beobachtet.«

Es gibt also offenbar eine speziell deutsche Art, über Wirtschaft nachzudenken – eine Art, die viel mit der sogenannten »Ordnungspolitik« zu tun hat. Das ist eine Denkschule, die in Deutschland in den Jahrzehnten nach dem Zweiten Weltkrieg eine große Rolle gespielt hat und die bis heute viele Wirtschaftsfakultäten prägt. Vereinfacht gesagt vertreten Ordnungspolitiker die Ansicht, dass der Staat zwar den groben Rahmen für die Wirtschaft vorgeben muss, sich im Detail aber strikt herauszuhalten hat, etwa bei der Frage, wie hoch die Löhne sein sollten. Henrik Müller: »Das ist eine deutsche Schule, eine Denkschule, der nach wie vor viele Ökonomen anhängen und die sehr entschieden ist. Und die auch publizistisch ihre Entsprechung findet zum Beispiel in der *Frankfurter Allgemeinen Zeitung*, die institutionell ihre Entsprechung findet bei der Bundesbank. Ich sage gar nicht, dass das falsch ist und dass diese Ökonomen alle auf dem falschen Dampfer sind – da gibt es viele interessante Anregungen. Aber es gibt eine gewisse Tendenz zur Verabsolutierung der Ergebnisse, die aus dieser Modell- und Gedankenwelt herauskommen. Es wird schwierig, wenn man politische und soziale, auch kulturelle Rückwirkungen übersieht und den reinen Ökonomen-Rat als politischen Rat verabsolutiert.«

Der Wirtschaftspublizist Thomas Fricke sieht das ähnlich: »International wird auf Deutschland sehr misstrauisch geblickt, mit sehr viel Unverständnis, weil nach dieser großen Finanzkrise viele Theorien, viele Glaubenssätze einfach nicht mehr da sind – Glaubenssätze an den Markt und das Funktionieren freier Finanzmärkte. Da sind im Ausland die Ökonomen schon viel weiter, scheint mir, neue Wege zu gehen, unorthodoxe Wege, und da scheint das deutsche Festhalten an den alten Lehren doch ein bisschen kurios.«

Blindwütige Zertifikat-Käufer?

Als im Herbst 2008 die Immobilienblase in den USA platzte und auch in Europa etliche Banken vor der Pleite standen, begannen viele vermeintliche Gewissheiten zu schwinden. Die scheinbar immer rational und kühl agierenden Finanzhändler mussten einräumen, dass sie blindwütig Zertifikate gekauft hatten, deren Funktionsweise sie nicht durchschaut hatten. Märkte, die sich bis dahin wunderbar selbst in der Balance zu halten schienen, brachen zusammen. Das hat auch an den Wirtschaftsfakultäten viele ins Grübeln gebracht. In seiner Umfrage unter Deutschlands Wirtschaftswissenschaftlern stellte Thomas Fricke auch die Frage: Steckt die Wirtschaftswissenschaft in einer Legitimationskrise? Ja, sagten 45 Prozent der Befragten. Und über zwei Drittel stimmten ganz oder teilweise der Aussage zu, dass Ökonomen in ihren Modellen zu stark auf rationales menschliches Verhalten gesetzt hatten. Die Wirtschaftswissenschaft, vor allem das Fach Volkswirtschaftslehre, ist also offenbar gerade dabei, Bewährtes infrage zu stellen und sich neu zu orientieren – sich mehr an der Realität auszurichten, vielleicht auch pragmatischer zu werden. Thomas Fricke: »Das Erstaunliche, was in dieser Umfrage unter Deutschlands Ökonomen herausgekommen ist, ist, dass jemand wie Hans-Werner Sinn – marktwirtschaftlich, liberal, orthodox – gar nicht mehr die Mehrheit vertritt.«

Aus Sicht von Thomas Fricke, der mit seinem Internetportal Wirtschaftswunder die Debatte um die deutsche Ökonomie mit prägt, ist das ein Problem. Denn die öffentliche Wahrnehmung habe handfeste Auswirkungen auf die Politik. Beispiel Staatsanleihen-Käufe durch die Europäische Zentralbank: Die EZB hat im Frühjahr 2015 begonnen, in großem Stil Staatsanleihen aufzukaufen, um die Konjunktur zu stützen. Aus Sicht der ordnungspolitischen Denkweise ist das falsch, weil es letztlich zu Inflation führen muss. Andere Denkschulen sehen das anders, sie kommen aber in den Medien weniger oft zu Wort; sie werden deshalb auch von der Politik weniger ernst genommen, beobachtet Thomas Fricke: »Hans-Werner Sinn wird als repräsentativ wahrgenommen. Das Bundesverfassungsgericht hat, als es die Experten zur Frage der Europäischen Zentralbank und den Staatsanleihen-Aufkäufen anhörte, Hans-Werner Sinn befragt – und fast alle anderen Experten waren ebenfalls sehr nah an der Position von Hans-Werner Sinn, teilweise waren es Schüler von Hans-Werner Sinn. Das ist, wenn die Umfrage stimmt und diese Position gar nicht von der Mehrheit vertreten wird, schon ein Politikum, dass das Bundesverfassungsgericht sich von einer Minderheit beraten lässt.«

Gute Geldpolitik – was ist das?

Im Zweifelsfall siegt also die gefühlte Mehrheit. Doch es gibt auch einen Gegentrend. Ein jüngerer und pragmatisch-angelsächsisch geprägter Gegenspieler zu Hans-Werner Sinn ist Marcel Fratzscher, 44 Jahre alt, seit 2013 Präsident des Deutschen Instituts für Wirtschaftsforschung (DIW) in Berlin. Er verteidigt die Staatsanleihen-Käufe der EZB – und er argumentiert dabei weniger entlang theoretischer Grundüberlegungen, sondern pragmatisch. Überspitzt könnte man sagen, er argumentiert nach dem Motto: Gute Geldpolitik ist, wenn sie funktioniert. Das entspricht so gar nicht der Grundsatzdebatten-verliebten deutschen Herangehensweise. Auch mit den Wirtschaftsweisen hat sich Marcel Fratzscher schon angelegt. Im Sommer 2015 forderten sie ein Insolvenzrecht für Euro-Staaten; nur so könne der Markt genügend Druck auf verschuldete Euro-Staaten ausüben. Marcel Fratzscher erklärte hingegen: »Die Philosophie dahinter, die Märkte wieder zu stärken, auf Kosten der öffentlichen Hand, halte ich für falsch. Wir brauchen wieder mehr öffentliche Kontrolle.«

Anders als die bekannten deutschen Ordnungspolitiker hat Marcel Fratzscher keine Angst davor, wenn nötig, nach dem Staat zu rufen. Wenn man ihm zuhört, merkt man: Die Diskussion über Wirtschaftsthemen in Deutschland hat sich durch die Finanzkrise doch geändert. Mehr öffentliche Kontrolle zu fordern, das war Anfang der 2000er Jahre unter prominenten Ökonomen nicht salonfähig – und wurde gleich als politisch »linke« Position abgestempelt. Dazu war der Glaube an den Markt einfach zu stark, und zwar gleichermaßen bei Wirtschaftswissenschaftlern und Wirtschaftsjournalisten. Der Wirtschaftsjournalistik-Professor Henrik Müller spricht von einem »kollektiven Wegschauen«: »In dieser Phase, als die ökonomischen Ungleichgewichte, also vor allem die Verschuldung innerhalb Europas, so stark zunahm, aber auch in Ländern wie den USA, herrschte bei uns in der Presse ein großes Schweigen dazu, man hat es nicht thematisiert.«

Sowohl in den deutschen Redaktionen als auch in den meisten Fakultäten der Hochschulen fehlte der kritische Blick. In den Wirtschaftswissenschaften ist man sich heute einig darüber, dass die theoretischen Modelle, mit denen man damals arbeitete, die Finanzmärkte und die Risiken, die von ihnen ausgingen, systematisch ausklammerten. Mit den Standardmodellen von damals konnte man die Krise also gar nicht kommen sehen. Das hat die Frage aufgeworfen: Können Ökonomen überhaupt sinnvolle und zuverlässige Aussagen über die künftige wirtschaftliche Entwicklung machen? Oder sollte man das mit den Wirtschaftsprognosen lieber gleich lassen? Auf keinen Fall, meint die Wirtschaftsweise Isabel Schnabel: »Beispielsweise ist es so, dass man nie einem Arzt seine Kompetenz absprechen würde, nur weil er nicht in der Lage ist, genau zu prognostizieren, wann ein Raucher Lungenkrebs bekommt. Man käme jedoch nicht auf die Idee, zu bezweifeln, dass es einen Zusammenhang zwischen Rauchen und Lungenkrebs gibt. Genau das aber macht man bei den Ökonomen; das halte ich für einen großen Fehler.«

Festhalten kann man jedenfalls: Was das Kapitel Finanzkrise betrifft, hat die Zunft der Ökonomen nicht gerade geglänzt – und die der Wirtschaftsjournalisten ebenfalls nicht. Wenn man daraus etwas lernen kann, dann das: Glaube nicht blind an das Funktionieren der Märkte. Vertraue keinem Dogma und keinem Patentrezept. Man könnte auch sagen: Vorsicht vor dem Gurutum. Doch der Wunsch, sich in komplizierten Wirtschaftsdingen an große Gurus und ihre Thesen zu halten, ist offenbar stark, und das hat sich durch die Finanzkrise sogar noch verstärkt. Der Typ »Haudegen« sei nach wie vor gefragt, sagt Henrik Müller: »Nach meiner Beobachtung sind in den deutschen Medien die Leute auf ganz bestimmte Rollen geeicht: die eines rigorosen Vordenkers, der von einer höheren akademischen Warte her die Dinge beurteilt. Das Paradebeispiel dafür ist Hans-Werner Sinn. Aber nicht nur er, auch Leute wie Bert Rürup, großartige Ökonomen, die aber beide auch Personen sind, die mit ganz klaren Positionen reingehen und eben nicht abwägen. Und dieses Abwägen und auch Alternativen-Aufzeigen, das ist etwas, was von den Medien – und gerade von den Talkshows – gar nicht abgefragt wird; sondern die wollen immer, dass es schön knallt, dass Meinungen aufeinanderprallen. Dieses Bedürfnis wird von einigen Kollegen bedient, und diese Kollegen prägen dann das Bild in der Öffentlichkeit.«

Mehr Demut!

Die Wirtschaftsweise Isabel Schnabel ist in der breiteren Öffentlichkeit kaum bekannt. Wahrscheinlich liegt das nicht zuletzt daran, dass ihr jeglicher Hang zum Guru-Auftritt fernliegt. Die Rolle des »Haudegens« liegt ihr sichtlich nicht – zumal sie für Frauen sowieso schwerer zu spielen sein dürfte. Stattdessen tritt Isabel Schnabel ruhig, sachlich und nüchtern auf. Talkshows? Die seien nichts für sie: »Als differenziert argumentierender Ökonom kann man in einer Talkshow natürlich auch untergehen. Deshalb ist das ein Format, dem ich mich bislang noch nicht geöffnet habe. Ich bekomme regelmäßig Anfragen, aber bislang habe ich das noch nie gemacht.«

Woran mag es liegen, dass die Wirtschaftswissenschaften in den deutschen Medien so einseitig und dogmatisch daherkommen? Weil wir als Öffentlichkeit und Medienpublikum gerade die simplen Botschaften so lieben? Weil wir differenziertere Thesen nicht verstehen? Thomas Fricke hat noch eine andere Erklärung – weil wir die Ökonomie auf einen Sockel stellen und zur Quasi-Religion erheben: »Man sieht Ökonomie als Heilslehre. Da muss man bestimmte Dinge machen, die Märkte spielen lassen, den Staat reduzieren, und wenn man das gemacht hat, dann ist man gut. Das trägt wirklich sehr religiöse Züge. Die Amerikaner und Briten sind da viel sportlicher. Die haben kein Problem, das mal infrage zu stellen, und wenn die Finanzkrise auch eine Krise des Marktwirtschaftsglaubens ist, dann wird man den auch einfach mal infrage stellen können.« Henrik Müller pflichtet ihm bei: »Das vermischt sich mit einem Diskussionsstil, der sehr von oben herab kommt. Ich würde mir manchmal ein bisschen mehr Demut wünschen.«

Interessant ist die Frage, ob sich Isabel Schnabel mit ihrem neuen, sachlichen Stil als Ökonomin in Zukunft vielleicht doch in die Talkshows trauen wird. Ob sie eine Wirtschaftsweise wird, die die Grenzen ihrer Weisheit gut kennt – und die das auch sagt. Es spricht einiges dafür. Mit dem Etikett »Wirtschaftsweise«, räumt Isabel Schnabel freimütig ein, könne sie eh nicht viel anfangen. Die Rolle des weisen Gurus liege ihr eben nicht. Inhaltlich, das muss man klar sagen, ist Isabel Schnabel keine besondere Revoluzzerin – sie sieht sich selbst durchaus als Mainstream-Ökonomin. Aber vom Selbstverständnis und vom Auftreten her gehört sie doch einer anderen Generation an als die alten »Haudegen«, die die deutschen Medien – noch – beherrschen: »Ich halte es auch für wichtig, dass wir uns nicht hinstellen und so tun, als wüssten wir genau, wie die Welt funktioniert; denn das wissen wir tatsächlich nicht.«

Judith Kösters

9.

VON MENSCHEN UND MODELLEN – WAS LEISTEN DIE WIRTSCHAFTSWISSENSCHAFTEN?

Ein Wirtschaftsstudium in Deutschland umfasst in der Regel die Fächer Betriebswirtschaftslehre (BWL) und Volkswirtschaftslehre (VWL). In der Betriebswirtschaftslehre geht es um das einzelne Unternehmen, wie es geführt wird, wie es Gewinn macht. In der Volkswirtschaftslehre geht es darum, wie die Wirtschaft als Ganzes funktioniert. Doch eines ist merkwürdig: Während draußen die Finanzkrise die Weltmärkte ins Wanken brachte, spielte dieser Ausnahmezustand in den volkswirtschaftlichen Vorlesungen der Universitäten kaum eine Rolle. Zum Beispiel folgende Fragen: Warum gibt es immer wieder Wirtschaftskrisen? Was kann der Staat machen, um Wirtschaftskrisen zu bekämpfen? Wie funktionieren die Finanzmärkte, wie die Banken?

An fast allen größeren volkswirtschaftlichen Fakultäten in Deutschland wurden deshalb Initiativen wie die »Kritische Ökonomik« an der Universität Frankfurt gegründet, die sich im Netzwerk Plurale Ökonomik zusammengeschlossen haben. Der Aufruf des Netzwerks für mehr Vielfalt in der Volkswirtschaftslehre hat 2012 an den Universitäten für Furore gesorgt. In diesem Aufruf hieß es: »Wir, Studierende und Lehrende der Volkswirtschaftslehre an über 50 Hochschulen im deutschsprachigen Raum, wollen hiermit auf den alarmierenden Zustand unseres Faches aufmerksam machen und konstruktiv an der Neugestaltung der Volkswirtschaftslehre mitwirken. Jahrzehntelanger Glaube an die selbstregulierenden Kräfte des Marktes, der vorherrschende Modellplatonismus, mangelnde Selbstreflexion und fehlende Methoden- und Theorienvielfalt haben nicht nur unser Fach in eine Sackgasse geführt: Die Einseitigkeit ökonomischen Denkens trägt auch zur anhaltenden Wirtschaftskrise und der damit einhergehenden Perspektivlosigkeit bei.«

Verliebt in mathematische Modelle

»Modellplatonismus« – damit ist die Verliebtheit vieler Volkswirte in mathematische Modelle gemeint. Der wissenschaftliche Hintergrund: Ökonomen betrachten bestimmte Ausschnitte des Wirtschaftslebens oder bestimmte wirtschaftliche Problemstellungen, indem sie stark vereinfachende Annahmen darüber treffen, wie sich Haushalte und Unternehmen in bestimmten Situationen verhalten. Sie übersetzen also die komplizierte Realität in berechenbare mathematische Formeln. In der sogenannten Mikroökonomie geht es dabei um einzelne Teilbereiche der Wirtschaft, etwa um einzelne Branchen; die Modelle können dann recht einfach und übersichtlich sein. Die Makroökonomen konstruieren hingegen weit kompliziertere mathematische Modelle: Modelle, die eine Volkswirtschaft als Ganzes abbilden sollen. Wer Wirtschaftswissenschaften studiert, muss daher mit der Oberstufen-Mathematik, mit ersten und zweiten Ableitungen der Differenzialrechnung, vertraut und zudem in Statistik sehr firm sein.

Der ehemalige Chefvolkswirt der Deutschen Bank, Thomas Mayer, Senior Fellow am House of Finance der Frankfurter Goethe-Universität, hält die Mathematik einerseits für ein extrem wichtiges ökonomisches Handwerkszeug. Andererseits, sagt er, würden sich viele Ökonomen tatsächlich regelrecht hinter ihren hochkomplizierten und für nicht Eingeweihte völlig unverständlichen Modellen verschanzen. Zumal man sich genau dank solcher Modelle in Form von Fachpublikationen ein Ansehen in prestigeträchtigen englischsprachigen Zeitschriften erarbeiten könne: »Oft fällt einem dabei auf, dass es in diesen Fachbeiträgen gar nicht so sehr darauf ankommt, allgemeinverständlich zu sein. Sondern ganz im Gegenteil, dass sie zum Teil banale Fragen enorm wissenschaftlich überhöhen, in mathematische Sprache kleiden, um dann zum Teil – ich sag das jetzt etwas ironisch – mit banalen Antworten aufwarten zu können.«

Der französische Wirtschaftsforscher Thomas Piketty, der im Jahr 2014 mit seinem 800-Seiten-Werk *Das Kapital im 21. Jahrhundert* einen Wirtschaftsbestseller veröffentlichte, setzt sich in der Einleitung seines Buches bewusst ab von den amerikanischen Ökonomen, mit denen er als junger Forscher an der Eliteuniversität in Boston zusammengearbeitet hat: »Ich war von den amerikanischen Ökonomen nicht sehr überzeugt. Alle waren sehr intelligent, keine Frage, und ich habe mir aus diesen Kreisen etliche Freunde bewahrt, aber eines war merkwürdig: Ich wusste, dass ich von den ökonomischen Problemen der Welt keine Ahnung hatte (meine Dissertation bestand aus einigen relativ abstrakten mathematischen Theoremen), und dennoch war ich in der Zunft beliebt.«

Ja, solche Beiträge und solche Forscher gibt es, räumt auch Isabel Schnabel freimütig ein, die »Wirtschaftsweise« und Professorin von der Universität Bonn. Das sei aber eher die Ausnahme als die Regel, denn »eine Theorie kann einem nie sagen, wie die Welt funktioniert. Sie kann einem nur sagen, wie die Welt funktionieren könnte. Aber dann ist ganz zentral, dass man diese Theorie mit Daten konfrontiert – und überprüft, ob diese Theorie einen Wahrheitsgehalt hat.« Theorie und Realität abgleichen, das sei heute dank der Computertechnologien und dank der größeren Verfügbarkeit von empirischen Daten einfacher als früher. Sich hinter rein mathematischen Theorien zu verstecken funktioniere nicht mehr: »Gerade weil sich in den letzten Jahren so viel getan hat im Bereich der empirischen Wirtschaftsforschung, kommt man damit nicht mehr durch. Und zwar nicht nur in der Öffentlichkeit, man kommt damit auch in der Wissenschaft nicht mehr durch. Das heißt, auch da wird inzwischen die Überprüfung der Modelle anhand der Realität gefordert.«

Das dürfte die Kritiker allerdings nur teilweise besänftigen. Denn in ihren Augen nehmen mathematische Modelle in den Wirtschaftswissenschaften ganz generell – egal, ob sie mehr oder weniger mit Daten unterfüttert sind – einen viel zu großen Raum ein. Zugespitzt und mit Blick auf die vielen Formeln gefragt: Orientiert sich die Volkswirtschaftslehre, so, wie sie heute in Deutschland ist, eher an den Natur- als an den Gesellschaftswissenschaften? Das ist hier möglicherweise die Schlüsselfrage. Thomas Mayer spricht in diesem Zusammenhang vom sogenannten Physik-Neid der Wirtschaftswissenschaftler: »Die Physik wird von den Ökonomen als exakte Wissenschaft betrachtet. Dort gibt es, wenn Sie so wollen, das gegenwärtig gültige Weltmodell. Auch wir tun oft so, als ob es das gegenwärtig gültige Grundmodell gäbe. Das ist aber nicht so; die Ökonomie ist keine exakte Wissenschaft.«

Die gesellschaftswissenschaftlichen Disziplinen Politik, Soziologie und Ökonomie reden teilweise völlig aneinander vorbei, ihnen fehlt offensichtlich jede gemeinsame Sprache. Das ist nicht zuletzt der Spezialisierung an den Universitäten geschuldet. Vor gar nicht allzu langer Zeit sei das an deutschen Universitäten ganz anders gewesen, sagt die Politikwissenschaftlerin Gesine Schwan, die den deutschen Hochschulbetrieb aus ihrer Zeit als Präsidentin der Europa-Universität Viadrina in Frankfurt an der Oder kennt: »Im 19. Jahrhundert haben die großen Philosophen etwas von Ökonomie und Soziologie verstanden. Die großen Ökonomen haben von Politik und von Ideengeschichte gesprochen. Wenn ich von Philosophen spreche, meine ich zum Beispiel Hegel, und bei Ökonomen, da spreche ich auch von Karl Marx. Auch noch Max Weber, im 20. Jahrhundert, hat unglaublich viel von Wirtschaft, von Soziologie, von Gesellschaft, von Politik verstanden.«

Neoklassisches Denken

Im Laufe des 20. Jahrhunderts aber entwickelten sich Politik, Soziologie und Ökonomie verstärkt zu eigenständigen, voneinander getrennten Bereichen. Auf dem Gebiet der Ökonomie wurde zudem das sogenannte neoklassische Denken sehr bestimmend. Die Neoklassik sieht eine Volkswirtschaft als eine Ansammlung von individuellen Einheiten an, von Haushalten und Unternehmen. Jeder Haushalt richtet – dieser Theorie zufolge – sein individuelles Verhalten danach aus, wie er aus seinen Konsumentscheidungen den maximalen Nutzen zieht. Und jedes Unternehmen will seinen Gewinn mehren. Der Mensch ist aus Sicht der Neoklassiker also ein *Homo oeconomicus*, ein Wirtschaftsmensch. Diese Grundannahmen machen ihn im wahrsten Sinne des Wortes berechenbar, denn wenn man die rein eigennützigen Motive und Kräfte kennt, die ihn antreiben, kann man sein Verhalten berechnen – vergleichbar einem Physiker, der die Gesetze der Physik kennt und so beispielsweise die Geschwindigkeit berechnen kann, mit der ein Apfel vom Baum fällt. Das erklärt, warum einige Ökonomen sich eher als Naturwissenschaftler und weniger als Gesellschaftswissenschaftler zu begreifen scheinen.

Die Lehre an den Fakultäten wird nach wie vor von der Neoklassik geprägt. Und einige Wirtschaftsprofessoren, die diese Denkschule lautstark vertreten, qualifizieren andere Denkrichtungen ab und missachten somit wichtige Grundsätze von Lehre und Forschung: Was für Studierende und Wissenschaftler anderer Fachrichtungen ein Kernanspruch an wissenschaftliches Arbeiten ist, nämlich verschiedene Denkschulen einander gegenüberzustellen und miteinander zu vergleichen, scheint bei manchen Ökonomen für einige Wissenschaftstheorien ausgesetzt zu sein.

Tatsächlich entpuppte sich im Jahr 2008 manche angebliche Wahrheit als Irrtum: Als die Finanzkrise begann, brachen mit den Banken auch viele vermeintliche ökonomische Gewissheiten zusammen. Gewissheiten wie: Der Markt reguliert sich selbst; Anleger und Analysten verhalten sich rational. Beides stimmte nicht, beide Grundannahmen wurden 2008 widerlegt. Und die Volkswirtschaftslehre? Sie hatte allenfalls höchst unvollkommene Erklärungen parat für das, was da passiert war. Die Finanzkrise war für die Ökonomie ein Weckruf, sagt Thomas Mayer. Sie habe gezeigt, dass die Modelle, die in der Makroökonomie bis dahin Standard waren, versagt hatten. Gleichwohl hielten zu viele Ökonomen bis heute daran fest.

Etwas, an das man sich halten kann

Thomas Mayer sieht zwar die Veränderungen in den Wirtschaftswissenschaften, aber sie gehen ihm nicht weit genug. Nur eine kleine Minderheit unter den Ökonomen sei infolge der Finanzkrise mutig genug gewesen, die alten Modelle grundsätzlich zu hinterfragen und, wenn nötig, über Bord zu werfen und neue Modelle zu denken.

Der Bankenforscher und Leiter des Max-Planck-Instituts für die Erforschung von Gemeinschaftsgütern in Bonn, Martin Hellwig, Jahrgang 1949, ist definitiv keiner, der die Finanzkrise und ihre Lehren ignoriert. Er beschäftigt sich in seiner Forschung mit der Frage, wie Banken reguliert und überwacht werden müssen, um ähnliche Krisen künftig zu verhindern. Und auch für die Anliegen des Netzwerks Plurale Ökonomik, das eine Neubesinnung des Fachs fordert, hat er Sympathien. Gleichzeitig warnt er davor, im Überschwang alles über den Haufen zu werfen: »Ich bin selbst ein orthodoxer, neoklassisch arbeitender Ökonom, aber ich habe keinerlei Berührungsängste gegenüber verhaltenswissenschaftlichen Überlegungen. Manchmal sind sie nützlich, manchmal sind sie nicht nützlich. Ich habe auch Sympathie dafür, jetzt reden wir von der Ausbildung, dass man eine Mathematisierung kritisiert, von der nicht wirklich klar ist, wie man sie nutzt. Ich habe keine Sympathie, wenn es darum geht, zu sagen, das ist ja alles neoliberales Sektierertum, das sollten wir beiseiteschieben. Dazu habe ich zu oft die Beobachtung gemacht, dass das, was ich mit ganz normaler Modellanalyse an Ideen gewinne, für die Analyse von konkreten Situationen und für die Prognose, was wird da passieren, ungeheuer nützlich ist.«

Isabel Schnabel sieht es ähnlich. Sie hat den Eindruck, dass sich ihr Fach in den vergangenen Jahren nicht nur im Bereich der Finanzmarkt- und Bankentheorie, sondern auch generell stark für neue Ansätze und Methoden geöffnet hat: »Beispielsweise gibt es diese Entwicklung der Verhaltenswissenschaften als Unterdisziplin der Ökonomie. Man geht nicht mehr standardmäßig aus vom *Homo oeconomicus*, sondern man lässt zu, dass Menschen sich auch auf gewisse Weise irrational verhalten, und dann betrachtet man, wie das die Vorhersagen der althergebrachten Modelle verändert.«

Tatsächlich haben sich in jüngerer Zeit auch an den deutschen Wirtschaftsfakultäten viele neue Forschungsgebiete etabliert. Zum Beispiel die Verhaltensökonomie, die in Laborsituationen untersucht, wie Menschen ökonomische Entscheidungen treffen. Ihre Forscher haben beispielsweise nachgewiesen, dass Überlegungen zur Nutzenmaximierung längst nicht immer die wichtigste Rolle spielen, sondern auch das Gerechtigkeitsempfinden und soziale Konventionen. Dann gibt es die Glücksforschung, die den Zusammenhang zwischen materiellem Wohlstand und individuell empfundener Zufriedenheit untersucht. Es tut sich also einiges. In seiner Umfrage unter den Mitgliedern des Vereins für Socialpolitik, der deutschen Ökonomenvereinigung, hat Thomas Fricke unter anderem die Frage gestellt: »Haben Ökonomen in ihren Modellen zu stark auf rationales Verhalten gesetzt?« Das Ergebnis: Mehr als 70 Prozent stimmten dieser Aussage ganz oder teilweise zu. Eine zweite Frage lautete: »Sollten Ökonomen Erkenntnisse anderer Disziplinen stärker aufnehmen?« – »Ja, stimme stark zu« oder »Ja, stimme etwas zu«: Das sagten sogar 90 Prozent der Befragten.

Es kommt also doch Bewegung in die Wirtschaftswissenschaften; die Wirtschaftsforschung erfindet sich in Teilen neu, sie traut sich wieder, große Fragen zu stellen. Der französische Ökonom Thomas

Piketty wurde für sein Buch *Das Kapital im 21. Jahrhundert* gerade deswegen so gefeiert, weil er sich mit der ungleichen Vermögensverteilung in vielen Ländern befasste und mit der großen Frage, was wirtschaftlich gerecht sei. Doch wird es wohl noch eine Zeit lang dauern, bis dieser neue Geist auch in den Grundstudium-Vorlesungen angekommen ist. Bis dahin werden die Studenten vielerorts auch weiterhin vor allem die neoklassischen Standardmodelle kennen lernen. Doch wer lang genug dabeibleibt, in die Forschung geht, kann irgendwann auch eigene, womöglich neue Fragen stellen. In hohem Alter zumindest, sagt Thomas Mayer: »Ökonomen, die ihre Karriere im Wissenschaftsbetrieb vor sich haben, können es sich gar nicht leisten, grundlegende Fragen zu stellen. Ökonomen, die schon älter sind, die keine großen Karriere-Erwartungen mehr haben, sind da freier.«

Judith Kösters

10.

ZÄHLT NUR DER EIGENNUTZ? WAS DEN MENSCHEN ANTREIBT

Das ist doch höchstwahrscheinlich, dass am Anfang der Menschwerdung der aufrechte Gang stand. Und noch was anderes steht am Anfang der Menschheit oder der Menschwerdung, und das ist der Verlust der großen Eckzähne. Menschenaffen zum Beispiel – von denen wir ja nicht abstammen, sondern mit denen wir einen gemeinsamen Vorfahren haben, so muss man das ausdrücken – haben große Eckzähne. Das hat zu tun mit Drohgebärden, das hat eine Funktion im Sozialverhalten. Und diese großen Eckzähne werden zusammen mit der Entwicklung des aufrechten Gangs reduziert. Schon vor sechs Millionen Jahren passiert also etwas, was offensichtlich darauf hindeutet, dass sich nun auch das Sozialverhalten ändert. Und inzwischen wird klar, es ist nicht die Aggression, die am Anfang der Menschwerdung steht und wodurch Menschwerdung auch unterstützt wird, sondern es ist Kooperation.

Friedemann Schrenk

It is not that only humans cooperate in the whole animal kingdom, but apes and other non-human primates are mostly competitive, and then humans are the cooperative primates. So this made us think, wow, this is something really different about humans.

Michael Tomasello

Menschen sind die kooperativen Primaten. Für führende Evolutionsbiologen wie Friedemann Schrenk vom Senckenberg Forschungsinstitut in Frankfurt und Michael Tomasello vom Max-Planck-Institut für Evolutionäre Anthropologie in Leipzig ist klar:

Seit es Menschen gibt, sind sie darauf ausgerichtet und darauf eingerichtet, zusammenzuarbeiten. Ohne Kooperationsfähigkeit kein *Homo sapiens*. Michael Tomasello geht sogar so weit zu sagen, dass wir Menschen es erst regelrecht wieder lernen müssen, miteinander zu konkurrieren, das sei eine Aufgabe des Erwachsenwerdens. Kleine Kinder lieben es, Aufgaben gemeinsam zu lösen, und haben keine Probleme, dann auch den Gewinn zu teilen. Es geht ihnen nicht in erster Linie um die materielle Belohnung, sie machen es einfach gerne gemeinsam, sagt Tomasello, und das entspreche ja auch unserer Intuition: Gehe ich lieber allein ins Museum, oder ist es nicht sehr viel vergnüglicher in Begleitung?

In den Wirtschaftswissenschaften dominierte dagegen im 20. Jahrhundert ein ganz anderes Menschenmodell: der *Homo oeconomicus*. Der Mensch als eine Art Rechenmaschine, darauf programmiert, seine Entscheidungen so zu treffen, dass er den eigenen individuellen Nutzen maximieren kann – und zwar den materiellen Nutzen. Das ist es, was ihn bewegt, was ihn antreibt, was die Grundlage seines Handelns bildet.

Ist dieser selbstbezogene *Homo oeconomicus* damit nicht von Anfang an ein Zerrbild? »Also da muss man auch einmal sagen: Die Wirtschaftswissenschaften haben genau wie alle Disziplinen auch eine geschichtliche Entwicklung durchgemacht«, sagt Bettina Rockenbach, die an der Universität zu Köln Ökonomie lehrt. Für sie ist das schlichte Bild eines *Homo oeconomicus* erst einmal einer Erfolgsgeschichte geschuldet, einer Weiterentwicklung ihres Fachs: »Ende des vorletzten Jahrhunderts und zu Beginn des letzten Jahrhunderts kam diese stärkere Formalisierung in die Wirtschaftswissenschaft, Mitte des letzten Jahrhunderts dann die starke Mathematisierung. Und da hat man sehr vereinfachende Annahmen gemacht.«

Zum Beispiel darüber, wie Menschen sich im Wirtschaftsleben verhalten. Das Verhalten eines *Homo oeconomicus* folgt nur einer Regel: Er entscheidet sich so, dass er in jeder Situation seinen persönlichen materiellen Gewinn maximiert, ganz unabhängig davon, wie es den anderen Akteuren ergeht. »Das war erst mal eine vereinfachende Modellierungsannahme«, erklärt Bettina Rockenbach, »für die doch komplexeren mathematischen Modelle und die zu diesem Zeitpunkt auch noch geringen Rechnerkapazitäten.«

Viele dieser Modelle stammen aus der Spieltheorie, einem mathematischen Ansatz, der sich mit strategischen Spielen befasst. In dem es darum geht, rechnerisch optimale Lösungen für ein Spiel zu finden, in dem die Spielregeln die Mitspielenden in Dilemmata zwingen. Beim reinen Rechnen haben es die Ökonomen aber nicht belassen: Sie haben Teile ihres Faches zu einer experimentellen Wissenschaft gemacht. Sie ließen sich von der Spieltheorie zu Experimenten anregen, wollen in experimentellen Spielen menschliches Entscheidungsverhalten erforschen und die Ergebnisse dann auf ganz unterschiedliche Bereiche im Wirtschaftsleben übertragen: auf die Arbeitswelt, die Finanzmärkte, das Konsumverhalten. Bettina Rockenbach hat in Köln einen Lehrstuhl für Experimental and Behavioral Economics, also für Verhaltensökonomie: »Was Ökonomen über die Spieltheorie machen und gelernt haben, ist, dass sie Konfliktsituationen, aber auch Kooperationssituationen ganz auf das Wesentliche reduzieren und dann letztendlich in einem ökonomischen Spiel zusammenstellen, was viele Aspekte außer Acht lässt, aber hoffentlich die wesentlichen Aspekte beachtet.«

Und genau solche Experimente haben den Wirtschaftswissenschaftlern ziemlich schnell klargemacht, dass sie komplexer denken müssen – und dass der *Homo oeconomicus* eine andere Rolle spielt als vermutet. Heute herrscht Aufbruchstimmung unter den Wirtschaftswissenschaftlerinnen und -wissenschaftlern: Im Team mit Psychologen, Neurowissenschaftlern und Ethnologen machen sie sich daran, ihre Modelle zu erweitern. Einige ihrer experimentellen Spiele werden wir Ihnen in diesem Kapitel vorstellen und fragen, wie weit die Ergebnisse übertragbar sind auf unseren Alltag, welche Impulse sich daraus für unser Zusammenleben und für unsere Gesellschaft ergeben. Und übrigens: Auch Evolutionsbiologen lieben einfache Theorien ...

Das Ultimatum-Spiel

Es klingt dramatisch, geht aber ganz einfach: Es gibt zwei Spieler, Spieler A bekommt von der Versuchsleitung Geld, sagen wir 10 Euro, Spieler B bekommt nichts. Spieler A kann jetzt diese 10 Euro nach seinem Gutdünken aufteilen oder genauer: versuchen aufzuteilen. Er macht Spieler B ein Angebot, also zum Beispiel, ich gebe dir 4 Euro und behalte 6 für mich. Spieler B kann dieses Angebot annehmen oder ablehnen. Und das war es schon.

Nimmt Spieler B das Angebot an, wird das Geld wie vorgeschlagen aufgeteilt. Lehnt er es ab, gehen beide Spieler leer aus. Ultimatum-Spiel heißt das Spiel, weil es eben genau ein Angebot gibt. Feilschen geht nicht.

Ernst Fehr lehrt Ökonomie an der Universität Zürich und hat der experimentellen Wirtschaftswissenschaft viele entscheidende Impulse gegeben. »Wenn ich jetzt glaube, Sie wären komplett egoistisch, und ich wäre auch komplett egoistisch, dann könnte ich vorschlagen 9:1. Und ich wüsste, wenn meine Annahme stimmt, dass Sie egoistisch sind, dann ist ein Euro besser als nichts, dann sagen Sie ja.«

Egoistisch sein bedeutet hier also: ausschließlich an meinem eigenen materiellen Nutzen interessiert sein, ein *Homo oeconomicus* sein. »Aber«, sagt Fehr, »so verhalten sich reale Leute natürlich häufig nicht. Sie denken sich, dem zeige ich es jetzt, und lehnen ab. Dann bestrafen sie mich sozusagen auf diese Art und Weise.« Und beide bekommen kein Geld, aber Spieler A hat einen Denkzettel erhalten für seinen unfairen Vorschlag, für sein unkooperatives Verhalten.

»Wenn man das jetzt hört, ohne die Spieltheorie zu kennen, würde man sagen, na ja, das ist doch zu erwarten gewesen. Das zeigt aber genau, wie sich die Ökonomie für lange Zeit von dem entfernt hat, was für viele Menschen ganz plausibel und intuitiv ist, nämlich dass hier Fairness-Motive eine Rolle spielen«, sagt Michael Kosfeld, der an der Goethe-Universität Frankfurt Wirtschaftswissenschaften lehrt und davor mit Ernst Fehr in Zürich geforscht hat. Dabei spielen sich die Experimente im Labor in größter Anonymität ab: Jeder Spieler sitzt vor seinem Computer, sieht den Mitspieler nicht, kennt den Mitspieler nicht, wird auch nicht mehr mit ihm zu tun haben – das Spiel besteht ja nur aus einer einzigen Runde.

Das typische Ergebnis solcher anonymen Spielrunden mit dem Ultimatum-Spiel: Meistens werden die 10 Euro »gerecht« aufgeteilt, jeder bekommt die Hälfte. Die meisten Menschen wollen, dass es fair zugeht – zumindest die Versuchspersonen, meistens Studierende, bei so einem Spiel am Computer im Verhaltenslabor.

Fairness spielt eine Schlüsselrolle in ökonomischen Entscheidungssituationen, sie ist ein wichtiges Verhaltensmotiv. In vielen Studien haben Ernst Fehr und seine Forschergruppe dieses Thema variiert und dabei auch immer wieder gezeigt, wie leicht Fairness verloren gehen kann. Zum Beispiel, wenn sie nicht erwartet wird: »Was ist eigentlich mit Individuen, die von sich aus bereit sind, zu kooperieren, wenn sie das Signal bekommen, dass man ihnen nicht traut?« Diese Frage hat sich Michael Kosfeld gestellt und mit einer Variante des Ultimatum-Spiels studiert, in seiner Zeit in Zürich, zusammen mit Armin Falk, der jetzt Professor in Bonn ist.

Diesmal konnte ein Spieler den anderen zu einem »Mindestangebot« nötigen, also zum Beispiel, mindestens 1 Euro von seinen 10 Euro abzugeben. Das Ergebnis: Spieler, die solch eine Aufforderung bekamen, gaben im Schnitt weniger als Spieler, die in ihrer Entscheidung frei waren. Sie verhielten sich also im Grunde unfairer. »Daraus entsteht dann ein sehr, sehr spannendes Phänomen«, sagt Michael Kosfeld, »nämlich dass diejenigen, die glauben, dass die Menschen nicht vertrauenswürdig sind, auch sehen, dass sie nicht vertrauenswürdig sind – obwohl sie im Grunde vertrauenswürdig sind. Und das sehen nur die, die tatsächlich auch vertrauen. Das heißt, jeder sieht genau das, was er erwartet. Das hat Niklas Luhmann schon sehr schön beschrieben als die sich selbst erfüllende Prophezeiung.«

Gehirnstimulationen und soziale Normen

Was passiert im Gehirn, wenn Versuchspersonen mehr oder weniger faire Entscheidungen treffen? Auch diese Frage wird in Zürich untersucht, das Ultimatum-Spiel ist zu einem beliebten Forschungsinstrument der Neurowissenschaftler geworden. Professor Christian Ruff möchte wissen, welche komplexen Netzwerke in der Großhirnrinde der Versuchspersonen aktiv sind – und wie sich die Aktivitäten mit Mitteln der Hirnforschung verändern lassen. Ein Gebiet, das ihn dabei besonders interessiert, liegt im rechten Stirnhirn, im rechten Präfrontalcortex. »Wir haben mit Gehirnstimulation die Aktivität dieses Areals entweder verstärkt oder abgeschwächt«, erzählt Christian Ruff.

Dafür bekommen die Versuchspersonen zwei Elektroden an genau definierten Stellen auf ihrem Kopf befestigt, durch die ein leichter Strom fließt. Dieser Strom ist so leicht, dass die Versuchsperson nichts davon merkt, dass sie nicht sagen kann, ob sie gerade stimuliert wird oder nicht. Aber das Ergebnis ist verblüffend: »Wir haben die Probanden sozusagen durch Elektroströme dazu gebracht, dass die Aktivität in diesem Areal stärker oder schwächer ist, und haben gefunden, dass wir tatsächlich das Einhalten von sozialen Normen dadurch verstärken oder abschwächen können. Das heißt, wenn die Aktivität in diesem Areal höher war, dann haben die Probanden die Norm stärker eingehalten.« Also fairere Vorschläge zur Aufteilung ihrer Euros oder Franken gemacht.

Findet Christian Ruff es irritierend, wie leicht sich komplexes Verhalten durch Hirnstimulation verändern lässt? »Ich finde es gar nicht so wahnsinnig verblüffend. Ich meine, sonst gäbe es ja so was wie Werbung gar nicht, wenn sich Entscheidungsverhalten nicht beeinflussen ließe. Unser Entscheidungsverhalten ist letztendlich notwendigerweise flexibel, weil die Welt ja sehr dynamisch ist und sich sehr stark verändert. Darum finde ich es nicht so verblüffend, dass man durch Einflussnahme auf die Gehirnprozesse – durch Magnetfelder oder durch kleine Ströme – das Entscheidungsverhalten verändern kann.«

Das Public-Good-Spiel

Viele Regeln des »Public-Good«-Spiels werden Ihnen jetzt schon vertraut vorkommen. Aber jetzt gibt es mehr als zwei Spieler, und es gibt einen gemeinsamen Topf, in den jeder Geld einzahlen kann – Geld, das später gleichmäßig unter allen Spielern aufgeteilt wird. Dieser Topf symbolisiert das *public good*, das öffentliche Gut. »Öffentliche Güter sind Güter, bei denen man niemanden vom Konsum dieses Gutes ausschließen kann, selbst wenn jemand nichts dazu beigetragen hat. Das heißt, wir haben bei öffentlichen Gütern das klassische Trittbrettfahrerproblem. Es kann dann auch jemand konsumieren, der nichts bezahlt hat dafür«, sagt Ernst Fehr.

Ein typisches Spiel im Verhaltenslabor sieht so aus: »Ich habe eine Gruppe, sagen wir von fünf Personen. Jeder bekommt 10 Euro, jeder kann die 10 Euro für sich behalten oder in ein Gruppengut investieren, das ist das ›öffentliche Gut‹. Für jeden Euro, den man ins öffentliche Gut investiert, verdoppelt der Experimentator die Auszahlung. Das heißt, wenn wir alle unsere 10 Euro ins Gruppengut legen, dann sind dort 50 Euro drin, mal 2 ist 100 Euro, und dann werden die gleichmäßig aufgeteilt auf alle, also geteilt durch 5. Dann bekommt jeder 20 Euro. Also jeder hat 10 Euro investiert, jeder bekommt 20 Euro zurück. Das ist für alle gut.«

Nur – wenn ich als Einzige nicht kooperiere, dann habe ich noch mehr davon: Ich behalte meine 10 Euro. Wenn die vier anderen ihren Einsatz in den gemeinsamen Topf legen, liegen dort 40 Euro, die werden verdoppelt, und die 80 Euro werden dann auf alle 5 Spieler aufgeteilt; ich bekomme also noch einmal 16 Euro und habe jetzt insgesamt 26 Euro. »Ich bin dann Trittbrettfahrer gewesen und habe mich auf Kosten der anderen bereichert. Die Steuerflucht, die in Deutschland ja so eine große Rolle spielt, ist so ein ähnliches Problem«, sagt Ernst Fehr, »wenn ich meine Steuern nicht bezahle, mit denen man die Schulen finanziert und die Straßen und was weiß ich, dann bereichere ich mich im gewissen Sinn auf Kosten der anderen.«

Wenn wir alle nach dem Modell *Homo oeconomicus* funktionieren würden, dürfte es im Public-Good-Spiel nur Trittbrettfahrer geben. Michael Kosfeld: »Wenn man dieses Spiel auswertet, dann stellt man Folgendes fest: Es gibt sehr viele Individuen, die tragen nie etwas bei, egal, was die anderen beitragen. Das wären die klassischen Egoisten, Free-Rider, Trittbrettfahrer, die die Ökonomen für lange Zeit als das Mainstream-Modell hergenommen haben, die wir aber in allen Experimenten auch immer wieder sehen. Die sind da. Das muss man auch sagen, es ist eben nicht so, dass die Ökonomen völlig irrelevante Annahmen gemacht haben, aber sie beschreiben eben nicht die gesamte Realität.« Denn die Trittbrettfahrer seien in der Minderheit, sagt Michael Kosfeld, je nach experimentellem Design machten sie 10 bis knapp 30 Prozent aus. Die meisten Mitspieler sind bereit, zum »öffentlichen Gut« beizutragen – wenn die anderen es auch tun. Und wenn die anderen viel beisteuern, sind sie selber auch bereit, viel beizusteuern. Das ist eines der zentralen Ergebnisse der Verhaltensökonomie.

Ernst Fehr fasst es so zusammen: »Die meisten Menschen sind bedingt kooperativ, sie kooperieren bedingt auf das Wissen, dass die anderen das auch tun. Drum ist auch das Vorbildsein so wichtig. Die Ökonomie hat ja immer Schwierigkeiten gehabt, zu erklären, warum Vorbilder so wichtig sind. Ja, wenn ich weiß, dass die meisten Leute sich bedingt kooperativ verhalten, dann ist klar, warum ein Vorbild wichtig ist. Ein Vorbild hat einen Rieseneinfluss auf die Erwartungen der Leute darüber, wie sich andere verhalten.«

»Was Leute überhaupt nicht mögen, ist, der Dumme zu sein, ausgenutzt zu werden«, sagt die Kölner Ökonomin Bettina Rockenbach. »Deshalb kann man hier auch etwas über die Informationslage steuern: Was weiß ich denn über die Kooperation der anderen?

Zum Beispiel beim Thema Steuergerechtigkeit. Wenn ich das Gefühl habe, ich bin die Einzige, die Steuern zahlt, und alle anderen tun das nicht, dann fühle ich mich da überhaupt nicht gut dabei und denke: Warum sollte ich das denn machen? Deshalb ist es gut, und das tun einige Länder ja auch, eher positiv zu sagen, wie viele Leute denn steuerehrlich sind.«

Solche Empfehlungen klingen einleuchtend, aber wie weit sind die Forschungsergebnisse der Verhaltensökonomen tatsächlich übertragbar auf die Verhältnisse in der wirklichen Welt? Im Fachjargon, wie valide sind sie? Schließlich geht es in den klassischen Laborexperimenten in aller Regel um nicht mehr als um ein paar Euro.

In dieser Hinsicht, sagt Bettina Rockenbach, ist es von Vorteil, dass die Versuchspersonen meistens Studierende sind, also eher knapp bei Kasse: »Wichtig ist auch, dass wir sie erfolgsabhängig bezahlen. Also wenn ich durch Nicht-Kooperation, durch Trittbrettfahren einen Vorteil bekomme, ist das auch für unsere Versuchspersonen ein monetärer Vorteil. Von daher ist es schon ein gewisses Abbild einer realen Situation. Richtig ist aber auch: Studierende sind keine repräsentative Stichprobe, weder in Bezug auf Alter noch in Bezug auf Bildung. Und da diese Experimente zum großen Teil an Universitäten in Europa und den USA gemacht werden, auch natürlich nicht repräsentativ für die Weltbevölkerung.«

Aber das wollen Wirtschaftswissenschaftler ändern, immer mehr beziehen sie auch andere Altersgruppen, Bildungsschichten und Kulturen in ihre Forschungen ein. Dabei zeigt sich: Fairness und Kooperationsbereitschaft können starke verhaltensleitende Motive sein, auch wenn es um große finanzielle Entscheidungen geht. »Bei euch geht es vielleicht um 5 oder 10 Euro, was wäre denn, wenn es 5 000 oder 10 000 Euro wären? Diese Kritik hören wir häufig«, sagt Bettina Rockenbach. »Der Ausweg, den man gefunden hat, ist, mit unserem Geld in Kulturen zu gehen, in denen es einen so hohen Wert hat, dass es dort möglich ist, um Monatsgehälter, um Jahresgehälter zu spielen. Ich glaube, auch unter den Forschern waren viele sehr erstaunt, welche Ergebnisse man dann bekommt: In dem berühmten Ultimatum-Spiel, wo ich jemandem etwas anbiete, und wenn er Nein sagt, verlieren wir beide, sieht man, dass Leute, auch wenn es um sehr, sehr hohe Beträge geht, solche Angebote ablehnen, wenn sie ihren Teil als unverhältnismäßig klein empfinden. Ich glaube, das unterstützt noch einmal die Annahme, dass solche Ergebnisse auch auf andere Situationen übertragbar sind.«

Feldforschung

»Die große Frage, die ich mir mit Kollegen vor einiger Zeit gestellt habe, war: Finden wir auch Evidenz außerhalb des Labors, können wir die Bedeutung des Motivs der bedingten Kooperation auch im Feld nachweisen?« Michael Kosfeld trieb diese Frage nach Afrika, nach Äthiopien: »Dort hatten wir die Möglichkeit, im Rahmen eines Waldwirtschaftsprojekts, das die Gesellschaft für Internationale Zusammenarbeit (GIZ) im Jahr 2000 startete, etwa fünfzig verschiedene Gruppen zu beobachten, die alle ein Gemeinschaftsprojekt, nämlich einen Gemeinschaftswald, pflegen und bewirtschaften.«

Das »öffentliche Gut« ist in diesem Fall also ein Waldgebiet, das von einer Gruppe gemeinsam gepflegt und genutzt wird – und aus dem nicht mehr Bäume entfernt werden sollen, als nachwachsen können. Das Erfolgskriterium für die Forscher war die Zahl »guter Bäume«, wie sie die GIZ definiert hatte: »Alle fünf Jahre lassen die Behörden diese ›guten‹ Bäume zählen. Das sind diese jungen starken Bäume, und je mehr davon da sind, umso besser ist die Gruppe. Und je besser die Gruppe ist, umso weniger muss sie zahlen.« Umso niedriger also ist die Pacht.

Dabei erwiesen sich die unterschiedlichen Gruppen als sehr unterschiedlich erfolgreich. Michael Kosfeld und seine Kollegen wollten wissen, ob das etwas mit dem Kooperationsstil innerhalb der Gruppen zu tun hat – und baten die Äthiopier zum Public-Good-

Spiel: »Dort sehen Sie ein verblüffend ähnliches Ergebnis zu anderen Studien: Es gibt dort eben auch Trittbrettfahrer, es waren etwa 12 Prozent. Aber Sie sahen eine große Mehrzahl an bedingt Kooperativen, die kooperieren, wenn die anderen auch kooperieren. Wir sahen auch erstmals echte Altruisten, die also immer etwas beitragen, egal, was die anderen tun. Das sind 2 Prozent, die hat man bisher in keiner Studie gesehen, man könnte sagen, die gibt es nicht. Doch, die gibt es!« In Äthiopien zumindest. Michael Kosfeld lacht: »In Äthiopien, oder man braucht einfach eine große Stichprobenzahl. Wir hatten 700 Teilnehmer in diesem Experiment. Wenn es 2 Prozent ›echte Altruisten‹ sind, dann sind es bei 100 Leuten eben erst mal nur 2 Personen. Wenn ich eine Studie mit 50, 60 Versuchspersonen mache, dann ist die Wahrscheinlichkeit hoch, dass ich da gar keinen sehe. Also: Es gibt die Altruisten, aber sie sind ganz klar in der Minderheit.«

Das war das erste Ergebnis der Äthiopien-Studie. »Aber das Hauptergebnis, das uns wirklich überzeugt hat, dass wir etwas Wichtigem auf der Spur sind, war: Gruppen, in denen mehr Trittbrettfahrer sind, sind weniger erfolgreich in der Bewirtschaftung ihres Waldes. Gruppen dagegen, in denen wir in unseren Spielen mehr bedingt Kooperative fanden, besaßen die besseren Wälder, dort gab es mehr Bäume pro Hektar von der Art, wie man sie braucht.«

Es kommt also auf die Kooperationskultur an, sagen die Verhaltensökonomen. Darauf, dass soziale Normen eingehalten werden – und alle auch wissen, dass sie eingehalten werden. Feldstudien dazu machen sie nicht nur in fernen Ländern, in Afrika und Asien zum Beispiel, sondern manchmal auch an nahe gelegenen Orten. Oder sie laden sich nicht Studierende in ihre Labors ein, sondern Bankangestellte. Werte wie Fairness und Gerechtigkeit spielen in ihren Verhaltensmodellen zunehmend eine Rolle. Bettina Rockenbach: »Viele dieser Konzepte gehen weiterhin von einer Nutzenmaximierung aus, aber mein Nutzen ist nicht mehr nur Geld. Sondern in meiner Nutzenfunktion kann eben auch drinstehen, das, was andere haben. Oder was der Schwächste in der Gesellschaft hat. Oder das, was wir alle zusammen haben. Oder, oder, oder!«

»Ich glaube, dass wir als Ökonomen nur dann in der Lage sind, das menschliche Verhaltensmodell, das unseren Untersuchungen zugrunde liegt, valider zu machen, wenn wir uns gegenüber anderen Disziplinen öffnen«, sagt Michael Kosfeld und nennt die Neurowissenschaften, die Psychologie, die Soziologie, die Biologie. »Denn wir alleine sind, glaube ich, nicht in der Lage, weg vom Optimierungskalkül oder weg vom rein materiellen Nutzenmotiv, valide Annahmen zu treffen.« In Kooperation mit anderen aber tun sich faszinierende Möglichkeiten auf.

Regina Oehler

11.

INFORMIERT ODER MANIPULIERT – IST DIE POLITIK DEN LOBBYISTEN HÖRIG?

Tabakdosen mit einem Gruß von der Zigarettenindustrie, Krawatten in schrillen Farben, eine Grußkarte mit reichlich Elektronik: Sven Giegold sammelt vieles, was Lobbyisten an sein Brüsseler Büro schicken, in einer großen Kiste, in seiner Lobbykiste. Besonders skurrile Geschenke stellt er samt Foto ins Netz. Sven Giegold ist Abgeordneter der Grünen im Europaparlament, er hat einen Sitz im Wirtschafts- und Währungsausschuss des Parlaments und kann sich manchmal vor Post kaum retten. Firmen und Verbände überschütten ihn mit Geschenken, und die sind mal mehr, mal weniger kreativ: »Einmal haben sie uns eine Grußkarte geschickt mit den wichtigsten Lobbybotschaften, mit eingebautem Fernseher, eine Grußkarte mit Bildschirm. Nachdem man das einmal aufgemacht hatte, war das Elektroschrott. Das hatten sie allen Kollegen im Ausschuss geschickt; ich habe einige davon bei den Kollegen eingesammelt und denen wieder zurückgeschickt.« Deshalb wird er inzwischen weniger mit Einladungen und Geschenken versorgt als manch einer seiner Kollegen, »weil die befürchten müssen, dass sie auf meinem Blog landen«.

Wirtschaftsverbände, die versuchen, Politiker mit Geschenken auf ihre Seite zu ziehen; Verbandsvertreter, die Abgeordneten am Abendbuffet anbieten, ganze Gesetzesvorlagen auszuarbeiten: Den Lobbyisten haftet ein zweifelhafter Ruf an. Das sieht der Berufsstand selbst natürlich etwas anders. Drei Beispiele: »Natürlich ist manches, was wir tun, von der Tätigkeit her Lobbying; aber im Prinzip sind wir in erster Linie Interessenvertreter«, sagt Markus Beyrer vom Arbeitgeberverband Business Europe. »Wir gelten als Teil der Zivilgesellschaft; die Industrie ist sicherlich ein Teil der Zivilgesellschaft, und ich vertrete dort den Teil der Arbeitgeber«, sagt Bernd Dittmann vom Bundesverband der Deutschen Industrie (BDI). »Wenn es um böse Interessenvertreter geht, sind es Lobbyisten. Wenn es um gute Interessenvertreter geht, sind es NGOs. Das ist Quatsch: Alle sind Interessenvertreter«, sagt Lobbyanwalt Andreas Geiger.

Perfekter Auftritt ist wichtig

Wer vertritt also wessen Interessen? Was ist dran am Vorwurf der undemokratischen Einflussnahme? Wie arbeiten Lobbyisten in Brüssel und Berlin? Lobbyisten treffen sich normalerweise unter Ausschluss der Öffentlichkeit mit den Kommissaren. Aber nicht immer, deshalb durften wir Markus Beyrer begleiten. Wenn er, der Lobbyist, im Anzug und mit dicker Aktenmappe ins Auto steigt, dann steht ein wichtiger Termin im Brüsseler EU-Viertel an: »Wir haben einen turnusmäßigen Termin, in diesem Fall mit der Kommissarin Marianne Thyssen, das ist die Kommissarin, die für soziale Angelegenheiten zuständig ist.« Ein Routinetermin für Markus Beyrer. Er ist Cheflobbyist von Business Europe, einem der mächtigsten Arbeitgeber- und Industrie-Lobbyverbände in Europa. Hinter diesem Dachverband stehen 40 Arbeitgeberverbände aus 34 Ländern, die 20 Millionen Mitgliedsunternehmen repräsentieren. Mit diesen Pfründen im Rücken hat der Österreicher Zugang zu exklusiven Briefings der Kommission, die Politiker laden ihn ein, sie hören ihm zu. Mit seinem Assistenten lässt er sich im Auto vorfahren, obwohl sein Büro nur wenige Gehminuten entfernt liegt – ein perfekter Auftritt ist wichtig.

Nach der Registrierung am Empfang – jedes Treffen wird registriert – geht es in die Chefetage: »Wir sind hier im Herzen der Kommission, im 10. Stock. Das sind die oberen Stockwerke des Berlaymont-Gebäudes, hier sitzen die Kommissare und ihre Kabinette.« Es muss schnell gehen, die Kommissarin für Arbeit, Soziales und Mobilität, Marianne Thyssen, hat eine Stunde Zeit. Man begrüßt sich beim Vornamen: »Hallo Marianne!« »Hallo Markus! Wollen Sie einen Kaffee? Freut mich, Sie zu sehen ...«

EU-Kommissare wie Marianne Thyssen bringen europaweit Richtlinien auf den Weg. Abgasnormen, Zollschranken oder Arbeitszeitvorgaben können Milliarden kosten oder einbringen. Knallharte wirtschaftliche Interessen stecken hinter diesen Vorgängen, hier geht es jetzt unter anderem um die Flexibilisierung von Arbeitsverträgen – ein strittiges Thema. Der Kommission wird vorgeworfen, sie unterstütze Kurz- und Leiharbeit. Der Lobbyist Beyrer vertritt die Interessen der Arbeitgeber. Er kann auf 1 200 Berater zurückgreifen, um Studien auszuarbeiten, die seine Argumente untermauern. Marianne Thyssen verteidigt solche Besprechungen: »Es ist wichtig, einen guten Dialog mit den Sozialpartnern zu haben. Sie wissen, was in den Mitgliedsländern vor sich geht, sie geben uns Informationen, also sind wir Partner.« Die Bezeichnung Lobbyist vermeidet sie, und Markus Beyrer formuliert es so: »Im Prinzip sind wir in erster Linie Interessenvertreter, und wir sind in erster Linie repräsentativ, wir sind die Vertreter der europäischen Wirtschaft.«

Nah dran am Geschehen

Ortswechsel: das Paul-Löbe-Haus im Berliner Regierungsviertel. Besuchergruppen sammeln sich in der Eingangshalle des futuristischen Baus. Links und rechts arbeiten Abgeordnete in ihren Büros, tagen die Ausschüsse des Deutschen Bundestags. Gregor Hackmack von der Onlineplattform Abgeordnetenwatch lässt die Touristen hinter sich und läuft geradewegs in einen Tunnel, der unter der Spree hindurch zum Reichstagsgebäude führt: »Wo wir jetzt sind, ist im Prinzip der abgeschirmte Bereich, in den man nur auf Einladung eines Abgeordneten hineingehen kann oder natürlich, wenn man einen Hausausweis hat, als Lobbyist; also wir sind hier ganz nah dran.« Ganz nah dran am Lobbygeschehen in der deutschen Hauptstadt.

Im Plenarsaal streiten die Fraktionen des Bundestags gerade darüber, ob Minderjährige für die Bundeswehr rekrutiert werden dürfen, in der Lobby nebenan flimmert die Debatte über einen Bildschirm. Offiziere in Uniform plaudern mit Abgeordneten, bequem von schwarzen Ledersofas aus. Gregor Hackmack: »Insofern ist das eigentlich ein Paradies für Lobbyisten hier. Man kommt ganz einfach in Berührung mit den Abgeordneten. Das ist so vorgesehen, das ist auch nichts, was wir kritisieren. Wir wollen nur, dass es transparent und öffentlich stattfindet und dass alle Interessengruppen ein gleiches Zugangsrecht haben zu den Entscheidungsträgern und dass nicht nur die Wirtschaftslobby bevorzugt wird.«

Gregor Hackmack und seine Kollegen von Abgeordnetenwatch wollen wissen, welche Verbände und Gewerkschaften im Bundestag ein- und ausgehen. Offiziell müssen sich Organisationen in ein Verbänderegister eintragen, dann können sie bis zu fünf Hausausweise beantragen: »Zusätzlich gibt es einen inoffiziellen Weg, da braucht man die Unterschrift eines parlamentarischen Geschäftsführers. In jeder Fraktion gibt es mehrere parlamentarische Geschäftsführer. Es ist also nicht ganz eindeutig, wer unterschreibt. Das ermöglicht es Lobbyisten, quasi unerkannt von der Öffentlichkeit einen Hausausweis zu bekommen.« Mit dem sie sich jederzeit durch die Flure des Bundestags bewegen, in der Kantine essen und vor den Ausschusssälen auf Abgeordnete warten können.

Gregor Hackmack und seine Mitstreiter hakten einmal nach, welche Lobbyisten auf Einladung der Fraktionen im Haus unterwegs sind. CDU/CSU und SPD mauerten, Abgeordnetenwatch zog vor Gericht – und bekam Recht. Das Parlament muss alle Hausausweise offenlegen, so das Urteil. Doch der Bundestag legte Berufung ein. Was haben die Fraktionen zu verbergen? »Das wüssten wir auch gerne«, sagt Gregor Hackmack, »deswegen würden wir ja gern die Liste sehen. Ich weiß nicht, ob sie möglicherweise an dubiose Lobbyisten Hausausweise vergeben haben. Unsere Vermutung ist, dass renommierte Großkanzleien Hausausweise bekommen haben und Gesetze direkt im Auftrag der Wirtschaft ausgearbeitet werden. Dadurch, dass es so eine Vehemenz gibt, ihre Veröffentlichung zu verhindern, scheint die Liste ja doch brisanter zu sein, als viele denken.«

Ebbelwein und Lobbybadges

Zurück in Brüssel: Perfekt zum Kennenlernen oder für den schnellen Meinungsaustausch zwischendurch ist dort das Foyer des Europaparlaments. Hinter der Eingangsschleuse liegt das Café Mickey Mouse, benannt nach seinen bunten Stühlen in Form von Mickey-Maus-Ohren. Daniel Freund von der lobbykritischen Nichtregierungsorganisation Transparency International sucht sich einen Platz. Bei Kaffee oder Bier treffen sich Lobbyisten und Politiker ganz ungezwungen, berichtet er. Allerdings: Wer herein will, braucht wie im Bundestag einen Zugangsausweis.

Den braunen Lobbybadge bekommt nur, wer im Online-Transparenzregister der EU eingetragen ist. 8000 Organisationen, Großunternehmen und Think Tanks haben sich angemeldet, geben Auskunft über Personalstärke, Ausgaben für Lobbying und Themen. Daniel Freund: »Es ist super, dass es das gibt. Auf der anderen Seite heißt das noch nicht, dass deren Einträge auch informativ sind.« Das Problem: Die Angaben sind freiwillig; es wird geschummelt, was das Zeug hält. Als Beispiel nennt Daniel Freund die Großbank Goldman Sachs: Jahrelang habe sie sich gegen einen Eintrag im Lobbyregister gewehrt. Um den Lobbypass zu behalten, tat sie es am Ende doch und gab als Jahresbudget 50000 Euro an, »was überhaupt nicht stimmen konnte. Dann haben wir uns beschwert, jetzt haben sie nachgebessert. Nun sind es plötzlich 800 000 Euro im Jahr, die sie für Lobbying ausgeben.« Es gebe sogar Lobbyisten, die sich lustig machten über das Register und Unsinn eintragen. Deshalb fordert Transparency International, dass Falschangaben bestraft werden sollten.

Doch auch solch ein Schritt würde nicht vollständig für die erwünschte Transparenz sorgen. Denn es gibt in Brüssel auch andere Möglichkeiten, mit den Entscheidern ins Gespräch zu kommen, zum Beispiel bei einem der unzähligen Empfänge und Festlichkeiten. Einen Steinwurf vom Europaparlament entfernt, residiert die hessische Landesvertretung. Bei einem Abendtermin deutet Mark Weinmeister, Hessens Staatssekretär für Europaangelegenheiten, auf die Getränke: »Wir haben hier Wein aus den hessischen Staatsweingütern, wir haben das gute Stöffsche aus dem Hochtaunuskreis, also hessischen Ebbelwein, und wir haben hier hessisches Bier aus Pfungstadt.«

Ein anderer Abend, ein anderer Ort: Hunderte Gäste stoßen auf die Eröffnung des Brüsseler Büros des Instituts der Deutschen Wirtschaft Köln (IW) an. Es präsentiert sich gern als unabhängiges Forschungsinstitut, wird tatsächlich aber von der Privatwirtschaft finanziert. Träger sind der Bundesverband der Arbeitgeberorganisationen sowie der Bundesverband der deutschen Industrie. Die unternehmensnahen Analysen sollen künftig auch in Brüssel eine größere Rolle spielen, sagt IW-Chef Michael Hüther: »Unsere Bekanntheit in Brüssel ist geringer als in Deutschland, völlig klar. Man muss einfach wissen, wie es funktioniert. Die Kommission ist ein anderer Apparat als die Bundesregierung. Das Parlament tickt in seinen Differenzierungen anders. Es ist sehr wichtig, dass man mit der Kenntnis der relevanten Ansprechpartner auch weiß, welche Themen kann man wo diskutieren.«

Aus diesem Grund hat Michael Hüther den deutschen EU-Kommissar Günther Oettinger als Redner eingeladen. Der EU-Kommissar für digitale Wirtschaft und Gesellschaft stellt dem IW eine enge Zusammenarbeit mit seinem Ressort in Aussicht. Erste Termine seien gemacht, vom Renommee des Instituts könne die Kommission profitieren, lobt Günther Oettinger. Dass das private Wirtschaftsforschungsunternehmen gleichzeitig Lobbyist ist und mit seinen Studien tendenziell die Meinung der Arbeitgeber widerspiegelt, stört den EU-Kommissar nicht: »Das IW ist von der Wirtschaft getragen, aber es ist sehr unabhängig. Wir hören uns alles an, aber müssen uns unsere Unabhängigkeit bewahren. Je durchsichtiger jemand lobbyiert, desto mehr merkt man dies. Das heißt, ich glaube, dass das IW hier nicht Lobby macht, sondern wirklich Wegbegleiter für Parlament und Kommission sein will.«

Diese Haltung des deutschen EU-Kommissars Günther Oettinger kritisiert Transparency-Aktivist Daniel Freund. Er hat herausgefunden, dass drei von vier Meetings von EU-Kommissaren mit den großen Unternehmensverbänden stattfinden. Nichtregierungsorganisationen oder kleine Verbände werden von EU-Politikern nicht entsprechend einbezogen, sagt Daniel Freund: »Man trifft sich mal mit einem Professor, man trifft sich mal mit jemandem von einem Verband und dann kommen noch einige Unternehmen dazu. Merkwürdigerweise hört man überall dieselben Argumente, weil am Ende alle aus derselben Kasse bezahlt werden.« Denn oft fällt gar nicht auf, dass hinter zehn Lobbyisten der gleiche Auftraggeber steckt, der einen Abgeordneten oder einen Kommissar mit seinem Anliegen bombardiert, stellt Daniel Freund klar. Interessenvertreter haben viele Gesichter, und manchmal kommen sie sogar in einem Gewand daher, in dem man sie nicht vermuten würde: im Gewand eines Rechtsanwalts.

Plattformen für die Entscheider

Der Pariser Platz am Brandenburger Tor ist Sitz der Anwaltskanzlei Alber & Geiger. Sie ist für ihre Mandanten überwiegend in Brüssel aktiv. Dazu zählen in erster Linie Unternehmen, die Bauchschmerzen wegen einer geplanten EU-Richtlinie oder wegen einer Verordnung der Europäischen Kommission haben. Rechtsanwalt Andreas Geiger trägt ihre Interessen bei den politischen Entscheidern vor, wirbt für die Positionen der Industrie. Ist er Jurist oder Lobbyist? Andreas Geiger: »Ich bin beides. Ich bin Anwalt, ich habe aber bei meiner Tätigkeit im Europarecht schnell festgestellt, dass Sie den Mandanten besser helfen können, wenn Sie bereits im Gesetzgebungsverfahren für sie tätig werden, und nicht erst, wenn das Kind in den Brunnen gefallen ist.«

Lobbyarbeit beginnt also schon, lange bevor ein Gesetzesvorschlag auf dem Tisch liegt. Alber & Geiger ist eine der wenigen Kanzleien, die offen darüber spricht, die sich offen zur Lobbyarbeit bekennt. Sie erstellt kurze Memos für die Beamten in Brüssel, sie liefert Hintergrundinformationen zu einem Thema. Die Anwälte weisen Politiker auf bestehende Schwachpunkte in der Gesetzgebung hin – natürlich aus Sicht ihrer Mandanten; und Verbesserungsvorschläge liefern sie gleich mit. Das seien Angebote, sagt Andreas Geiger, denn: »Entscheiden tut ein Lobbyist überhaupt nichts, entscheiden tut immer der Gesetzgeber. Wir verschaffen dem Gesetzgeber nur die bestmögliche Plattform für seine Entscheidungsfindung.«

Sven Giegold, der Abgeordnete der Grünen im Europaparlament, ist als Mitglied im Wirtschafts- und Währungsausschuss der EU eine relevante Zielscheibe von Lobbyisten: »Die Lobbyisten tummeln sich immer besonders da, wo harte Gesetzgebung gemacht wird. Aufklärungsarbeit interessiert sie weniger. Allerdings finde ich schon drollig, dass KPMG, eine der großen Wirtschaftsprüfungsgesellschaften, die auch davon profitieren, dass das Steuerrecht so kompliziert ist, dass sie mehreren politischen Gruppen Änderungswünsche an unserem Zwischenbericht oder Abschlussbericht vorgelegt haben.«

Grenzüberschreitend findet Sven Giegold Anwaltskanzleien, die finanzielle Interessen mit ihrem Mandat vermischen. Und er sieht noch ganz andere Interessenkonflikte: Wenn Kanzleien, die einerseits lukrative Lobbyarbeit machen wollen, sich andererseits auf ihre anwaltlichen Berufsprivilegien berufen – zum Beispiel die Schweigepflicht. Und dennoch: Es sei nicht falsch, Lobbyisten zuzuhören, sagt der Politiker; im Gegenteil: Oft gäbe es nur wenige Spezialisten, die sich in technischen Detailfragen, wie zum Beispiel der Finanzmarktregulierung, auskennen. Diese Experten seien oft nur bei Banken und Finanzinstituten zu finden. Deshalb sei es in Lobbygesprächen auch normal, »dass konkrete Formulierungen vorgeschlagen werden. Ich habe mir angewöhnt, wenn ich solche Texte übernehme, dann schreibe ich es immer in die Begründung, damit es vollständig transparent ist.«

Transparent machen, von wem ein Gesetzesentwurf stammt: Manchmal funktioniert die Kontaktaufnahme auch auf umgekehrtem Wege, manchmal wenden sich Ministerien mit Aufträgen direkt an Kanzleien. So engagierte der damalige Bundeswirtschaftsminister Karl-Theodor zu Guttenberg während der Finanzkrise externe Berater der Großkanzlei Linklaters. Sie sollten ein Gesetz zur Rettung maroder Banken formulieren. Der Minister verschickte den Text aus der Feder der Juristen an seine Kabinettskollegen: 28 Seiten, auf jeder davon der Schriftzug von Linklaters. Der Minister geriet in die Kritik, rechtfertigte sein Vorgehen aber damit, dass man in einer akuten Notlage so vorgehen müsse, nämlich »in Fällen, wo deutlich wird, dass man auf die Kompetenz nicht im eigenen Hause oder in der Bundesregierung zurückgreifen kann, weil es sich um schwierigste Sachverhalte handelt, dass es geradezu geboten ist, externen Sachverstand und externen Rat sich der Besten zu holen, um gerade deswegen seinem Auftrag gerecht zu werden, Steuergelder zu sparen und gegenüber der Bevölkerung auch bestmöglich aufzutreten«.

Das Brisante: Kurz zuvor, nach Ausbruch der Finanzkrise, hatten die Rechtsanwälte von Linklaters die Deutsche Industriebank IKB beraten, die vor der Pleite stand und auf Kosten der Steuerzahler gerettet werden musste. Heute für Wirtschaftsunternehmen arbeiten, morgen als Anwalt in der Öffentlichkeit auftreten: Rechtsanwalt Andreas Geiger sieht darin kein Problem: »Nein, denn das Gesetz wird ja von durchaus fähigen Leuten im Ministerium nochmal gelesen. Der Gesetzentwurf, der geht da ja nicht ungesehen durch. Bevor Sie vor einem weißen Blatt Papier sitzen, lassen Sie irgendjemanden diese 200 Seiten erarbeiten. Dann haben Sie etwas, an dem Sie arbeiten können.«

Es wird also vorgearbeitet und nachgearbeitet, fragt sich immer nur: Wer arbeitet für wen? Das bleibt in Brüssel und Berlin allzu oft im Dunkeln, selbst wenn Lobbyisten einen Hausausweis um den Hals tragen.

Lobbyisten – geschickt von der Regierung

Bernd Dittmann ist ein besonderer Lobbyist. Er ist Cheflobbyist des Bundesverbands der Deutschen Industrie (BDI) in Brüssel. Sein Lobbyausweis ist im europäischen Transparenzregister eingetragen, doch irgendetwas irritiert an diesem Zugangsausweis fürs EU-Parlament: Normalerweise sind Lobbypässe braun, Bernd Dittmanns Ausweis aber ist blau: »Die Farbe Blau ist immer die Farbe, die als Symbol für Europa genutzt wird. Das ist kein Lobbyisten-Ausweis, sondern das ist der Ausweis für den Wirtschafts- und Sozialausschuss, in dem ich Mitglied bin. Sinn und Zweck dieser Gremien ist es, dass Vertreter der Zivilgesellschaft, die in irgendeiner Form organisiert sind, sei es von freien Berufen, die aus dem Handwerk kommen, aus der Industrie kommen, mitberaten. Jeder schickt ein gewisses Kontingent dorthin, allerdings heißt ›schickt‹: durch die Bundesregierung.«

Dass Bernd Dittmann im Auftrag der Bundesregierung im Wirtschafts- und Sozialausschuss der EU sitzt, wo Gesetzesvorlagen entstehen oder Änderungsanträge vorbereitet werden, ist für ihn legitim – für die Bundesregierung übrigens auch, fügt er hinzu. Für einen aber kommt das gar nicht infrage: »Ich habe schon erlebt, dass Lobbyisten die Interessenvertretung für die Bundesrepublik

Deutschland in Expertengruppen übernommen haben. Ich finde das unerträglich. Das geht gar nicht«, sagt der EU-Abgeordnete Sven Giegold. Doch welche Spielregeln gelten überhaupt für Lobbyisten? 2008, lange vor dem freiwilligen Transparenzregister, hat die Europäische Kommission einen Verhaltenskodex für Interessenvertreter formuliert. Offen, ehrlich und integer sollen sie sein, heißt es in dem Papier. Viel zu lasch seien diese Vorgaben, monieren Kritiker, die in dem Kodex nur ein Feigenblatt sehen. Lobbyprofi Hubert Koch wird da etwas präziser: »Ich arbeite nicht anonym. Ich sage jedem Politiker, mit dem ich spreche, wer in diesem speziellen Fall mein Auftraggeber ist. Ich arbeite nicht mit Anreizen, die nicht nur Argumente sind – also keine materiellen Geschichten, keine übertrieben teuren Einladungen, keine Geschenke und solche Dinge. Und ich definiere für mich, dass ich nur Interessen vertrete, die ich auch selber für mich akzeptieren kann.«

Treffpunkt: Capital Club

Hubert Koch hat zehn Jahre lang Lobbyarbeit gemacht, unter anderem für die deutsche Automobilindustrie. Er weiß, wie man der Wirtschaft politisches Gehör verschafft. Trotzdem – oder gerade deshalb – schickt er sich an, die Lobbyarbeit zu revolutionieren. Wie genau, verrät er in einer exklusiven Adresse: im Berliner Capital Club, gleich neben dem Hilton Hotel in Berlin-Mitte. Eine adrett gekleidete Dame geleitet ihn in den privaten Businessclub. Der persönliche Empfang gehört für Mitglieder zum Service, genauso wie ein Platz in der Lounge mit Blick auf den Gendarmenmarkt. Bei Tatar vom Rind und Zigarre knüpft man Kontakte, wichtige Gespräche finden hier hinter verschlossenen Türen statt. Hubert Koch gehört zu dem ausgewählten Kreis derer, die Zugang haben: »Es ist wie in guten Hotels in Berlin; einer der vielen Treffpunkte, wo man Gespräche führt.«

Ein ziemlich exklusiver Treffpunkt: Gerade verlässt der frühere Bundesinnenminister Otto Schily den Club, am Mittag war der seinerzeit neu bestellte Aufsichtsrat der Volkswagen AG, Hans Dietrich Pötsch, zu Gast. Hubert Koch weiß, wie man Entscheider aus der Wirtschaft mit den Mächtigen der Politik zusammenbringt, daher hat er ein neues Geschäftsfeld daraus gemacht: Er coacht kleine Firmen und Verbände. Er bringt ihnen bei, ihre Anliegen selbst in die Hand zu nehmen. Und die Lobbyisten? »Ja, natürlich gibt es die«, sagt Hubert Koch, »und die werden auch gebraucht – so wie Rechtsanwälte bei Gericht gebraucht werden, um die Anliegen eines Mandanten in Gerichtssprache umzusetzen. Trotzdem bleibt ein Bedarf an Lobbycoaching, weil niemand authentischer, nachhaltiger und überzeugender seine Anliegen vortragen kann als der Betroffene.« Wenn Betroffene selbst mit Politikern kommunizieren, statt Lobbyisten vorzuschicken, könne das den Ruf seiner Branche aufpolieren, hofft Hubert Koch. Der erste deutsche Lobbycoach, wie er sich selbst bezeichnet, wird die Profis wohl nicht überflüssig machen. Im Gegenteil: Er bescheinigt dem Berufsstand rosige Zeiten, er glaubt, dass der Bedarf an Lobbyisten wachsen wird: »Unsere Gesellschaft ist immer kleinteiliger organisiert. Es gibt immer kleinteiligere Interessen, die Interessen werden immer kleinteiliger vertreten. Deshalb ist es zwingend und ganz natürlich, dass die Zahl der Interessenvertreter steigt.«

Bislang kann niemand sagen, wie viele Lobbyisten in Brüssel und Berlin arbeiten. Im Transparenzregister der EU stehen offiziell 8 000 Interessenvertreter, im Stillen wird ihre Zahl auf 30 000 geschätzt; in Berlin sollen es um die 5 000 sein. Solange sie meist im Verborgenen arbeiten, wird ihnen der Ruf der Dunkelmänner weiter anhaften. Dabei könnte die große Schar der Lobbyisten – oder, wie sie sich lieber nennen, der Interessenvertreter – etwas für einen besseren Ruf tun: indem sie offener mit ihrer Arbeit umgehen.

Bettina Meier und Franziska Ritter

DER MENSCH IN DER ARBEITSWELT

12.

EINZELKÄMPFER GESUCHT – VOM ARBEITNEHMER ZUM »ARBEITSKRAFT-UNTERNEHMER«

Freiberuflich arbeiten, von zu Hause oder vom eigenen Büro aus, weltweit vernetzt über das Internet, an ständig wechselnden Projekten für unterschiedliche Arbeitgeber, sprich: Arbeiten in der »virtuellen Wolke« (englisch: Cloud Working, manche sagen auch Crowd Sourcing dazu, »die Masse als Quelle nutzen«). Diese Form der unsteten Beschäftigung ist in Deutschland noch eine Randerscheinung – noch. Denn viele sind sich sicher: Mit dem Cloudworking steht ein revolutionärer Umbruch in der Arbeitswelt bevor. Organisiert wird das über virtuelle Marktplätze für Arbeit; die heißen Clickworker, Topcoder oder Freelancer. Bezahlt wird pro Auftrag und manchmal noch nicht einmal das – weitere Verpflichtungen für den Auftraggeber gibt es nicht.

Wie man sich die Arbeit als Cloudworker vorstellen kann, thematisiert die Gewerkschaft ver.di in einem Film, der vom Leben des Cloudworkers Claus im Jahr 2020 erzählt: Großvater und Vater hatten noch festangestellt bei ein- und demselben Arbeitgeber gearbeitet, mit geregelten Arbeits- und Urlaubszeiten. Sein Leben als Cloudworker sieht ganz anders aus. Er findet seine Aufträge, wenn er Glück hat, auf einem Marktplatz im Internet, wo sich Firmen aus aller Welt ihren virtuellen Kiosk eingerichtet haben und die besten Spezialisten zu den günstigsten Konditionen auf Zeit anheuern. Der Cloudworker konkurriert dort weltweit gegen Mitbewerber – und bekommt daher für seine Angebote Absagen über Absagen. Bei weltweiter Konkurrenz kann er nicht immer der Beste sein, sagt

Claus. Und wenn er mal der Beste ist, verdient er womöglich bloß einen Hungerlohn.

Eine düstere Szenerie, die die Gewerkschaft entwirft – ist es Schwarzmalerei? Fakt ist, dass das sogenannte Normalarbeitsverhältnis, die tariflich abgesicherte Festanstellung in Vollzeit seltener wird, und zwar weltweit. Das bestätigt Christiane Benner. Sie ist Zweite Vorsitzende der größten deutschen Gewerkschaft, der IG Metall, und hat unter anderem das Buch *Crowdwork – zurück in die Zukunft?* herausgegeben: »Wir beobachten starke Präkarisierungstendenzen in der Arbeitswelt. Wir haben uns schon seit mehreren Jahren mit den Themen Werkverträge, Leiharbeit, steigende Solo-Selbstständigkeit beschäftigt. Und wir beobachten als neues Phänomen der Präkarisierung von Arbeit das Crowdworking, die sogenannte Clickworker-Arbeit, nämlich, dass Arbeit über Internet-Plattformen erledigt wird.«

Warum aber gehen Unternehmen neuerdings verstärkt diesen Weg? Eine Antwort lautet: Zunehmender Konkurrenzdruck durch die Globalisierung der Märkte – möglicherweise aber auch ein rücksichtsloseres Profitstreben – verlangen von den Unternehmen eine drastische Verbilligung und Flexibilisierung der Produktionsmittel, auch und gerade der Arbeit. Die Digitalisierung und das Internet sind ein nicht zu unterschätzender Katalysator dieses Trends: Immer mehr Informationen sind digital verfügbar, immer leichter werden Arbeitsprozesse digital gesteuert – all das global vernetzt über das Internet. Experten sprechen von der Digitalen Revolution. Und Cloudworking ist bildlich gesprochen eines der Kinder dieser Revolution.

Gigantisches Einsparpotenzial

Dass Unternehmen eifrig mit der Idee des Cloudworking experimentieren, ist der breiten Öffentlichkeit im Jahr 2012 bekannt geworden. Beim IT- und Beratungskonzern IBM gab es die Idee für ein Programm, genannt Liquid. Kernelement war eine interne Plattform, auf der IBM-Manager Aufträge ausschreiben konnten. Um die sollten sich festangestellte IBM-Mitarbeiter rund um den Globus bewerben und dann via Internet zuarbeiten: Internes Cloudworking nennt man das. Bewerben sollten sich zum Beispiel IBM-Mitarbeiter, die gerade zwischen zwei Großprojekten steckten und Leerlauf hatten; Kosteneinsparung durch bessere Ausnutzung der globalen Belegschaft war das Ziel. Als aber bekannt wurde, dass Liquid auch die Ausschreibung von Projekten an externe, freie Mitarbeiter bedeuten könnte, also externes Cloudworking, da ging ein Aufschrei durch die Büros. Bert Stach betreut alle Aktivitäten von ver.di bei IBM in Deutschland und sitzt im Aufsichtsrat des internationalen Konzerns. Er erinnert sich: »Greifbar wurde diese Idee der IBM, ihre Belegschaft umzustrukturieren, als ein englischer Personalmanager irgendwann einmal gesagt hat: Wenn IBM das komplette Programm Liquid umgesetzt hat, dann wird IBM statt der 400 000 Beschäftigten weltweit, die IBM im Jahr 2010 hatte, nur noch 100 000 brauchen. Der Rest kommt als Freelancer aus der Cloud, und IBM hat dadurch ein gigantisches Einsparpotenzial. Nicht nur an Gebäuden, Rechnern und Sozialversicherung; einfach an allem, was mit Personalkosten zusammenhängt, kann gespart werden.« Denn Freelancer – selbstständige freie Mitarbeiter – arbeiten meist zu Hause und müssen sich um ihre soziale Absicherung selbst kümmern.

Zwar beobachtet Bert Stach bisher keinen so drastischen Personalabbau wie 2012 von dem englischen Personalmanager beschrieben – vor allem in Deutschland nicht, wo die Mitarbeiter durch Tarifverträge geschützt sind –, aber der Trend zu weniger Festangestellten sei auch in Deutschland unübersehbar: »Im Jahr 2008 war die letzte große Unternehmenskonsolidierung, da hatte IBM in Deutschland zwischen 22 000 und 23 000 Beschäftigte. Heute sind wir bei unter 17 000. Das war in wenigen Jahren ein ziemlich intensiver Personalabbau. Diese Arbeit, die jetzt nicht mehr von deutschen Mitarbeiterinnen und Mitarbeitern gemacht wird, wurde verlagert; zum Teil an andere IBM-Mitarbeiterinnen und -Mitarbeiter in Osteuropa, in Indien, in anderen Ländern, irgendwo. Und zum Teil betreibt IBM auch die Zusammenarbeit mit Topcoder weiter und setzt auch auf Freelancer, die Dienstleistungen erbringen.«

IBM mag Vorreiter in Sachen Cloudworking gewesen sein, aber ein Einzelfall ist das Unternehmen nicht. Viele andere Firmen nehmen die Möglichkeiten des Cloudworking genau unter die Lupe. Das spiegelt sich auch in der Forschung wider. Wenn sich die Wissenschaft mit dem Thema Crowdsourcing beschäftigt, dann sind es überwiegend Wirtschaftswissenschaftler oder Wirtschaftsinformatiker, die danach fragen, welche Chancen Crowdsourcing für Unternehmen birgt.

Doch offenbar sehen nicht nur die Unternehmen Potenzial im Cloudworking, wie Bert Stach von ver.di beobachtet: »Ich glaube, dass in Zukunft immer mehr Arbeit von Freelancern erledigt wird, ohne das inhaltlich bewerten zu wollen. Aber schauen wir uns zum Beispiel die Freelancer-Plattform Freelancer.com an, das ist eine der größten Freelancer-Plattformen weltweit. Sie wurde erst im Jahr 2000 gegründet und hat in den ersten Jahren ein Mauerblümchen-Dasein geführt. Heute hat sie bereits über 15,5 Millionen registrierte Freelancer ›im Angebot‹. In wenigen Jahren ist die Anzahl der dort registrierten Freelancer geradezu explodiert. Das sind zwar weltweit agierende Freelancer, aber es macht deutlich, wie stark dieser Trend momentan ist. Auch eine Plattform wie Clickworker in Deutschland gibt es erst seit wenigen Jahren, heute hat auch sie Zigtausende registrierte Freelancer, die dort ihre Arbeitskraft anbieten.«

Autonomes Arbeiten

Software-Entwickler und -Tester, Designer, Übersetzer, Journalisten – warum zieht es Millionen Arbeitssuchende in die Cloud? Jan

Marco Leimeister ist Professor für Wirtschaftsinformatik an den Universitäten in Kassel und in St. Gallen. In einer Literaturanalyse hat er mit Kollegen herausgearbeitet, was Menschen zum Arbeiten in der Cloud motiviert.

Das Ergebnis: Der Verdienst ist zwar zentral, er zählt aber nicht allein. Vielen macht die Arbeit in der Cloud einfach Spaß. Sie tauschen sich gern mit anderen Cloudworkern aus, sie freuen sich an ihrem Lernfortschritt, oder ihnen gefällt die Anerkennung, die sie für intelligente Vorschläge ernten. Die Universität Mannheim hat zudem durch die Befragung von Cloudworkern auf der Plattform Mechanical Turk schon vor Jahren herausgefunden, dass neben dem Verdienst vor allem die Möglichkeit des autonomen Arbeitens reizt. Das hat auch Jan Marco Leimeister in seiner jüngsten, von der gewerkschaftsnahen Hans-Böckler-Stiftung unterstützten Forschungsarbeit festgestellt: »Die Tatsache, dass ich auswählen kann, wann ich arbeite, wie viel ich arbeite und auch zu einem gewissen Grad, was ich arbeite. Das ist eine Autonomiestärkung, die in anderen Arbeitsformen wahrscheinlich nicht so leicht anzutreffen ist, und das ist ein großes Potenzial für viele.«

Autonomie: Ich entscheide, wann, wo, für wen und wie viel ich arbeite; die große Freiheit ist es also offenbar, die zieht, Selbstbestimmung – gerade für die Jüngeren, die sogenannte Generation Y, ist das ein wichtiges Motiv. Vielleicht ist es auch der Reiz des weltweiten Marktes. Vielleicht bringt eine spezielle Fähigkeit, die auf dem deutschen Dorf keine Abnehmer findet, Hunderttausende Euro ein, wenn ich auf dem weltweiten Markt nur die passenden Abnehmer finde. Jan Marco Leimeister hat tatsächlich solche Erfolgsgeschichten gefunden: »Wir hatten einen Interviewpartner, der für das Software-Testing aktiv ist. Er war geradezu begeistert von den Möglichkeiten, die das für ihn bietet. Er ist Deutscher, lebt aber in Thailand; er arbeitet von Thailand aus an deutschen Software-Testing-Projekten und hat in höchsten Tönen die Vorteile für sich gepriesen. Nämlich, dass er seinen Lebensmittelpunkt da haben kann, wo er will, dennoch aber gute Verdienstmöglichkeiten hat. Und dass er auch die Menge und Uhrzeit, wann er arbeitet, selbst bestimmen kann. Er sagt, für ihn ist das eine Form von Selbstverwirklichung, die er sich sonst nie hätte vorstellen können.«

Dieser Cloudworker gab in der Befragung an, in der Cloud weit mehr zu verdienen, als es in einem klassischen Arbeitsverhältnis möglich wäre. Doch solche Fälle sind nicht die Regel, berichtet Jan Marco Leimeister: »Wir hatten auch Befragte, die das als Nebenjob machen. Die bei bestimmten Tätigkeiten von hoher Monotonie berichtet haben und auch gesagt haben, wenn sie sich vorstellen, sie würden das den ganzen Tag machen oder müssten ihr Erwerbseinkommen komplett darüber bestreiten, das fänden sie in keiner Weise erstrebenswert. Das waren mehrere Interviewpartner, die Katalogtexte in andere Sprachen übersetzt haben oder die einfache digitale Prozesse bearbeitet haben.« Es ist daher nicht überraschend, dass das Gros der Cloudworker in Deutschland nebenberuflich in der Cloud unterwegs ist.

Der Wirtschaftsinformatiker Jan Marco Leimeister hat in seiner Befragung von über 400 deutschen Cloudworkern herausgearbeitet, dass für vier Fünftel der Befragten Cloudworking ein Nebenverdienst ist, nur für ein Fünftel die Haupteinnahmequelle. Die deutschen Cloudworker sind zudem gut gebildet, eher jünger und ledig, viele Studenten sind dabei. Im Schnitt arbeiten sie 14 Stunden in der Woche in der Cloud, und diese Arbeit macht durchschnittlich ein Drittel ihres Gesamteinkommens aus.

Wie viel aber verdient man in der Cloud? Man liest gelegentlich von sehr guten Stundenlöhnen zwischen 80 und 200 Euro. Häufiger aber wird davor gewarnt, dass unter dem Strich oft nur wenige Euro pro Stunde bleiben – eine Bezahlung unterhalb des Mindestlohns. In seiner Befragung hat Jan Marco Leimeister das – zumindest für das deutschsprachige Internet – nicht gefunden: »Alle unsere Rückmeldungen, die wir bekommen haben – und wir haben ja die Cloudworker direkt befragt – sagen glasklar, dass sie über dem Mindestlohn sind mit dem, was sie verdienen. Ihre Begründung ist ganz einfach: Sonst würden sie es nicht machen, denn sie haben Wahlmöglichkeiten.« Sind die Sorgen der Gewerkschaften vor einem möglichen Sozialdumping also unbegründet? So weit will der Ökonom und Wirtschaftsinformatiker nicht gehen: »Wir haben jetzt eine Momentaufnahme. Wenn dieses Phänomen weiter wächst und immer mehr Bereiche von Cloudwork adressiert werden, dann ist ja nicht in Stein gemeißelt, dass es dann immer eine komfortable Verhandlungsmacht für den einzelnen Cloudworker gibt. Dann kann man sich durchaus auch vorstellen, dass diese Systeme anderen Marktmächten ausgesetzt sind, dass dann die Macht-Ungleichverhältnisse so schmerzhaft werden, dass es doch vielleicht zu Ausbeutungssituationen kommen kann.«

Einseitige Vertragsgrundlagen

Ausbeutung – die Zerstörung eines Machtgefüges, das Gewerkschaften und Arbeitgeber jahrzehntelang ausgefochten haben. Christiane Benner von der IG Metall beobachtet das auch in Deutschland: »Wir haben die allgemeinen Geschäftsbedingungen untersucht, die es für diese Plattformen gibt. Wir haben festgestellt, dass viele Geschäftsbedingungen sittenwidrig sind. Und dass die Bedingungen einseitig von den Plattformbetreibern verändert werden können; dass demjenigen, der seine Arbeit dort anbietet, nichts anderes übrig bleibt, als das zu akzeptieren oder dort nicht mehr zu arbeiten. Es gibt dort zudem sehr viel Ungeregeltes und sehr einseitig Vorgegebenes; wir haben zum Beispiel nicht festgestellt, dass auf deutschen Plattformen der Mindestlohn garantiert ist.«

Geringe Stundenlöhne, keine verlässlichen Rechtsgrundlagen: Wer hätte gedacht, dass Arbeitnehmerrechte, die uns hierzulande selbstverständlich erscheinen, so schnell vom Tisch gefegt werden können? Und mehr noch: kein Kündigungsschutz, kein Urlaubsgeld, kein Betriebsrat. Christiane Benner: »Während ich sonst in der freien Wirtschaft durch einen Arbeitsvertrag von einer Art gleicher

Augenhöhe zwischen Unternehmen und Beschäftigtem ausgehe und bestimmte Schutzrechte habe, werden in der Internet-Arbeitswelt die Rechte einseitig von den Plattformbetreibern vorgegeben.«

Aus Sicht der Gewerkschaften gibt es noch mehr Schwächen im System. Bert Stach ärgert zum Beispiel die folgende, gängige Praxis, eine Art »Winner-takes-it-all«-Prinzip: »Das ist ja das Menschenverachtendste an dem ganzen System überhaupt, gerade wenn es um Freelancer geht, die über Plattformen ihr Einkommen verdienen wollen. Da bewerben sich Hunderte von Leuten auf irgendeine Ausschreibung und machen die Arbeit, geben das fertige Werkstück an Software ab. Und dann guckt sich der Auftraggeber diese 100 eingereichten Software-Stücke an und sucht sich eins aus, und das wird bezahlt. Aber die anderen 99? Die haben für nichts gearbeitet, die haben ihre Zeit, flapsig formuliert, aus dem Fenster geworfen.«

Auch wenn die Cloudworker vorher wussten, worauf sie sich einließen: Der Gedanke an eine solche Praxis dürfte vielen die Kehle zuschnüren. Und in Einzelfällen kommt es noch schlimmer; auf manchen Plattformen wird offenbar nach Gutsherrenart agiert. Wer nicht spurt, wird samt Familie vom Hof gejagt. Christiane Benner vom Vorstand der IGMetall ist ein Beispiel besonders in Erinnerung geblieben: »Eine Frau, die uns angeschrieben hat und die gesagt hat, sie habe sich beschwert über die Vergütung, sie habe ihr Geld zu spät bekommen. Und was ist passiert: Man hat ihren Account gelöscht und auch den Account ihres Mannes. Obwohl der sich gar nicht beschwert hat. Denen ist quasi gekündigt worden, ohne dass sie das Recht haben, dagegen vorzugehen. Sie können keine Kündigungsschutzklage einreichen wie in einem normalen Unternehmen.« Verteufeln wollen die Gewerkschaften die neuen Arbeitsformen dennoch nicht. Es scheint so, als hätten sie sich fest vorgenommen, auch die positiven Seiten zu betonen: »Wir sehen ja auch die Chancen dieser neuen Arbeitsform. Uns geht es überhaupt nicht darum zu sagen, so etwas soll es nicht geben. Das wäre ja auch völlig naiv. Sondern wir sehen Möglichkeiten, weil nachweislich auch Leute sagen: Ich habe mit dieser Form am Arbeitsmarkt Zugänge, an bestimmte Jobs zu kommen, die ich vorher nicht hatte.«

Dienstschluss: entfällt

Chancen oder Risiken – aus Sicht von Gerd-Günter Voß hält die schöne, neue Arbeitswelt für den Einzelnen vor allem eines bereit: Herausforderungen. Seit über 20 Jahren beschäftigt er sich damit, wie sich die Arbeit verändert und wie sich das auf die Menschen auswirkt. Bis vor kurzem war er Professor für Arbeits- und Techniksoziologie an der Technischen Universität Chemnitz, jetzt schreibt er Bücher zum Thema: »Das Leben – sage ich mal sehr pauschal –, auch das Leben gerade als Berufstätiger, als Arbeitskraft, wird sehr viel anstrengender werden, erfordert ganz neue Kompetenzen, erfordert sehr viel mehr Aufmerksamkeit.« Ein ganzes Bündel an Kompetenzen braucht die moderne Arbeitskraft, auch der Cloudworker, sagt Gerd-Günter Voß. Jeder müsse sich als sogenannter »Arbeitskraft-Unternehmer« verstehen: »Ein ganz entscheidender Moment dieser neuen Arbeitswelt ist, dass man es zunehmend mit komplizierten Widersprüchen zu tun hat. Immer mehr muss man nämlich sich selber steuern, in der Arbeit, aber auch im gesamten Leben. Man muss immer mehr Verantwortung für sich übernehmen. Das ist auf den ersten Blick eine neue Art von Freiheit, aber die ist höchst prekär. Je mehr man sich selber steuert, umso mehr läuft man auch in das Risiko hinein, dass man Fehler macht. Man weiß zum Beispiel nie, wann es genug ist. Wenn die Arbeitszeiten ganz stark flexibilisiert oder überhaupt nicht mehr geregelt werden, dann führt das dazu, dass man immer mehr arbeitet und nie genau weiß, wann Dienstschluss ist. Dienstschluss gibt es dann fast nicht mehr, und das ist eine massive Belastung.«

Dass er den Menschen mit dem Begriff Unternehmer in Verbindung gebracht hat, habe manchen irritiert, sagt Gerd-Günter Voß.

Heute, in Zeiten der Selbstmarketing-Kurse, scheint aber auch seine zweite Annahme zum Arbeitskraft-Unternehmer zuzutreffen. Sie besagt, dass jeder lernen muss, seine Arbeitskraft als ökonomisches Gut zu sehen: »Man betrachtet das, was man kann, als eine Art Ware – das hat Karl Marx schon gesagt. Nur muss man diese Ware inzwischen sehr komplex und eigentlich kontinuierlich vermarkten, entwickeln, wie ein eigenes Produkt. Und die dritte Annahme, die dazugehört, ist, dass man sich selbst rationalisieren muss. Das spielt auf den Soziologen Max Weber an, der schon vor fast 100 Jahren gesagt hat, unser Leben muss rationaler gestaltet werden. Das meint, dass man das ganze Leben eigentlich durchorganisieren muss – sehr zugespitzt formuliert natürlich –, um allen Anforderungen an den Arbeitskraft-Unternehmer gerecht zu werden.«

Sich selbst vermarkten wie ein Produkt, das eigene Leben rein rational durchtakten, um in der modernen Arbeitswelt bestehen zu können. Was da auf den Einzelnen zukommt, klingt fast menschenverachtend. Gerd-Günter Voß: »Menschenverachtend ist sicher hart, aber Sie sprechen damit ein Unbehagen an, das viele Menschen damit haben. Man gerät in eine ganz neue Qualität von Selbstunterdrückung oder Selbstausbeutung – den Ausdruck habe nicht ich erfunden – und man gerät zunehmend in Fallen. Alles, was man macht, ist eigentlich falsch, oder man weiß nie, wann es reicht. Das führt dazu, dass man unendlich lange arbeitet oder permanent erreichbar ist.« All das belaste die Psyche, das zehre massiv an der Kraft. Am Ende, meint Gerd-Günter Voß, könnte für viele der Burnout stehen, der körperliche und seelische Zusammenbruch, wenn sie es nicht schafften, selbst auf sich zu achten.

Auf sich achten: Wieder eine Zusatzqualifikation, die gelernt werden will. Eine ganz zentrale, sagt Gerd-Günter Voß: »Arbeitskraft-Unternehmer müssen verstärkt mit sich selber umgehen können. Ein wichtiges Stichwort dafür ist der Ausdruck ›Selbstkompetenz‹, also Kompetenz im Umgang mit sich selber. Man muss sehr, sehr rational, aber auch in flexibler Art und Weise auf sich achtgeben.

›Selbstsorge‹ ist ein weiteres Stichwort, das hierher gehört; also sehr achtsam mit sich umgehen, damit man nicht krank wird, den Alltag in den Griff bekommen, eine Work-Life-Balance herstellen, auf seine Gesundheit achten, auf seine sozialen Beziehungen achten, damit die Familie nicht zusammenbricht. Ich glaube, dass das eine der Schlüsselkompetenzen in der Zukunft ist.«

Lässt sich das Versprechen von Freiheit, Autonomie und Selbstbestimmung, das sicherlich im Cloudworking steckt, auch auf Dauer erhalten? Oder sorgen am Ende die ungezügelten Kräfte des Marktes dafür, dass statt Freiheit eine moderne Form der Sklaverei auf uns wartet, die das Gros der Beschäftigten zu digitalen Tagelöhnern degradiert? Entschieden ist noch nichts. Vor allem die Gewerkschaften haben das Thema auf der Agenda, sie tragen es in die Öffentlichkeit und in die Politik, sie beraten und organisieren Cloudworker auf eigenen Plattformen im Netz. Faircrowdwork.org heißt etwa die Internetseite der IG Metall. Christiane Benner: »Unser Ziel ist, dass möglichst viele Clickworker unsere Plattform frequentieren und Plattformen bewerten. Die Idee, die dahintersteckt, ist, durch Transparenz die Bedingungen auf den Plattformen für die Clickworker zu verbessern. Und auch zu sagen: Du bist nicht allein mit deinen schlechten Arbeitsbedingungen, es gibt noch mehr. Lass uns zusammen etwas unternehmen, dass wir Bedingungen verbessern.«

Ob die Gewerkschaften ihre Macht in die neue, globalisierte Welt des Internets retten können? Schon jetzt zeichnet sich ab, dass manche Betreiber von Internet-Plattformen selbst ein Interesse daran haben, faire Arbeitsbedingungen auf ihren virtuellen Marktplätzen zu schaffen. Das ist auch bitter nötig, sagt der Gewerkschafter Bert Stach von ver.di. Denn wenn die Cloudworker viel arbeiten, aber nur für einen Teil der geleisteten Arbeit bezahlt werden, dann schadet das seiner Ansicht nach nicht nur den betroffenen Arbeitnehmern. Dann, warnt er, könnte das ganze System ins Wanken geraten: »So kann Arbeit nicht dauerhaft funktionieren. Dass Menschen ihre Kreativität dauerhaft zum Nulltarif anbieten, kann nicht lange funktionieren. Wenn Arbeit zum Lotteriespiel wird, dann hat Arbeit keine Zukunft mehr. Wie soll denn Leben funktionieren, wie sollen Staaten funktionieren, wenn von 100 Leuten 99 Leute für nichts gearbeitet haben. Die zahlen dann ja auch keine Steuern mehr, die zahlen dann auch keine Beiträge mehr in die Sozialversicherungssysteme. Wenn Arbeit nicht mehr darauf ausgerichtet ist, den Menschen ein Einkommen zu sichern, sondern nur noch den Gewinn von wenigen zu maximieren, dann werden Gesellschaften nicht mehr funktionieren.«

Heidi Radvilas

13.

DIE ABGEHÄNGTEN – FUNKTIONIERT UNSER ARBEITSMARKT?

Ein Spielplatz, irgendwo im Rhein-Main-Gebiet. Eine alleinerziehende Frau hat sich bereiterklärt, zu erzählen, von ihrem Leben ohne Job: »Wir leben vom Hartz-IV-Gesetz. Es ist recht schwierig in Deutschland, damit als Alleinerziehende zu leben, mit zwei Kindern. Man versucht halt, überall Einsparungen zu machen, man geht zur Lebensmitteltafel, obwohl es peinlich ist.« Deshalb will Petra nicht, dass ihr richtiger Name genannt wird. Nach der Schule hat sie eine Ausbildung gemacht: »Ich habe Maßschneiderin gelernt und auch den Abschluss gemacht. Als Alleinerziehende mit zwei Kindern ist es manchmal schwer, Berufliches und Privates unter einen Hut zu bringen.«

Dabei lief es zunächst gar nicht so schlecht: Sie arbeitete in ihrem Beruf, im Jahr 2000 kam sie aus der ehemaligen DDR ins Rhein-Main-Gebiet und fing bei Neckermann an. Doch dann kam eines zum anderen: Die beiden Kinder wurden geboren, die Trennung vom Vater. Der Teil von Neckermann, bei dem sie arbeitete, ging pleite, erzählt sie. Seitdem lebt sie von Hartz IV, seit nunmehr zehn Jahren.

Der Gang zur Tafel, einer Einrichtung, um billig Essen zu bekommen, die Suche nach günstigen Kleidern, etwa bei der Caritas – all das gehört zum Alltag. Seit einigen Monaten hat sich die Situation noch einmal verschärft: Nach einem Rechtsstreit mit dem Jobcenter mussten Petra und ihre beiden Kinder aus ihrer Drei-Zimmer-Wohnung ausziehen. Seitdem wohnen sie im Hotel – zu dritt in einem 22-Quadratmeter-Zimmer. Gelegentlich kocht Petra bei Freunden, denn das ist im Hotelzimmer verboten, erzählt sie. Die Arbeitslosigkeit der Mutter spielt daher auch für die Kinder ständig eine Rolle: Ihre Freundinnen wollen der 12-jährigen Tochter immer wieder helfen. Sie wollen ihr etwa das Schwimmbad bezahlen; das aber ist ihr unangenehm.

Verlassen und ausgegrenzt

Für den Politologen und Armutsforscher Christoph Butterwegge von der Universität Köln ist das ein geradezu typischer Fall: 40 Prozent der alleinerziehenden Mütter mit einem Kind und sogar 60 Prozent der alleinerziehenden Mütter mit zwei oder mehr Kindern seien auf Hartz IV angewiesen, schon allein, weil oft Betreuungsmöglichkeiten fehlen: »Häufig treten zu den finanziellen Problemen mit der Zeit noch andere Probleme hinzu: dass einem alles über den Kopf wächst, psychosoziale Probleme, manchmal auch Drogenprobleme. Das Versprechen von Hartz IV war auch gewesen, man vermittelt nicht nur Arbeit, sondern man bietet auch psychosoziale Beratung an, man bietet auch andere Leistungen an. Aber die Jobcenter, so scheint mir, kommen dieser Verpflichtung nicht nach, nicht im notwendigen Umfang. Die Menschen fühlen sich häufig verlassen, ausgegrenzt und abgehängt und sehen für sich und ihre Kinder keine Perspektive mehr.«

Alexander Ludwig ist Wirtschaftswissenschaftler am House of Finance an der Frankfurter Goethe-Universität. Er hat vor allem eine Gruppe ausgemacht, die es am Arbeitsmarkt besonders schwer hat: Langzeitarbeitslose. Als langzeitarbeitslos gilt, wer länger als zwölf Monate arbeitslos ist. Weit über ein Drittel der knapp drei Millionen Arbeitslosen in Deutschland ist langzeitarbeitslos. Dabei sind die reinen Zahlen vom Arbeitsmarkt seit Jahren gut, in Deutschland herrscht Rekordbeschäftigung. Das hängt mit der guten wirtschaftlichen Entwicklung in Deutschland in den letzten Jahren und mit dem starken Export zusammen. Mit dafür verantwortlich ist, so die offizielle Argumentation, unter anderem auch die Agenda 2010 mit ihren Arbeitsmarktreformen, vor allem Hartz IV: Der Arbeitsmarkt sei dereguliert worden, sei seit 2005 flexibler geworden. Die Vermittlung von Arbeitslosen funktioniere besser, und der Druck auf Arbeitslose, einen Job anzunehmen, sei gewachsen, sagt Enzo Weber vom Institut für Arbeitsmarkt und Berufsforschung (IAB) in Nürnberg. Ende 2015 habe es gut 43 Millionen Erwerbstätige gegeben, so viele wie nie zuvor: »Wir haben die Situation, dass der Arbeitsmarkt sehr gut funktioniert, die Beschäftigung steigt immer weiter und die Arbeitslosigkeit ist von über fünf Millionen auf deutlich unter drei Millionen klar gefallen. Genauso richtig ist aber, seit mehreren Jahren kommen wir in der Arbeitslosigkeit nicht mehr weiter runter.«

Enzo Weber und andere Arbeitsmarktforscher verweisen jedoch auch darauf, dass die Zahl der Langzeitarbeitslosen schon seit längerer Zeit nahezu gleichbleibend bei rund einer Million liegt: »Das liegt daran, dass es auch eine Arbeitslosigkeit gibt, die sich verfestigt. Das liegt zum Beispiel an niedrigen Qualifikationen. Die Menschen ohne Ausbildung haben mit riesigem Abstand die höchste Arbeitslosenquote von allen. Das liegt aber nicht nur an niedrigen Qualifikationen. Das kann an Krankheiten liegen, das kann daran liegen, dass Menschen noch Kinder betreuen müssen oder ihre Eltern. Das kann aber auch daran liegen, dass sie irgendwann, nach einer längeren Arbeitslosigkeitsdauer, entmutigt sind. Oder dass es ein Stigma ist, lange arbeitslos gewesen zu sein; das kann von Arbeitgebern auch als Signal genommen werden, dass jemand vielleicht nicht so leistungsfähig ist. Das heißt, die lange Dauer der Arbeitslosigkeit führt dazu, dass man auch nicht mehr aus der Arbeitslosigkeit herauskommt.«

Arbeitsmarktexperten sprechen hier kühl von Vermittlungshemmnissen. Enzo Weber hat 2013 an einer Untersuchung des IAB mitgearbeitet. Das Ergebnis war ernüchternd: Kommen bei einem Arbeitslosen mehr als drei sogenannte Vermittlungshemmnisse zusammen, tendiert die Wahrscheinlichkeit, eine Arbeit zu finden, fast gegen null. Für viele Langzeitarbeitslose funktioniert der Arbeitsmarkt also nicht richtig. Alexander Spermann vom Institut zur Zukunft der Arbeit in Bonn kennt diese Probleme: »Es ist ein Teufelskreis, wenn Sie einmal arbeitslos geworden sind und nicht sehr schnell wieder den Einstieg in Beschäftigung finden. Dann leidet die Gesundheit bis hin zu Depressionen. Arbeitslosigkeit, die länger andauert, ist gleichzusetzen mit den Folge-Effekten von Scheidung, von schweren traumatischen Erlebnissen. Umso wichtiger ist es, sehr, sehr frühzeitig zu agieren, um Langzeitarbeitslosigkeit zu verhindern. Das muss erste Priorität haben.«

»Fördern und Fordern«

Langzeitarbeitslosigkeit zu verhindern, Menschen schnell wieder in Arbeit zu bringen: Auch das war ein Ziel der Agenda 2010 und der Hartz-Reformen unter Bundeskanzler Gerhard Schröder. Das Arbeitslosengeld wird seitdem in der Regel nur noch zwölf Monate lang ausgezahlt. Danach gibt es das deutlich niedrigere Arbeitslosengeld II, auch Hartz IV genannt. Der Druck auf Arbeitslose, einen Job anzunehmen, wurde erhöht, auch wenn der Job nicht den vorhandenen Qualifikationen entspricht und schlecht bezahlt ist. Ansonsten werden schnell Sanktionen verhängt: Die Hartz-IV-Leistungen werden gekürzt. Unter dem Motto »Fördern und Fordern« sollte die Arbeitslosigkeit abgebaut werden.

Christoph Butterwegge von der Universität Köln beschäftigt sich seit Jahren mit Hartz IV und den Folgen. Er kritisiert, dass das Prinzip »Fördern und Fordern« beim Fördern nicht umgesetzt werde: »Das hat damit zu tun, dass die Bundesagentur für Arbeit sich in ihren Fördermaßnahmen auf diejenigen konzentriert, die ohnehin gute Chancen am ersten Arbeitsmarkt haben. Die zu fördern ist natürlich sehr viel billiger und hat auch höhere Erfolgschancen.«

Alexander Spermann untersucht die verschiedenen Versuche der Bundesagentur für Arbeit und der Jobcenter, Langzeitarbeitslose wieder in Arbeit zu bringen. Druck auszuüben, immer öfter und schneller das Geld zu kürzen, das hält er für falsch – auch wenn Langzeitarbeitslose zu einem Termin mal nicht erscheinen oder ein Jobangebot nicht annehmen: »Wir brauchen mehr Fördern als Fordern. Mehr Fördern heißt insbesondere, sich intensiv um diese Menschen zu kümmern; sie zu betreuen, wenn ein Suchtproblem vorliegt, ihnen zu sagen, wir haben hier eine Suchtberatung. Wenn ein Schuldnerproblem vorliegt, dann gibt es auch eine Schuldnerberatung, und sie müssen auf einen Termin nicht ewig lang warten. Und wenn ein Qualifikationsdefizit vorliegt, dass man dann auch realistische Qualifizierungsmaßnahmen vereinbart, die Schritt für Schritt in Richtung einer besseren Qualifikation führen. Dieser Prozess erfordert eine enge Begleitung und damit ein hohes Personalengagement in den Jobcentern. Leider ist es so, dass die Personalausstattung in den Jobcentern steigerungsfähig ist.«

Mehr Personal, das koste natürlich Geld, aber es gebe durchaus erfolgreiche und sinnvolle Modellversuche, sagt Alexander Spermann. In Berlin habe sich beispielsweise gezeigt, dass mit mehr Personal in den Jobcentern auch die Chancen steigen, Langzeitarbeitslose in Arbeit zu vermitteln. Und die Bundesregierung will gezielt Langzeitarbeitslose mit gesundheitlichen Problemen fördern und Hartz-IV-Empfänger mit Kindern unterstützen. Insgesamt 450 Millionen Euro stehen für das Programm »Soziale Teilhabe am Arbeitsmarkt« bis zum Jahr 2018 zur Verfügung. Schritte in die richtige Richtung, findet Alexander Spermann: »Man ist hier unterwegs, sich um diese Abgehängten intensiver zu kümmern als in der Vergangenheit. Aber viel wichtiger ist, den Zugang in Langzeitarbeitslosigkeit durch möglichst präventive Maßnahmen zu verhindern.«

Arbeitsmarktforscher Spermann bemängelt, es gebe 1,5 Millionen Menschen in Deutschland zwischen 25 und 35 Jahren ohne jegliche Berufsausbildung. Dabei gebe es immer mehr Möglichkeiten, das nachzuholen. So seien etwa Teilausbildungen möglich: Alleinerziehende könnten eine Ausbildung in Teilzeit machen. Manche Unternehmen bieten sogar über 50-Jährigen Ausbildungsstellen an. Enzo Weber glaubt auch, man müsse der Arbeitslosigkeit vorbeugen, er geht aber noch einen Schritt weiter: »Da heißt es schon viel früher ansetzen. Die Bildungspolitik hat da einen ganz großen Hebel: Die frühkindliche Bildung ist eigentlich die beste Arbeitsmarktpolitik.«

Viele Jobs für Langzeitarbeitslose sind schlecht bezahlt, oft kaum besser als Hartz IV. Deshalb plädiert der Wirtschaftswissenschaftler Alexander Ludwig für eine negative Einkommensteuer: »Das ist ein Instrument, das wir insbesondere aus den USA kennen, aber auch aus Großbritannien. In den USA ist es der *earned income tax credit*, ein Steuer-Kredit, den ich bekomme, sobald ich etwas verdiene, also eine negative Einkommensteuer. Das ist sicherlich eine erwägenswerte Maßnahme, dies auch in Deutschland einzuführen.« Anders gesagt: Wer wenig verdient, bekommt über die Einkommensteuererklärung etwas hinzu. Das könnte Anreize schaffen, auch schlechter bezahlte Arbeit anzunehmen.

Christoph Butterwegge von der Universität Köln hingegen kritisiert aber gerade diese schlecht bezahlte Arbeit. Seit Jahren arbeite fast ein Viertel der Beschäftigten im Niedriglohnsektor: als Minijobber, in Teilzeit, als Leiharbeiter oder einfach in schlecht bezahlten Dienstleistungsbranchen, insgesamt 7 bis 8 Millionen Menschen. Auch sie seien oft abgehängt: »Drei Viertel aller im Niedriglohnsektor Beschäftigten haben einen Berufsabschluss, 11 Prozent sogar einen Hochschulabschluss. Bildung schützt also auch nicht davor, und auch nicht eine gute Ausbildung, in diesem Niedriglohnsektor zu landen, weil sich unsere Arbeitswelt so stark verändert hat. Von einer Arbeitswelt, in der hauptsächlich sozialversicherungspflichtig gearbeitet wurde, hin zu einer Arbeitswelt, wo inzwischen jeder zweite Job befristet ist.«

Strukturelle Arbeitslosigkeit

Auch Michael Hüther, Direktor des arbeitgebernahen Instituts der Deutschen Wirtschaft in Köln, verweist darauf, dass sich der Arbeitsmarkt grundlegend verändert habe. Hartz IV ist für ihn auch eine Reaktion darauf. In den 1950er und 1960er Jahren habe der Arbeitsmarkt viel einfacher funktioniert: In einer Krise hätten Menschen ihre Arbeit verloren, im Aufschwung hätten sie dann auch wieder eine neue Stelle gefunden. Das habe sich in den 1970er Jahren aber grundsätzlich gewandelt: »Die Krise 1973 bis 1975, also die Ölpreisverteuerung nach dem Jom-Kippur-Krieg im Oktober 1973, dann die Rezession, die 1975 ausreifte, führte zu einer Arbeitslosigkeit, die einen Sockel ausbildete, der auch nach der Rezession nicht wieder verschwand. Das war neu, und das ist dann analysiert worden als eine Arbeitslosigkeit, die nicht konjunkturell bedingt war, sondern strukturell.«

Enzo Weber vom IAB in Nürnberg kennt diese Probleme. Er sagt, es habe sich langsam, bis in die 1990er Jahre und in den Anfang des 21. Jahrhunderts hinein eine Massenarbeitslosigkeit herausgebildet, die auch in guten Zeiten nicht abgebaut werden konnte. Er stellt nüchtern fest, dass sich das unter anderem mit der Agenda 2010 und Hartz IV geändert habe: Seit 2005 sind neue Jobs entstanden, die Arbeitslosigkeit ist deutlich gesunken: »Das war damals das Thema: Jobs schaffen, Jobs schaffen, Jobs schaffen, Arbeitslosigkeit senken. Das ist gelungen. Es ist teilweise gelungen auf Kosten eines Rückgangs in der Qualität der Jobs, also zum Beispiel in einer Ausweitung des Niedriglohnsektors. Die Lohnentwicklung war schwach, atypische Beschäftigungsverhältnisse, also außerhalb der Vollzeitjobs, haben deutlich zugenommen.«

Michael Hüther befürwortet grundsätzlich einen Niedriglohnsektor, gerade für gering qualifizierte Arbeitnehmer. Lange hatten Arbeitgeber und ihre Verbände argumentiert, wer etwa aus der Arbeitslosigkeit im Niedriglohnbereich einen Arbeitsplatz finde, habe die Möglichkeit, von ihm aus in besser bezahlte Arbeit aufzusteigen. Michael Hüther ist mittlerweile aber ernüchtert, wenn er sich die Entwicklung der letzten Jahre anschaut: »In der Summe ist die Aufwärtsmobilität nicht so, wie wir sie uns wünschen sollten. Es sind mehr in der Erwerbstätigkeit, aber diejenigen, die mit Mühsal unterwegs sind, haben weiterhin Probleme, sie sind jedoch wenigstens im Arbeitsmarkt. Das Einsteigen ist leichter geworden, das Aufsteigen noch nicht.«

Von Hartz IV in die Altersarmut?

Der Frankfurter Wirtschaftswissenschaftler Alexander Ludwig beschäftigt sich auch mit dem Rentensystem, und da macht ihm der Niedriglohnsektor Sorgen: Die Probleme der Abgehängten werden sich in der Rente fortsetzen, glaubt er. Wer lange arbeitslos war oder nur wenig verdient hat, wer also wenige Rentenansprüche erworben hat, der wird in Zukunft noch weniger Rente bekommen als die heutigen Ruheständler, da das Rentenniveau tendenziell gesenkt wird: »Am unteren Rand der Einkommensverteilung werden wir dann im Ruhestand sicherlich eine zunehmende Altersarmut haben.« Im Moment richtet sich die Rente vor allem danach, was man im Arbeitsleben verdient hat. Das aber sei für viele Menschen mittlerweile ein Problem. Deshalb schlägt Alexander Ludwig vor, das Rentensystem zu reformieren: »Dass man sagt, für jedes Entgelt, das ich erzielt habe, bekomme ich nicht eins zu eins Rente, sondern wenn ich sehr niedrig verdient habe, bekomme ich etwas mehr Rente relativ zum Entgelt. Und wenn ich sehr, sehr viel verdient habe, bekomme ich etwas weniger Rente. Das ist eine implizite Besteuerung, die ich dann einführe. Und dadurch setze ich besonders im niedrigen Einkommensbereich zusätzlich einen Anreiz für über 55- bis 65-Jährige, am Arbeitsmarkt zu partizipieren, weil ich weiß, dass ich dadurch meine Rente aufbessern kann.«

Es gibt also viele Bereiche, in denen aus Sicht von Arbeitsmarktforschern und Wissenschaftlern angesetzt werden müsste und angesetzt werden könnte, um die Situation der Abgehängten am Arbeitsmarkt zu verbessern. Ein Patentrezept hat zurzeit aber niemand. Michael Hüther vom Institut der Deutschen Wirtschaft sagt, Arbeit sei immer besser als keine Arbeit. Er sieht jeden Einzelnen in der Verantwortung: »Bildung ist das A und O, im Sinne einer Kompetenzvermittlung, in einer Ausstattung mit Fähigkeiten. Dazu gehört natürlich auch etwas ganz anderes, nämlich Haltung. Man kann Armut an Fähigkeiten haben, die kann man kompensieren. Eine Armut an Haltung ist nicht so leicht zu kompensieren, und die gehört einfach auch dazu. Es sind nicht immer die anderen schuld.«

Christoph Butterwegge schätzt die Lage ganz anders ein. Er fordert eine Abkehr von Hartz IV und vom großen Niedriglohnsektor hin zu einem stärkeren Sozialsystem: »Wenn die Politik die Entscheidung fällen würde, Deutschland wie früher eher als ein Hochlohnland zu sehen und nicht in einen Niedriglohnwettbewerb einzutreten und Dumpinglöhne zu zahlen, sondern stattdessen wieder eher auf gut qualifizierte Beschäftigung zu schauen und auf diesem Felde voranzugehen in der Welt: Dann, glaube ich, hätten auch Menschen eine Chance, die bisher abgehängt waren.«

Enzo Weber sieht wenigstens einen Hoffnungsschimmer: Lange habe man – erfolgreich – versucht, vor allem die Arbeitslosigkeit abzubauen, egal wie. Der Arbeitsmarkt sei dereguliert worden, teilweise mit Verschlechterungen für die Arbeitnehmer: »Die Lohnentwicklung war über 10, über 15 Jahre wirklich schwach. Mittlerweile schlägt das Pendel in die andere Richtung um; wir reden heute darüber, den Arbeitsmarkt wieder stärker zu regulieren. Wir haben den Mindestlohn eingeführt, die Löhne steigen wieder deutlich stärker, die Anzahl der Minijobs geht zurück. Die Erfolge, die wir erreicht haben, führen jetzt auch dazu, dass Arbeitskräfte knapper werden und dass damit die Bedingungen wieder besser werden.« Der Arbeitsmarkt habe sich verändert, unter anderem durch die demografische Entwicklung. Viele Firmen halten Beschäftigte jetzt auch in

Krisenzeiten, suchen verstärkt Mitarbeiter. Um die Arbeitslosigkeit jetzt weiter zu senken und auch Langzeitarbeitslose in Arbeit zu bringen, seien viel Geduld notwendig und individuelle Lösungen. In 10 bis 20 Jahren sei dann Vollbeschäftigung möglich – also eine Arbeitslosenquote von 2 bis 3 Prozent, etwa halb so viel wie heute, das sei aber mühselig, für alle Beteiligten. Enzo Weber: »Trotzdem darf man auch nicht immer nur über Schwierigkeiten reden. Auch Langzeitarbeitslose haben selbstverständlich ihre Stärken, da müsste man eigentlich noch viel stärker draufschauen. Der Trend ist heute, dass man nicht immer nur die Schwächen kuriert, sondern schaut, was haben die Menschen für Stärken, und wo können wir sie mit diesen Stärken am Arbeitsmarkt unterbringen.«

Auch Alexander Spermann vom Institut zur Zukunft der Arbeit ist überzeugt, dass es möglich ist, in den kommenden Jahren etwas zu verbessern: »Jetzt ist die Zeit, zu investieren, mit Blick auf mehr Ausbildung, mehr Weiterbildung, mehr Fördern von Arbeitslosen, Langzeitarbeitslosen und potenziellen Langzeitarbeitslosen. Es spricht überhaupt nichts dagegen, dass heute, wo 43 Millionen Menschen in Deutschland arbeiten, in ein paar Jahren 44 Millionen Menschen in Deutschland arbeiten, darunter auch viele Langzeitarbeitslose und Flüchtlinge.«

Lars Hofmann

14.

AUSLAUFMODELL SOLIDARITÄT – WELCHE ZUKUNFT HABEN DIE GEWERKSCHAFTEN?

Als Florence Reece in den 1930er Jahren »Which side are you on« schrieb, da war ihr Vater, ein Bergmann aus Harlan County, Kentucky, im Kohlestollen ums Leben gekommen. Auch ihr Mann starb, langsam und quälend, an der Staublunge. »Wir beginnen den guten Kampf, und wir werden gewinnen«, heißt es in einem der bekanntesten Gewerkschaftslieder. Und tatsächlich war bis in die 1970er Jahre jeder dritte US-amerikanische Arbeiter gewerkschaftlich organisiert. Immer wieder streikte man für bessere Arbeitsbedingungen und für höhere Löhne.

Heute ist nur noch jeder zehnte Arbeitnehmer in den USA in einer Gewerkschaft organisiert. Auch für Deutschland meldet der Deutsche Gewerkschaftsbund schwindende Mitgliederzahlen: Zwischen 2003 und 2013 nahm die Zahl der Gewerkschaftsmitglieder von insgesamt 7,36 Millionen um über eine Million ab. Was ist los mit den Gewerkschaften? Versagen sie, weil sie altmodisch sind? Weil sie keine Antworten haben im Hinblick auf heutige Arbeitsbedingungen? Für den DGB-Vorsitzenden Reiner Hoffmann ist die Lage in den USA erheblich gewerkschaftsfeindlicher als die in Europa. Bei seiner USA-Reise im Sommer 2015 bemerkte er: »Ich glaube, das kann man mit Europa nicht ganz vergleichen. Sondern wir müssen sehen, dass wir in Deutschland, aber auch in vielen anderen europäischen Ländern, gerade in den skandinavischen Ländern, noch entwickelte Tarifsysteme haben. Und dass die Bestimmung von Löhnen und Gehältern noch zum großen Teil auf Grundlage von Tarifverträgen erfolgt. Das müssen wir weiter stärken und ausbauen.«

Die größte deutsche Einzelgewerkschaft, die IG Metall, verzeichnet seit 2011 wieder leicht steigende Mitgliederzahlen. In den Betrieben ist der Organisationsgrad stabil. Das liege an der guten Konjunktur und an steigenden Beschäftigungszahlen. Anders als in Deutschland wird die Arbeit der Gewerkschaften in den Vereinigten Staaten politisch kaum unterstützt. Die *labor unions* sind lokale Organisationen mit geringer Macht und kaum gefüllten Streikkassen. Die Zeit der großen Mobilisierung und der überaus blutigen Arbeitskämpfe in Minen, Bergwerken und Textilfabriken ist lange vorbei.

James Hoffa ist Präsident der traditionsreichen Gewerkschaft »The International Brotherhood of Teamsters«, die Anfang des 20. Jahrhunderts als Arbeitnehmervertretung der Fahrer und Spediteure begann. Heute vertritt sie noch rund 1,3 Millionen Arbeiter und Angestellte aus einer Vielzahl von Industriebranchen und Dienstleistungsunternehmen. James Hoffa blickt voller Neid nach Europa, vor allem nach Deutschland: »Zunächst einmal: Alles in allem haben die Gewerkschaften in Deutschland viel mehr Macht und viel mehr zu sagen als in den Vereinigten Staaten. Gewerkschaften sind in Deutschland in den Vorständen bedeutender Unternehmen vertreten, das bedeutet großen Einfluss. Das ganze System in Europa, vor allem aber in Deutschland, ist viel menschlicher. Man bemüht sich, Arbeitsplätze zu erhalten, den Arbeitsplatz menschenfreundlicher zu gestalten, man macht sich Sorgen bei Firmenschließungen und Verlagerungen. Die Arbeitslosenunterstützung im Fall von betrieblichen Verlagerungen ist viel besser und fürsorglicher als alles, was wir hier in den USA haben.«

»Right to work« statt Solidarität

»So sieht die Demokratie aus«, skandierten Demonstranten bitter vor dem Kapitol von Madison, Wisconsin, als der konservative Gouverneur und kurzzeitige Präsidentschaftskandidat Scott Walker den Beschäftigten im öffentlichen Dienst verbot, Gehälter auszuhandeln und Wisconsin im Norden der USA zum 25. »Right to work«-Staat machte. Was man dort »Recht auf Arbeit« nennt, ist praktisch ein Verbot von Gewerkschaften. Es bedeutet auch das Ende jeglicher Fürsorge, wie James Hoffa sie im deutschen Miteinander von Arbeitgebern und Arbeitnehmern sieht. Hinter dem amerikanischen »Recht auf Arbeit« steckt ein Gesetz, das Gewerkschaften verbietet, Pflichtbeiträge von ihren Mitgliedern zu verlangen. Die Argumentation des Gouverneurs zum »Right to work«-Gesetz: »Den Gewerkschaftsführern, die hierher kommen, geht es doch viel mehr um Geld als um Rechte. Und was machen sie? Sie treiben die Zwangsbeiträge ein, die Arbeitnehmer ihrer örtlichen Gewerkschaft bezahlen müssen. Das Geld landet in Washington. Es geht doch gar nicht darum, Arbeiter und ihre Ansprüche zu beschützen.«

Das Ergebnis von »Right to Work«: Die US-Südstaaten, weite Teile des Nordens und des Mittleren Westens sind so gut wie gewerkschaftsfrei. Eine Entwicklung, die in Europa aus Sicht der deutschen Bundesarbeitsministerin Andrea Nahles kaum zu erwarten ist. Dieses Vertrauen in die europäischen Gewerkschaftstraditionen ist schön, aber ist es auch belastbar? Die Arbeit verändert sich weltweit rapide. In den USA arbeiteten 2015 laut der Statistik der amerikanischen Arbeitsverwaltung über 15 Millionen Menschen offiziell freiberuflich. Laut einer Studie des Marktforschungsunternehmens Edelman Berland sind es aber schon jetzt 53 Millionen. Im Jahr 2020 könnten es 60 Millionen Freiberufler sein.

Arbeiter ohne feste Anstellung tragen inzwischen geschätzt 700 Milliarden Dollar zum Bruttosozialprodukt der USA bei. Es sind Menschen, die nichts verdienen, wenn sie krank werden oder Urlaub machen, die keine Zuschüsse zur Krankenversicherung bekommen, die sich um ihre Altersvorsorge ganz ohne staatliche Hilfe kümmern müssen. Wenn immer mehr US-Bundesstaaten »Right to work«-Gesetze verabschieden, sagt der DGB-Vorsitzende Reiner Hoffmann, befindet sich auch die betriebliche Mitbestimmung im freien Fall.

Was aber, wenn auch in Deutschland immer mehr Jobs nicht mit einem Arbeitsvertrag verknüpft sind, nicht mit einer Fabrik, einem Büro, einer Branche? Projektarbeiter, Programmierer oder auch Fahrer beim privaten Taxidienst Uber finden ihre Jobs bei Online-Plattformen wie oDesk. Evan Carmichael berät interessierte »Ein-Mann-Unternehmer« und singt ein Loblied auf eine neue Welt der Jobs, in der das Arbeitsamt Zug um Zug vom Internet abgelöst wird. An die Stelle des Arbeitsvertrags mit Rechten und Pflichten auf beiden Seiten tritt – das Projekt: »Ich bin ein großer Anhänger von oDesk und benutze oDesk sehr gern. Im Prinzip ist das eine Site im Internet, die Arbeitgeber mit Arbeitnehmern verbindet. Man kann sich für Projekte bewerben. Als Arbeitgeber finden Sie Menschen, unabhängig davon, wobei Sie Hilfe benötigen, beim Programmieren, für Grafikdesign oder für Verwaltungstätigkeiten. Ich habe oDesk benutzt, um mit Videoredakteuren in Verbindung zu treten, mit Marketing-Assistenten, Personalassistenten, Grafikdesignern, mit Leuten, die Daten erfassen. Es ging um viele verschiedene Jobs. In dieser Welt müssen wir für all diese Tätigkeiten niemanden mehr in unseren Büros sitzen haben.«

Dahinter steckt die Vorstellung einer »Sharing Economy«, in der Anbieter ihr Bestes geben – und Auftraggeber fair bezahlen. Aber statt ungenutzte Ressourcen zu entfalten, unterbieten sich auf Online-Plattformen wie Twago, Angies List oder content.de Projektinteressierte gegenseitig. Elizabeth Shuler ist Finanzchefin des amerikanischen Gewerkschafts-Dachverbands AFL-CIO und sieht die Gewerkschaften in der Pflicht. Gerade weil es auch um junge Menschen und ihre Arbeitsbedingungen geht: »Wenn wir nicht beginnen, unsere jungen Leute dort abzuholen, wo sie sind, werden wir aussterben. Wir müssen die wachsenden Branchen betrachten und fragen: Wo arbeitet die Mehrzahl der jungen Leute? Ich meine, sie arbeiten in einigen der Branchen mit den missbräuchlichsten Bedingungen. Fehlende Arbeitnehmerrechte, geringe Bezahlung, wenige bis gar keine Sozialleistungen.«

Die meisten, die auf dem digitalen Marktplatz Jobs suchen, sind keine Gewerkschaftsmitglieder. Der Berater Evan Carmichael rät den Jobsuchenden im Internet deshalb, sich anzubiedern: »Wenn Sie den Arbeitgebern mehr geben, als sie verlangen, werden sie es schätzen, Sie zu haben. Die brauchen Sie ja für ihr Geschäft. Sie müssen sich unverzichtbar machen. Sie müssen so wichtig werden, dass Sie ein großes Loch hinterlassen, wenn Sie das Unternehmen verlassen.« Das Beispiel eines Online-Anbieters aber zeigt: So einfach ist es nicht, weder für die Unternehmer noch für die Beschäftigten.

Homejoy war ein Online-Unternehmen, das Reinigungskräfte vermittelte. Unternehmensgründerin Adora Cheung stellte ein einfaches Konzept online: »Finde eine Putzhilfe in einer Minute, innerhalb von 60 Sekunden. Sie besuchen homejoy.com, Sie erzählen uns etwas über die Wohnung, nennen ein Datum und eine Uhrzeit. Wir schicken jemanden mit Referenzen, den wir unter die Lupe genommen und versichert haben. Die kommen dann an einem Tag und zu einer Zeit ihrer Wahl.« Auch in Deutschland gibt es solche Vermittlungen via Internet. Das amerikanische Unternehmen Homejoy verfehlte seine Wachstumsziele, aber der entscheidende Faktor, das Angebot wieder einzustellen, war im Sommer 2015 eine drohende Prozesswelle. Reinigungskräfte wollten gerichtlich einklagen, als Angestellte und nicht als freie Projektarbeiter eingestuft zu werden. Zu teuer, entschied die Unternehmensleitung und gab auf. Mit ähnlichen Klagen haben es die Unternehmen der Projektwirtschaft im ganzen Land zu tun.

Freie Berufe – die neue Normalität?

Dennoch: »Freiberuflichkeit ist die neue Normalität«, konstatierte Sara Horowitz, Gründerin und Direktorin der Gewerkschaft der Freelancer. Die Juristin und Enkelin des Anführers einer Textilgewerkschaft spricht von einer »*gig economy*«, also einer Wirtschaft, in der Freiberufler so wie Rockbands von Konzert zu Konzert, von Gig zu Gig weiterziehen, ohne feste Anstellung. Eine Lebensrealität, die auf ein Drittel der arbeitenden US-Bevölkerung zutrifft. Als Sara Horowitz 2001 die Freelancers Union gründete, war klar, dass diese Interessenvertretung keine klassische Gewerkschaft sein würde, die beispielsweise Tarifverhandlungen führen kann, denn Freiberuflichkeit schließt alles ein: Tätigkeiten vom Putzjob bis zum Programmieren anspruchsvoller Software.

Sara Horowitz kümmerte sich deshalb um Krankenversicherungen und um Pensionsfonds für Freiberufler. Sie will Netzwerke und politischen Einfluss für diese wenig homogene, aber enorm wachsende Gruppe von Menschen. Die Gewerkschaft gibt an, inzwischen mehr als 300 000 Mitglieder zu haben, die meisten davon in New York. Auch wenn ein Kernstück, die Krankenversicherung für Freelancer, aufgegeben werden musste wegen der gesetzlichen Neuregelungen der Obamacare genannten Gesundheitsreform: Sara Horowitz macht weiter; nur ein Bruchteil der vielen Millionen Freiberufler und Projektarbeiter ist bislang Mitglied der Freelancers Union.

Freiberuflichkeit muss kein Fluch sein, meint Sara Horowitz. Menschen ohne langfristigen Arbeitsvertrag stellen längst die größte Gruppe der Erwerbstätigen in den USA. Sie erweisen sich in Krisen häufig als sehr widerstandsfähig: »Wenn Sie Freelancer sind oder schon einmal auf diese Art und Weise gearbeitet haben, dann wissen Sie, wie man ein Netzwerk aufrechterhält, ob Sie das auf Facebook machen oder für sich selbst. Es ist entscheidend zu wissen, wie man Aufträge gewinnt. Eine Firma entlässt zum Beispiel Mitarbeiter – aber es gibt immer noch Dinge, die erledigt werden müssen. Das können Sie herausfinden, Sie können diese Arbeit anbieten und den Zuschlag bekommen. Und Sie können mit Ihrem Geld umgehen. Menschen mit solchen Erfahrungen haben im Moment einen Vorteil.«

Diese Fähigkeiten sind es, sagt die Gewerkschaftsgründerin, die langfristig noch wichtiger werden, denn sie ist davon überzeugt, dass kein Weg zurückführt. Große Industrien, große Branchen mit entsprechend mächtigen Arbeitnehmervertretungen gehören für Sara Horowitz bis auf wenige Ausnahmen der Vergangenheit an. Projektarbeit am heimischen Computer tritt in der digitalen Wirtschaft an die Stelle des Bürojobs. Arbeitgeber haben dadurch immense Vorteile: Sie sparen bei Infrastruktur und Sozialleistungen, wenn sie Einzelaufträge vergeben, statt Arbeitnehmer einzustellen.

Bundesarbeitsministerin Andrea Nahles besuchte im Sommer 2015 die USA und machte sich im kalifornischen Silicon Valley ein Bild von der Arbeitswelt; einer Arbeitswelt, die sich in den USA schneller verändert, mit anderen Regeln, mit einer anderen Unternehmenskultur als in Deutschland. Gleichwohl: Die Digitalisierung ist auch in Deutschland ein bedeutendes Thema: »Die Fragen sind hier, auf dieser Seite des Atlantiks, genau dieselben wie auf unserer Seite des Atlantiks, nämlich: Hat die Digitalisierung der Arbeitswelt negative Auswirkungen auf die Zahl der Beschäftigten? Die zweite Frage ist: Was müssen die Leute in Zukunft können? Drittens geht es darum, dass wir auch in einer Phase des Wandels Sicherheit für die Arbeitnehmer schaffen. Die müssen sich auf bestimmte Sachen verlassen können. Sie müssen darauf setzen können, dass sie selbstbestimmt mitbestimmen können. Wir sehen das als Chance, aber eben auch als eine Notwendigkeit, das politisch zu gestalten.«

Spartengewerkschaften statt Solidarität

Für die Gewerkschaften in den USA wie in Deutschland war Solidarität schon immer ein Grundwert. Aber für eine Renaissance der Gewerkschaften sieht Rolf van Dick, Sozialpsychologe an der Goethe-Universität in Frankfurt am Main, trotzdem geringe Chancen. Grundsätzlich haben Menschen zwar das Grundbedürfnis, Gruppen zu bilden, sagt Rolf van Dick, denn Isolation mache unglücklich und krank. Das Bedürfnis nach Zugehörigkeit wurde traditionell von den Betrieben, aber auch von den Gewerkschaften gestillt. Das sei aber nicht mehr so: »In der modernen Servicegesellschaft verlieren beide Themen an Bedeutung – Unternehmen fusionieren und gehen wieder auseinander, werden verkauft und wechseln mit ihren Besitzern auch ihre Namen und Strukturen. Lebenslange Jobgarantie in einem Betrieb gibt es für niemanden mehr, und jeder soll sich möglichst *employable* halten. Kein Wunder also, dass die Bindung an das Unternehmen gering ist. Gleichzeitig laufen aber auch den Gewerkschaften die Mitglieder davon. Erstens sind sie ›unmodern‹ mit ihren hierarchischen Strukturen und ihrem Funktionärstum – dies schreckt vor allem junge, gut ausgebildete Beschäftigte ab. Zweitens ist mit der geforderten *employability* des Arbeitnehmers auch keine Festlegung auf eine Branche, die von einer Gewerkschaft vertreten wird, mehr gegeben. Und drittens ist das öffentliche Bild von Gewerkschaft, zumindest in Deutschland, geprägt von den Kleinkriegen einzelner Spartengewerkschaften, die mit wenigen Mitgliedern im Streikfall ganze Industrien lahmlegen – oft zum Schaden des Kunden.«

In den USA hat eine ganz ähnliche Entwicklung manche Gewerkschaft in die Bedeutungslosigkeit gedrängt. Sie konnten mit der Veränderung der Arbeitsbedingungen nicht Schritt halten. Der DGB-Vorsitzende Reiner Hoffmann will dem entgegentreten. Auf die Frage, ob die Gewerkschaften, in Deutschland wie in den USA, überfordert seien, sagt er: »Nein, wir haben ja internationale Strukturen. Wir müssen sie nur weiterentwickeln und sie dann auch entlang großer, multinationaler Unternehmen handlungsfähig machen. Ein Experimentierfeld wäre da beispielsweise Amazon. Ein solches Unternehmen, das mit Geschäftsmodellen arbeitet, die extrem gewerkschaftsfeindlich sind, die keine Tarifverträge anerkennen wollen, kann man nicht allein in Deutschland in die Knie zwingen, auch nicht in Europa allein, sondern da müssen wir global und international mit allen Gewerkschaften zusammenarbeiten. Und auch unser Geschäftsmodell überdenken, ob wir hier nicht beispielsweise ein Joint Venture machen, wo wir konzentriert, koordiniert das Unternehmen von unseren Wertevorstellungen überzeugen und im Zweifelsfall auch in die Knie zwingen.«

Michelle Chen würde das wohl mit einem Lächeln als »alte Ökonomie«, als »alten Gewerkschaftsansatz« bezeichnen. Die US-Journalistin schreibt für unterschiedliche Publikationen, sie hat einen Podcast-Kanal und widmet sich als Fernsehproduzentin asiatischen Themen. Sie ist eine echte Freiberuflerin, die keinen Zweifel daran hat, dass ein ganzes Arbeitsleben in einem einzigen Betrieb ein Phänomen der Vergangenheit ist. Die Vorstellung, in einer Gemeinschaft, die auch Gewerkschaft heißen könnte, gute Arbeitsbedingungen zu erreichen, ist für sie dagegen durchaus realistisch: »Die Leute dachten über freiberufliche Projektarbeit oft: ›Das mache ich jetzt, dann kommt etwas Neues.‹ Aber jetzt werden sich die Menschen darüber klar, ob es eine Notwendigkeit oder ein freier Entschluss ist: So wird es den Rest meines Lebens weitergehen. Also geht es darum, die Arbeitsumgebung besser zu gestalten und nicht nur auf den nächsten Auftrag zu warten. Das könnte die Basis für eine ›Wirtschaft des Teilens‹ werden, wie wir das nennen. Das hat mit der jetzigen ›Wirtschaft des Diebstahls‹ nicht viel zu tun. Was aber, wenn wir wirklich Wege fänden, die Macht zu teilen?«

Klare Worte über die Zukunft der Arbeit – Worte, die in der Occupy-Bewegung Widerhall fanden. »Wir sind die 99 Prozent«, skandierten Demonstranten 2008 an der Wall Street und machten auf die Schere zwischen Arm und Reich in Amerika aufmerksam. Die gemeinnützige Organisation Oxfam hat errechnet, dass im Jahr 2016

1 Prozent der Menschheit mehr besitzt als die restlichen 99 Prozent. Die extrem unterschiedliche Verteilung des Reichtums ist in den USA besonders ausgeprägt. Der unabhängige Senator Bernie Sanders aus Vermont nennt sich selbst »demokratischer Sozialist« und trat für die US-Demokraten als Präsidentschaftskandidat 2016 an. Er machte erfolgreich Wahlkampf mit der Forderung nach mehr Gerechtigkeit: »Die 400 wohlhabendsten Amerikaner besitzen heute mehr Reichtum als die untere Hälfte der amerikanischen Gesellschaft. Das sind 150 Millionen Menschen. 400 hier, 150 Millionen dort!« Bernie Sanders zog mit seiner lauten Kapitalismuskritik Hunderttausende Amerikaner an, besonders jüngere Leute. Das ist eine schwer zu greifende Bewegung. In lokalen und regionalen Gruppen und oft über die sozialen Medien formuliert sie Ziele, die viel Ähnlichkeit haben mit den Programmen der Gewerkschaften: mehr Arbeitsgerechtigkeit, mehr Sozialleistungen, fairer Umgang mit Arbeitskräften, die nicht vertraglich an ein Unternehmen gebunden sind. Die Aktivisten fühlten sich zunächst weder politisch noch gewerkschaftlich gebunden. Aber spätestens der »Fight for 15«, der Kampf für 15 Dollar Mindestlohn, rief auch die US-Gewerkschaften auf den Plan. 15 Dollar pro Stunde, das ist für Aktivisten, progressive Demokraten und Gewerkschafter inzwischen zu einem Synonym für eine gerechte Entlohnung geworden.

Gerechter Lohn schenkt Würde

Mary Cathryn Ricker ist Vizepräsidentin der großen Lehrergewerkschaft American Federation of Teachers (AFT), die zum Gewerkschaftsdachverband AFL-CIO gehört. Sie spannt einen großen Bogen: Die Lehrer kämpfen nicht für sich allein, sondern auch für die amerikanischen Arbeiter und die Schar der digitalen Berufsnomaden, die sich von Gig zu Gig, von Auftrag zu Projekt, von der Hand in den Mund durch ihr Arbeitsleben schlagen: »Es geht uns nicht nur darum, dass Lehrer genug verdienen, um den Beruf attraktiv zu machen. Es geht um alle Arbeitnehmer, die einen Lohn erhalten sollen, der ihnen ein Leben in Würde ermöglicht. Jeder soll den amerikanischen Traum erfahren dürfen, diesen Eingang in die Mittelklasse. Es gibt Zeiten, in denen wir uns auf das Einkommen der Lehrer konzentrieren. Aber meist stehen wir Schulter an Schulter mit allen Arbeitnehmern. Deshalb sind wir Lehrer so inspiriert vom Kampf für 15 Dollar, der im Moment in den USA stattfindet. Es geht um die Idee, dass jede Arbeit Würde hat. Eine Art, diese Würde auszudrücken, ist ein Lohn, der ein Dach über dem Kopf in der Gemeinschaft erlaubt, in der man arbeitet.«

Die Gewerkschaften haben zwar noch keine ausreichende Antwort auf die Entwicklungen in der Arbeitswelt, aber sind sie deshalb verzichtbar? Richard Kahlenberg, leitender Wissenschaftler an der New Yorker Century Foundation, ist davon überzeugt, dass wir von der Vergangenheit profitieren könnten: »Ich empfinde die alte Arbeiterbewegung als sehr aufregend. So etwas brauchen wir, um unsere Gesetze zu verändern. Ich denke, wir können auf der Ebene der Bundesstaaten und auf lokaler Ebene anfangen. Eine Strategie, die die politische Rechte sehr erfolgreich mit den sogenannten ›Right to work‹-Gesetzen verfolgt hat. Wenn wir die Gesetze und die Kultur dieses Landes Stück für Stück verändern wollen, brauchen wir eine Bewegung.«

Es ist der Ruf nach einer Bewegung, die es nicht gibt. Noch nicht. Die amerikanischen Gewerkschaften der großen Arbeitskämpfe leben so lange bloß nostalgisch weiter: etwa, wenn der Rockstar Bruce Springsteen »Joe Hill« singt. Joe Hill war Mitglied der Gewerkschaft »Industrial Workers of the World«. In einem dubiosen Indizienprozess in Utah wurde Joe Hill des Mordes an einem Lebensmittelhändler und dessen Sohn bezichtigt und im November 1915 hingerichtet. Waren die Besitzer der Kupferminen für den Tod des aktiven Gewerkschafters verantwortlich, an den in diesem Folksong erinnert wird? Es braucht mehr als Kugeln, um einen Mann zu töten, heißt es im Lied. Joe Hill wurde zur Leitfigur einer Bewegung, die sich Mut machte, den Widerstand gegen das Amerika der Bosse und Spekulanten nicht aufzugeben.

Neue Bewegungen wie die Freelancers Union bemühen sich, die Arbeitsrealität des 21. Jahrhunderts in Amerika so zu gestalten, dass die Menschen ohne Arbeitsvertrag nicht rechtlos verarmen. Spontane Proteste, farbenfrohe Demonstrationen, Interessenvertretungen, die sich über das Internet zusammenfinden, Unternehmen und Konzerne, die mit Massenklagen überzogen werden, von Arbeitnehmern, die zu Unrecht als Freiberufler auf Honorarbasis beschäftigt wurden – ohne Krankenversicherung, ohne soziale Sicherung, dafür aber mit der vollen Steuerlast von Freiberuflern.

Sharing Economy – der freie Austausch entpuppte sich schon zu oft als Goldgrube für die Auftraggeber und als gnadenloser Kampf um Jobs für die, die immer niedrigere Preise anbieten müssen. DGB-Chef Reiner Hoffmann sieht die rasche Veränderung der Arbeit auf beiden Seiten des Atlantiks: »Gewerkschaften sind 150 Jahre alt, Kinder der industriellen Revolution, also sozusagen Industrie 1.0. Wir sind jetzt bei Industrie 4.0 angekommen, und das heißt: Wenn ich mir die Lernkurve anschaue, sind Gewerkschaften als regionale Organisationen angetreten. Die hatten im Kern die Verbesserung der Beschäftigungsfähigkeit. Wir sind europäisch gar nicht schlecht aufgestellt, und die nächste Entwicklungsstufe heißt Gewerkschaften 4.0, auch international.«

Gewerkschaften 4.0: Wie wird sie aussehen, diese nächste Entwicklungsstufe, die einer neuen Arbeitswelt gerecht werden soll? Eine schwierige Aufgabe, angesichts der »*gig economy*«, die um sich greift und zu der die großen Industriegewerkschaften nicht mehr passen.

Andreas Horchler

15.

PLANLOS INS ALTER – DIE GROSSE RENTENVERUNSICHERUNG

Kaum ein politischer Satz brannte sich in die Köpfe der Deutschen ein wie dieser: »Die Rente ist sicher!« Dr. Norbert Blüm von der CDU sprach die Worte im Wahlkampf 1986, damals war er Bundesminister für Arbeit und Sozialordnung. Knapp 30 Jahre später meint er dazu: »Der Satz stimmt auch heute noch. Es gibt nämlich nix Sichereres als die Rente.« Norbert Blüm bleibt also dabei und verteidigt die gesetzliche Rente, nicht aber die Politik, die auf Privatversicherung gesetzt hat: »Wer behauptet, aber das ist ja scheinbar auch verdrängt worden, die Privatversicherung sei sicherer, der muss die letzten Jahre irgendwie verschlafen haben. Die große Finanzkrise hat sich sehr wesentlich in der Privatversicherung niedergeschlagen; die Lebensversicherung in Deutschland: Deren Mindestverzinsung ist Jahr für Jahr zurückgegangen. Die Privatversicherung, der ›Retter der Welt‹, ist in Chile so gut wie bankrottgegangen. Überall auf der Welt hat es gewackelt. In Amerika haben Millionen von Menschen ihre Alterssicherung verloren, weil ihre Spekulanten versagt haben; oder wer bei Lehman Brothers seine Altersversicherung angelegt hat, der guckt auch in den Mond!« So selbstsicher sich Norbert Blüm auch gibt: Die Zukunft der Rentenversicherung ist und bleibt wohl auch ein Thema mit vielen Fragezeichen – vor allem für jene Generationen, die noch voll im Arbeitsleben stehen.

Beklemmendes Gefühl

Einmal im Jahr kommt bei den Rentenversicherungspflichtigen ein Brief ins Haus geflattert, der häufig zwiespältige Gefühle auslöst: der Rentenbescheid. Darin aufgelistet ist der Wert der Rente, der bei Renteneintritt je nach Höhe des Anpassungssatzes niedriger oder höher ausfallen wird als in den momentanen Vorhersagen. Auch wenn dieser Wert im Laufe der Jahre – ab Beginn der Berufstätigkeit – kontinuierlich steigt, es entsteht bei vielen mittlerweile ein beklemmendes Gefühl: Wird es reichen? Kann ich im Alter davon unbeschwert leben? Wie kann ich die viel beschworene Versorgungslücke zwischen Rente und vorherigem Einkommen füllen? Ab wann rutsche ich in die Altersarmut? Denn das Rentenniveau sinkt seit den 1970er Jahren kontinuierlich. Lange konnte man mit mehr als 50 Prozent des letzten Gehaltes rechnen, aber bereits 2014 lag die Netto-Standardrente nur noch bei rund 48 Prozent; 2030 könnte die gesetzliche Rente bei etwa 43 Prozent angekommen sein.

Eine Studie des Leibniz-Instituts für Sozialwissenschaften aus dem Jahr 2013 brachte es auf den Punkt: Die Altersvorsorge ist das Sorgenkind Nummer eins der Deutschen. 37 Prozent der Befragten sind sehr beunruhigt: Sie vereint das Gefühl, in einem Sozialstaat zu leben, der sein grundsätzliches Versprechen nicht mehr halten kann, nämlich das der existenzsichernden Rente. Das ist nachvollziehbar: Schon jungen Menschen wird heute geraten, sich selbst um die Altersvorsorge zu kümmern. Doch diese Aufforderung ist wenig konkret. Wer sagt ihnen, welche Angebote richtig sind? Es bleiben meist ein Gefühl der Überforderung und der Ratlosigkeit sowie die Frage: »Was ist denn der richtige Weg?«

Lange lautete die unerschütterliche Wahrheit: Um die Rente kümmert sich der Staat. Dann kam ein neues, gegenteiliges Mantra: Privat vorsorgen ist das A und O. Aber auch dieser Rat stellt sich mehr und mehr als zu einseitig heraus. Heute basiert die Altersvorsorge daher auf drei Säulen: Da sind zum einen die Pflichtbeiträge zur gesetzlichen Rentenversicherung. Dann gibt es die betriebliche Altersvorsorge und schließlich die private Vorsorge: das freiwillige Ansparen von Kapital mit der Möglichkeit, bei Beginn des Rentenalters darauf zuzugreifen. Doch wie kam es zu diesem Drei-Säulen-System?

Vom Kapitalstock zum Umlageverfahren

Der Grundstein für unser heutiges Rentensystem wurde vor mehr als 125 Jahren gelegt. 1889 beschloss der Deutsche Reichstag unter Reichskanzler Otto von Bismarck das Gesetz über die Invaliditäts- und Altersversicherung. Das war revolutionär; damit wurde erstmals in der deutschen Geschichte ein Schutz bei Krankheit und bei Unfällen geschaffen sowie eine Absicherung für Arbeiter und Angestellte im Alter. Die Rente war ursprünglich kapitalgedeckt, sie wurde also als Vermögen angelegt. Zwei Weltkriege, Inflation und Wirtschaftskrise beschädigten diesen Kapitalstock jedoch so, dass die gesetzliche Altersrente in den 1950er Jahren nicht mehr gesichert war.

Die 1950er Jahre waren in Deutschland die Zeit des Wiederaufbaus, des Wirtschaftswunders, der Vollbeschäftigung. Vor diesem ökonomischen Hintergrund stellte Bundeskanzler Konrad Adenauer das kapitalgedeckte Rentensystem im Jahr 1957 auf ein Umlageverfahren um. Eine Definition der Bundeszentrale für politische Bildung lautet so: »In der gesetzlichen Rentenversicherung bedeutet Umlageverfahren, dass die Beitragszahler nicht einen Kapitalbestand für ihre eigene Rente aufbauen wie beim Kapitaldeckungsverfahren, sondern die Bezüge der aktuellen Rentenbezieher finanzieren. Sie erwerben nur einen Anspruch auf eine spätere eigene Rente.«

Seit 1957 kommen also die jeweils berufstätigen Generationen für die Zahlungen an die Rentner auf: Die monatlichen Beiträge zur

Rentenversicherung aufseiten der Berufstätigen wandern Monat für Monat auf die Konten der Rentner. Diether Döring ist Professor für Finanzwissenschaften und Sozialpolitik an der Goethe-Universität in Frankfurt, er forscht zum Thema Sozialstaat und über die Geschichte der Rente. Adenauers Rentenreform war in seinen Augen ein politisch äußerst geschickter Schachzug: »Nach der großen Rentenreform von 1956/57 sprangen die Renten in Deutschland, was wir uns heute kaum mehr vorstellen können, von einem Tag auf den anderen um plus 65 Prozent. Die Reform der Adenauerzeit hob die Renten schlagartig an. Natürlich war das auch wahlpolitisch gemeint. Die damalige Regierung Adenauer fuhr den fulminantesten Wahlsieg aller Zeiten ein, in der nachfolgenden Bundestagswahl: Klar, wofür haben die Rentner gestimmt?!«

Erst in den 1970er und 1980er Jahren, mit dem Verlust der Vollbeschäftigung, setzte ein Wandel ein. Vor allem Männer blickten bis dahin beim Renteneintritt auf ununterbrochene Berufszeiten zurück, oft mit zusätzlicher betrieblicher Altersversorgung. Seitdem aber sehen die Lebensläufe ganz anders aus: Es gibt Unterbrechungen durch Arbeitslosigkeit, viele haben eine längere Ausbildungszeit und fangen daher später an zu arbeiten, durchschnittlich erst mit 25 Jahren; und die Aussichten auf eine feste Stelle mit regelmäßigen Beitragszahlungen sind gesunken. Das Risiko der Altersarmut steigt seither.

Dieses Risiko soll die private Altersvorsorge auffangen. Dazu zählen Fondssparpläne, Immobilienbesitz oder auch die wohl bekannteste Vorsorge, geschaffen im Jahr 2002: die Riester-Rente, eine staatlich geförderte private Altersvorsorge. Das Credo lautet nunmehr: Wer ein bisschen Mitgefühl mit seinem zukünftigen Ich hat, legt freiwillig ein paar Euro im Monat zurück und stopft damit das Loch, das die Rentenkürzungen reißen. Als die Riester-Rente unter Bundeskanzler Gerhard Schröder eingeführt wurde, war Diether Döring Mitglied in der Rentenstruktur-Kommission. Er kann sich noch lebhaft an die Diskussionen erinnern: »Man darf nicht vergessen, gleichzeitig waren viele Leute fasziniert von dem Hype an den Börsen. Man hatte den Eindruck, man kann, wenn man da Geld anlegt, jedes Jahr seine 20 Prozent machen oder vielleicht 10 Prozent. Dagegen schien das, was man aus seinen Beiträgen für das Rentensystem erwarten konnte, ziemlich dürftig zu sein. Das war so ein Grundgefühl, und dieses Gefühl hat ohne Zweifel auch die Politik beeinflusst. Es schuf das Gefühl, dass ein kapitalgedecktes System eine viel günstigere Perspektive bieten und möglicherweise auch dazu beitragen würde, dass man dieses schwächelnde Rentensystem durch eine super Zusatzversicherung, die man freiwillig machen konnte, kompensieren könnte.«

Doch jüngste Untersuchungen zeigen: Diese Form der Altersvorsorge kommt jenen zugute, die finanziell ohnehin schon gut abgesichert sind. Wer finanziell nicht gut dasteht und kaum gesetzliche Rente erwarten kann, dem gelingt auch mit der Riester-Rente keine Nachbesserung: Wer nicht viel hat, kann auch nicht viel sparen. Ein Fehler im System ist das, meint auch Norbert Blüm: »Die private Vorsorge, da habe ich ja nichts dagegen, die kann der Einzelne so viel machen, wie er kann, wie er will. Ich bin weder Vormund noch Erziehungsmeister. Es ist immer gut, vorzusorgen, aber sie kann die Rentenversicherung nicht ersetzen. Aber die Riester-Rente ersetzt einen Teil der Rentenversicherung, weil das Niveau jetzt so weit absinkt, dass es in einigen Jahren, in vielen Fällen, in der Nähe der Sozialhilfe ist. Wenn die Rente allerdings in der Nähe der Sozialhilfe ist, dann hat die Beitragszahlung ihren Sinn verloren.« Auch eine Studie von Wissenschaftlern der Universität Kassel aus dem Jahr 2014 zeigte: Wer abhängig ist von privater Altersvorsorge wie etwa der Riester-Rente, für den ist der Ruhestand eher unsicher geworden.

Weiterhin steigende Belastungen

Allerdings sind auch andere private Anlageformen unsicher. Dazu kommt, dass vielen Menschen der Überblick fehlt. Selbst Ökonomen sind skeptisch: Vor der Finanzkrise war es durchaus üblich, auch für die Altersvorsorge risikoreiche Finanzanlagen zu empfehlen; mittlerweile rangiert Risikobereitschaft weit hinten in den Anlageempfehlungen. All das trägt dazu bei, dass die Deutschen bei ihrer Rentenplanung den Versicherern immer weniger trauen. Laut einer Umfrage der Versicherungsgesellschaft Axa zweifelt mittlerweile jeder zweite, ob die private Altersvorsorge überhaupt noch sinnvoll ist.

Jenseits aller Kritik gibt es aber auch Stimmen, die sagen, es geht kein Weg an der privaten Altersvorsorge vorbei. Alexander Ludwig ist Professor für Empirische Wirtschaftsforschung und Internationale Wirtschaftspolitik an der Frankfurter Goethe-Universität. An der Wand seines Büros hängt eine große Tafel mit vielen kompliziert aussehenden Berechnungen. Alexander Ludwig analysiert, wie sich der demografische Wandel auf unser Rentensystem auswirkt: »Der derzeitige Status quo ist in etwa so: Wir haben 40 Millionen Erwerbstätige und 20 Millionen Rentner. Im Jahr 2030, das ist der Zeitpunkt, an dem die Babyboom-Generation komplett in Rente sein wird, an dem der demografische Wandel seinen Höhepunkt erreicht hat: Dann ist die Belastung im Rentensystem so: Auf einen Erwerbstätigen kommt ein Rentner.« Jedenfalls dann, wenn man die Alterspyramide von 2010 auf das Jahr 2030 projiziert und Zuwanderer aus dem Ausland unberücksichtigt lässt.

Alexander Ludwig und seine Kollegen haben berechnet, dass das Renteneinstiegsalter von 65 auf 67 Jahre steigen muss, damit die Beitragsbelastungen für die Arbeitenden auch in der Zukunft nicht exorbitant hoch werden. Ohne private Vorsorge, sagt Alexander Ludwig, geht es gleichwohl nicht: »Wir können eine Sicherung der Rente nur gewährleisten, indem wir die private Altersvorsorge stärken und indem wir die Reformen stringent durchziehen, die

2001/2003 im Rentensystem angestoßen wurden und zum einen eine Stärkung der privaten Vorsorge und zum anderen eine Verlängerung des Arbeitsalters zum Ziel haben.« Das heißt im Umkehrschluss: Das Rentenalter zu senken, wie vor Jahren geschehen, war nach Meinung des Ökonomen falsch. Auch wenn es jahrelang von Politikern propagiert wurde und für viele Menschen auch heute noch eine Wunschvorstellung ist, möglichst früh in Rente zu gehen – das wird keine Zukunft haben. Nein, es sind keine besonders guten Aussichten: länger arbeiten und trotzdem weniger Rente bekommen.

Die Macht des Einzelnen

Andreas Hackethal ist Finanzwissenschaftler an der Frankfurter Goethe-Universität. Er teilt die Bevölkerung in drei Gruppen ein: Die einen müssen sich um die Rente keine Sorgen machen; dann gibt es diejenigen, die es auch in Zukunft nicht schaffen werden, privat vorzusorgen: »Und schließlich gibt es einen mittleren Teil, ich nehme an, das ist der größte Teil, wo eine Altersvorsorge über die gesetzliche Rentenversicherung hinaus nötig ist, aber auch möglich ist.«

Um zu veranschaulichen, wie das funktionieren kann, verwendet er das Bild eines Zeltes. Dieses Zelt sei Sinnbild für den Aufbau von Vermögen während des ganzen Lebens. Der linke Pflock symbolisiert den Arbeitseintritt, der rechte Pflock das Lebensende: »In der Mitte steht ein Pfosten. Dort erreicht das Zelt seinen höchsten Punkt. Der Pfosten steht dort, wo mein Renteneintritt beginnt. Da höre ich auf zu arbeiten und beginne mit meiner Rente.« Soll heißen: Je höher der Pfosten in der Mitte ist, desto höher ist das Vermögen, auf das ich als Rentner zugreifen kann, wenn ich in den Ruhestand gehe. Andreas Hackethal: »Natürlich sieht so ein Zelt für verschiedene Menschen unterschiedlich aus. Einige fangen früh mit dem Sparen an, sie bauen ein großes Zelt und planen für ein langes Alter. Das heißt, die Breite des Zeltes ist sehr unterschiedlich, aber auch die Höhe. Denn einige sparen mehr und gehen vielleicht auch mehr Risiken ein, und damit wird das Zelt höher. Die Zelte sehen sehr unterschiedlich aus, aber es liegt in der Macht der Einzelnen, dieses Zelt zu bauen, zum großen Teil jedenfalls.«

Solch ein Zelt kann allerdings auch einstürzen – wenn Sturm aufkommt, kann ein Pfosten aus dem Boden gerissen werden oder brechen. Aber gerade deswegen passt dieses Bild so gut, sagt Professor Andreas Hackethal, denn es veranschaulicht auch die Unsicherheiten: »Die zentrale Unsicherheit ist, wie wird sich mein Einkommen entwickeln? Sprich: Wie viel kann ich davon sparen? Damit hängt auch zusammen: Wie werden sich meine Ausgaben entwickeln? Das hängt davon ab, wie mein Familienstand ist, das hängt von meinem Gesundheitsstatus ab und von sonstigen Ausgaben. Und schließlich: Wie viel werde ich später verbrauchen müssen? Wie lange wir leben, das wissen wir nicht. Eine weitere Unsicherheit ist der Realzins: Wie wird sich der weiterentwickeln, sprich: Wie wird sich das Vermögen, das ich habe, im Zeitablauf entwickeln? All das verändert sich und erfordert, dass das Zelt dynamisch angepasst wird, dynamisch optimiert wird, und das ist eine recht komplexe Aufgabe.«

Und diese Aufgabe verlangt vom Zeltbauer Flexibilität, Ausdauer und vor allem Durchblick. Da der Zeltbauer aber kein Computer ist, sondern ein Mensch, der häufig nicht weiter als bis ins nächste Jahr blickt, kommt es zu Problemen. Andreas Hackethal: »Wir sind im Konflikt mit dem heutigen Selbst – ich will jetzt konsumieren – und dem morgigen Selbst, das mir auf die Schulter klopft und sagt, nein, warte lieber, spar dein Geld, damit ich im morgigen Selbst noch was davon habe.« Und es steht dem Vermögensaufbau laut Andreas Hackethal noch etwas im Wege: »Die Verlust-Aversion hindert viele Menschen, etwas Sinnvolles zu machen, nämlich, gerade in der Langfrist auch Risiken dosiert in Kauf zu nehmen und damit eine höhere Verzinsung ihres Vermögens zu erreichen.«

Früh anfangen mit ergänzender privater Vorsorge, durchaus Risiken eingehen und breit streuen, das ist seine Kernthese, worin aber besteht künftig noch die Rolle des Staates? Wenn es nach dem ehemaligen Arbeitsminister Norbert Blüm ginge, müsste nach wie vor das Prinzip Solidarität ganz großgeschrieben werden: »Ohne Solidarität geht es überhaupt nicht. Und solche dummen Redensarten, wie man sie bei der Jungen Union oder den Liberalen gehört hat – ›Jede Generation sorgt für sich selber‹ – das zeigt die ganze politische Blödheit der Erfinder solcher Sprüche. Ich habe noch kein Baby gesehen, das für sich selber sorgen kann; es ist seit dem Neandertal so, dass die Menschen füreinander sorgen. Wenn sie das nämlich nicht gemacht hätten, dann wären sie erfrören und verhungert, und so müssen die Generationen immer füreinander sorgen. Es sind immer die Jungen, die für die Alten zahlen.«

Mehr Bildung für alle

Generationenübergreifende Solidarität: Das klingt schön, aber wäre – was es heute noch nicht gibt – eine Verpflichtung zu einer privaten Vorsorge nicht doch sinnvoll? Diether Döring beantwortet diese Frage so: »Es geht gar nicht darum, alle Leute zu ›verhaften‹ im System und zu sagen, du musst da jetzt rein, du musst Beiträge zahlen oder was auch immer. Aber wir brauchen in der modernen Ökonomie schon eine gewisse Basissicherung, die sicher ist.« Der Staat, der für die Grundsicherung sorgt, indem er eine gesetzliche Rente garantiert: Das ist in Deutschland im Jahr 2016 Konsens bei den meisten Ökonomen. Andreas Hackethal sieht die Rolle des Staates vor allem so: »Der Staat kann und soll zum Beispiel dafür sorgen, dass die Einkommen möglichst hoch sind, sodass breite Bevölkerungskreise genug Einkommen haben, um einerseits zu konsumieren und auch, und das ist hier das Wichtige, um auch etwas zur Seite zu legen, um für das Alter vorzusorgen.«

Sein Kollege Diether Döring geht noch einen Schritt weiter und will zum Beispiel auch die vom Staat subventionierte betriebliche Rente unter die Lupe nehmen. Eine sichere Rente für alle sei dann gewährleistet, wenn es erst gar nicht zu schlecht bezahlten Jobs und zu unsicheren Arbeitsverhältnissen komme. Seine Schlussfolgerung: »Mehr Förderung von Frauen, mehr Gesundheitsförderung auch in der Industrie, Ausbildung für junge Leute, die bislang keine Ausbildung haben. Es gibt viel zu tun, aber es wird etwas bleiben – wir werden mehr Leute, mehr Zuwanderer brauchen.« Damit das staatliche, das umlagenfinanzierte System weiter funktionieren kann. »Aber man darf nicht vergessen, das Rentensystem ist keine isolierte Materie, wie wir sie in Diskussionen manchmal führen. Sondern es ist ein integraler Bestandteil unserer Volkswirtschaft und unserer Gesellschaft, und viele Dinge guter Rentenpolitik finden sowohl im Bildungssystem statt als auch im Betreuungssystem.«

Die Zukunft der Rente betrifft uns alle: Es wird ein Mix nötig sein aus privater Vorsorge und staatlicher Fürsorge, aus kluger Finanzstrategie und generationenübergreifender Solidarität.

Anne Baier

NEUE WERTE!

16.

VORWÄRTS IM RÜCKWÄRTSGANG – EINE WELT OHNE WACHSTUM?

Wir müssen wachsen, sagen Konjunkturforscher, Wirtschaftswissenschaftler und Politiker – mit Betonung auf dem Wort »müssen« – in Deutschland, im Euroraum, ja auf dem gesamten Globus. Überall auf der Welt soll Jahr für Jahr mehr produziert, mehr gekauft, mehr Geld ausgegeben werden. Jede Wachstumsdelle, jeder kleinste Rückgang der Wachstumskennzahlen ist offenbar beunruhigend. Die Finanzmärkte jedenfalls reagieren dann stets alarmiert. Und das, obwohl zumindest wir Europäer in einer sehr wohlhabenden Gesellschaft leben: Es gibt nur noch wenige Menschen, die keinen Fernseher, kein Auto besitzen, kein Fahrrad besitzen – außer sie verzichten ganz bewusst darauf. Eigentlich leben wir doch in einer Gesellschaft, in der fast jeder fast alles hat. Man kann sich also fragen, wer festlegt, dass man immer mehr konsumieren muss, dass eine Wirtschaft immer wachsen muss.

Daniela Scholl, Anfang 40, hat sich solche Fragen gestellt und im Frankfurter Gallusviertel ein Repair-Café gegründet. Auf einem Tisch stehen dort Kuchen und Getränke, auf der Bank daneben steht ein großer Werkzeugkasten, darin mehr als ein Dutzend Schraubenzieher, kleine und große. Einmal im Monat öffnet das Repair-Café seine Pforten. Hier sollen Menschen in gemütlichem Rahmen zusammenkommen und gemeinsam versuchen, kaputte Dinge zu reparieren.

In den vergangenen Jahren sind in vielen Städten solche Repair-Cafés entstanden. Die Internetsite repaircafe.org listet sie alle auf. Dinge reparieren statt sie neu zu kaufen, das spart Geld und macht im Idealfall auch noch Spaß – so sehen es zumindest die Anhänger der Repair-Cafés. Und bei vielen, so auch bei Daniela Scholl, steckt ein großes Stück Wachstumskritik dahinter. Fast alle Wirtschaftswissenschaftler hingegen scheinen wie selbstverständlich davon auszugehen, dass eine Ökonomie ohne Wachstum nicht möglich ist.

Michael Binder ist Professor für Makroökonomie an der Frankfurter Goethe-Universität. Er beschäftigt sich unter anderem mit der Frage, warum Volkswirtschaften wachsen. Mehr als hundert verschiedene Ursachen gibt es, sagt er: »Es gibt den Grund, dass Unternehmen mehr Produktionskapazitäten schaffen und deshalb mehr produzieren können. Es gibt den Grund, dass wir effektiver, effizienter arbeiten können. Es gibt neue Technologie, und es gibt neue Rahmenbedingungen, die es den Unternehmen ermöglichen, besser zu wirtschaften.«

Mehr Wachstum – mehr Glück?

Die Erkenntnisse des US-amerikanischen Ökonomen Robert Solow, der für seine Forschungen zur Wachstumstheorie 1987 den Wirtschaftsnobelpreis verliehen bekam, prägen die Wirtschaftswissenschaften bis heute. Solow bewies, dass Investitionen in zusätzliche neue Maschinen und Produktionsanlagen in einer Volkswirtschaft auf Dauer kein Wachstum generieren können, sondern dass es in der Wachstumsgleichung eine zusätzliche, externe Variable geben muss: den technischen Fortschritt. Was wiederum den technischen Fortschritt bedingt, hat ein anderer US-amerikanischer Ökonom untersucht, David Romer. Er gilt als Begründer der sogenannten endogenen Wachstumstheorie. Knapp zusammengefasst lautet seine wichtigste Formel: Je mehr Ressourcen eine Volkswirtschaft in Forschung und Entwicklung steckt, desto stärker wächst die Wirtschaft.

Das alles sagt allerdings noch nichts darüber aus, wofür Wirtschaftswachstum gut ist. Die Antwort auf diese Frage ist einfach – und zugleich schwierig. Sie ist einfach, weil die meisten wirtschaftswissenschaftlichen Theorien auf der Annahme beruhen, dass zusätzlicher Konsum einem Individuum zusätzlichen Nutzen bringt, dass zusätzlicher Konsum ihn in gewissem Sinne glücklicher macht. Mehr Wachstum bedeutet also verkürzt gesagt: mehr Glück. Kompliziert wird die Antwort auf die Frage nach dem Sinn und Zweck des Wirtschaftswachstums jedoch, weil in den vergangenen Jahrzehnten einige Forscher damit begonnen haben, an dieser Glücks-Hypothese zu rütteln. Der Schotte Angus Deaton gehört dazu, der 2015 für seine Arbeiten den Wirtschaftsnobelpreis zugesprochen bekam, und zwar für seine »Analyse von Konsum, Armut und Wohlfahrt«, so die offizielle Begründung des Nobelpreiskomitees. Der Frankfurter Wirtschaftswissenschaftler Alexander Ludwig fasst eine zentrale Erkenntnis von Angus Deaton so zusammen: »Deaton war einer der Ersten, der untersucht hat, ab welchem Jahreseinkommen Menschen nicht mehr glücklicher werden. Es waren etwa 80 000 Dollar Jahreseinkommen zu jenem Zeitpunkt, ab dem das eigene Glücksbefinden in den Studien, die er angefertigt hat, nicht mehr zugenommen hat.«

Auch Alexander Ludwig beschäftigt sich schon länger mit den Fragen nach dem Sinn und Zweck des Wirtschaftswachstums. Die Aussage, ab einem bestimmten Niveau mache zusätzliches Einkommen nicht glücklicher, zieht er allerdings stark in Zweifel. Denn, so argumentiert er: Produktionswachstum könne man zwar objektiv messen, die Steigerung des Konsums auch, aber Glück ...? Beim Glück seien die Forscher gezwungen, sich auf Selbsteinschätzungen der befragten Menschen zu verlassen – und die seien immer subjektiv und nur schwer miteinander zu vergleichen oder gar über lange Zeitspannen ins Verhältnis zueinander zu setzen.

Klar allerdings ist: Je reicher ein Land schon ist, desto geringer wirkt sich zusätzlicher materieller Wohlstand auf die Zufriedenheit der Menschen aus. Wirtschaftswissenschaftler sprechen vom abnehmenden Grenznutzen des Konsums. Denn wer bereits viel hat, dem bringt zusätzlicher Konsum nur noch wenig zusätzlichen Nutzen. So nimmt es auch Daniela Scholl wahr, und sie geht noch einen Schritt weiter: Manchmal sei Konsum purer Stress, erläutert sie an einem Beispiel: »Es gibt Handyverträge, wo man jedes Jahr ein neues Handy bekommt. Jedes Jahr ein neues Handy heißt aber auch, jedes Jahr hat dieses Ding neue Funktionen, neue Features, und jeder muss sich erneut damit beschäftigen, obwohl er eigentlich damit nur telefonieren, fotografieren, e-mailen, SMSen möchte. Alles ist dann ›*The next generation*‹, aber man fragt sich, worin tatsächlich der Vorteil besteht. Man steht unter dem Zwang, sich permanent damit zu beschäftigen; aber viele Dinge, mit denen man sich deswegen beschäftigt, sind total unsinnig, weil die Funktion, die sie erfüllen sollen, erfüllen auch Geräte, die fünf Jahre älter sind.« Ihr Repair-Café sei deshalb auch als politisches Statement zu verstehen: als Aufforderung, sich der Konsumgesellschaft zu widersetzen: »Ich glaube, dass dieser Wirtschaftskreislauf, dass immer alles neu sein muss und immer größer, weiter, schneller, dass der die Menschen unwahrscheinlich stresst. Ich glaube, wenn man Regeln findet, das zu durchbrechen, ist das für alle hilfreich.«

Prosumenten statt Konsumenten

Wer öfter Sachen repariert, beginnt schon beim Kauf der Produkte darauf zu achten, ob sie »reparaturfähig« sind. Wenn viele Menschen solche Produkte nachfragen würden, würde sich auch das Angebot verändern. Davon ist der Wirtschaftswissenschaftler und Wachstumskritiker Niko Paech überzeugt. Das würde nicht nur für einen Fön oder für eine Waschmaschine gelten, sondern gerade auch für Hightech-Geräte wie Smartphones und Computer: »Wenn ich dieses Gerät kaufe, bei einem Händler, der insgesamt nur noch einen Bruchteil des Umsatzes mit Neugeräten macht, dann wird der

Händler mir sagen: Passen Sie mal auf, im Preis inbegriffen ist ein Prosumenten-Workshop. Prosumenten sind Leute, die selber nicht nur konsumieren, sondern auch produzieren. In diesem Workshop wird mir beigebracht, was ich selber tun kann, um zum Beispiel Module eines Computers auszuwechseln oder leichte Reparaturarbeiten selber auszuführen, sodass ich autonom in der Lage bin, die Nutzungsdauer dieses Gerätes zu verlängern. In so einer Wirtschaft werden jene Unternehmen Konkurrenzvorteile haben, die den Konsumenten dabei helfen, zu Prosumenten zu werden, sodass sie weniger kaufen müssen.«

Niko Paech, der an der Universität Oldenburg Wirtschaftswissenschaften lehrt, ist einer der führenden Vertreter der sogenannten Post-Wachstumsökonomie, einer Forschungsrichtung, die sich damit beschäftigt, wie eine moderne Wirtschaft ohne Wachstum funktionieren könnte; wie wir also lernen könnten, mit weniger auszukommen – und trotzdem zufrieden zu sein. In einer Post-Wachstumsökonomie würden Unternehmen weniger produzieren. Die Produkte wären langlebiger, würden viel stärker in der eigenen Region hergestellt und konsumiert. Die globale Vernetzung würde abnehmen. Die Transportwege würden kürzer, und wir würden auch weniger arbeiten. Statt wie heute 40 oder 50 Wochenarbeitsstunden wären es eher 20 oder 25, vermutet Niko Paech.

Ähnliche Vorstellungen hatte schon vor über 80 Jahren ein anderer Ökonom: John Maynard Keynes. In seinen Betrachtungen mit dem Titel *Die wirtschaftlichen Möglichkeiten unserer Enkelkinder*, erschienen im Jahr 1930, stellt er fest: »Es gibt Anzeichen dafür, dass der revolutionäre technische Wandel, der sich bisher vor allem in der Industrie vollzieht, bald auch die Landwirtschaft erfasst. In wenigen Jahren werden wir in der Lage sein, alle Tätigkeiten in der Landwirtschaft, im Bergbau und im produzierenden Gewerbe mit einem Viertel der menschlichen Anstrengungen durchzuführen.«

Bemerkenswert ist: Keynes schrieb zwar über Effizienzsteigerungen in der Produktion, aber er sagt nicht, dass wir mit gleichem Arbeitseinsatz viermal so viel produzieren können, also die produzierte Menge auf das Vierfache anwächst, und wir viermal so viele Güter konsumieren können. Keynes rechnet anders: Wenn wir dank neuer technischer Möglichkeiten viermal so effizient produzieren können, dann brauchen wir, um die gleiche Menge zu produzieren, ja nur noch ein Viertel der Arbeitskraft. Wenn man diesen Prozess weiterdenkt, prophezeit Keynes, müssten die Menschen irgendwann kaum noch arbeiten, um ihre materiellen Bedürfnisse zu befriedigen. Keynes wagt sogar eine Prognose: In 100 Jahren – das wäre aus Sicht von 1930 also im Jahr 2030 – würden die Menschen maximal noch drei Stunden pro Tag arbeiten, die 15-Stunden-Arbeitswoche wäre dann die Regel.

Befreiung vom Überfluss

Möglich wäre das tatsächlich heute schon, sagt Niko Paech, man könnte durchaus schon heute weniger arbeiten, weniger konsumieren – und zugleich glücklicher leben. Wir müssten uns nur trauen. Paech hat ein Buch geschrieben, *Befreiung vom Überfluss*, darauf ist ein goldener Käfig zu sehen, dessen Tür weit offen steht, das Innere des Käfigs ist leer: ein Bild des Wachstumskäfigs, in dem die Gesellschaft und auch jeder Einzelne derzeit noch gefangen ist. Niko Paech: »Es täte uns gut, genügsamer zu sein. Diese Selbstbegrenzung, die ich damit anspreche, ist überhaupt nicht gleichzusetzen mit Verzicht, sondern das ist Lebenskunst. Das ist eine Klugheit, eine Coolness, eine Gelassenheit im Genuss; das heißt, sein Leben zu entrümpeln, sodass man sich auf das konzentriert, was man stressfrei wirklich genießen kann. Das wäre das Konsummodell, das ich für sinnvoll halte und das zufälligerweise auch die Ökosphäre entlastet.«

Sieht sich Niko Paech als Idealist? »Überhaupt nicht. Als Ökonom bin ich Realist und niemals Optimist und schon gar nicht Idealist. Sondern es ist mir wichtig, eine ökonomisch stabilisierbare

Ökonomie durchzubuchstabieren und sie auch wissenschaftlich zu begründen. Die Sozialwissenschaften sind nicht nur dazu befähigt, eine fortschrittsbesoffene Wachstumsökonomie herbeizureden, zu erklären oder irgendwie zu begründen, sondern sie sind ein Instrumentarium, das auch dazu verhilft, zu erklären, dass eine andere Wirtschaft möglich ist.«

Letztlich, argumentieren viele Wachstumskritiker, haben wir gar keine andere Wahl, als unser Wirtschaftsmodell früher oder später anzupassen und uns vom Wachstum zu verabschieden. Denn mit jedem Prozent Wirtschaftswachstum steigen der Ressourcenverbrauch und der Ausstoß von klimaschädlichem Kohlendioxid. Für Niko Paech basiert unser derzeitiges Wirtschaftsmodell in jeder Hinsicht auf Ausbeutung: »Die meisten Güter, die wir in Deutschland verbrauchen, werden ja gar nicht mehr in Deutschland hergestellt. Und selbst wenn, dann besteht diese Herstellung meistens nur aus der Endmontage von Vorprodukten oder von Zwischenprodukten, die anderswo hergestellt wurden. Die ganzen seltenen Erden, die ganzen Metalle, auch die Flächen, die wir in Anspruch nehmen, um überhaupt produzieren zu können, dies alles haben wir weit ausgelagert, weil dort die Löhne gering sind, weil dort keine Steuern gezahlt werden, weil es dort keine Arbeitnehmerschutzrechte gibt. Auf diese Weise ist die industrielle Arbeitsteilung zu einem gigantischen Plünderungsmechanismus gediehen.«

Eine steigende Weltbevölkerung, endliche Ressourcen, eine sich bereits jetzt deutlich aufheizende Atmosphäre – das sind drängende Probleme. Das sehen auch konventionelle Wirtschaftswissenschaftler so. Doch deshalb gleich das Wirtschaftswachstum abschaffen? So weit würden die meisten nicht gehen.

Qualitatives Wachstum

Die Debatte, ob die Wirtschaft trotz begrenzter Ressourcen dauerhaft wachsen kann, ist in den Wirtschaftswissenschaften nicht neu. Der britische Ökonom Robert Malthus war beispielsweise Anfang des 19. Jahrhunderts davon überzeugt, dass das damals einsetzende, starke Bevölkerungswachstum angesichts der begrenzten nutzbaren Ackerflächen unweigerlich zu Hunger und Elend führen müsse und dass es für das Wirtschaftswachstum natürliche Grenzen gebe. Doch es kam anders: Die Industrialisierung ließ die Massen zeitweise zwar verarmen, aber die Wirtschaft wuchs und wuchs, sodass es schließlich großen Teilen der Bevölkerung materiell deutlich besser ging als zuvor.

Der Frankfurter Professor Michael Binder ist davon überzeugt, dass auch unsere moderne Weltwirtschaft das Problem des Klimawandels in den Griff bekommen kann, also mit weniger Kohle, Öl und Gas auskommen und dennoch weiter wachsen kann. Michael Binder spricht von »qualitativem Wachstum« – von Wachstum, das nicht in erster Linie dazu führt, dass mehr, sondern dass vor allem qualitativ Hochwertigeres produziert wird: »Ich denke, was wir aus der Wirtschaftstheorie als relativ breiten Konsens unter Wirtschaftswissenschaftlern sehen, ist, dass jede Volkswirtschaft mit begrenzten Ressourcen arbeiten muss. Das ist per se die Definition der Volkswirtschaftslehre – wie operieren wir mit begrenzten Ressourcen? Und dass Wachstum in entwickelten Volkswirtschaften erheblich bedingt sein kann durch technischen Fortschritt und dass dieser nicht per se an Ressourcen gebunden sein muss.«

Da ist er wieder: der technische Fortschritt, in vielen Wirtschaftstheorien der wichtigste Wachstumstreiber. Denn technischer Fortschritt, also Innovationen – menschliche Kreativität – sorgen dafür, dass bei gleichem Einsatz von Ressourcen mehr produziert werden kann. Tatsache aber ist, dass seit Beginn der industriellen Revolution die Wirtschaft enorm gewachsen ist – der Verbrauch von Ressourcen aber auch. Ob die Wirtschaft dank neuerer, besserer

Techniken tatsächlich dauerhaft wachsen kann, ohne dafür mehr Ressourcen zu verbrauchen, das muss sich erst noch zeigen. Niko Paech jedenfalls hält den Glauben daran für realitätsfremd: »Für mich ist der materielle Wohlstand, der seit Beginn der industriellen Revolution ja einen immensen Zuwachs erfahren hat, nichts anderes als das Resultat von Plünderung. Die vielen modernen Narrative, die uns in den Wirtschaftswissenschaften, aber auch in den Naturwissenschaften und anderen Teildisziplinen verabreicht werden, aus denen hervorgeht, dass der Wohlstand der Nationen das Resultat menschlicher Schaffenskraft sei, diese ganzen Narrative schlage ich in den Wind, weil ich sie für Lug und Betrug halte.«

Wie aber könnte eine Wirtschaft ohne Wachstum – ganz praktisch betrachtet – funktionieren? Unser Sozialstaat, wie wir ihn kennen, würde ohne Wachstum rasch zu zerbrechen drohen. Nicht nur die Arbeitnehmer müssten genügsamer leben, sondern auch die Rentner – schließlich werden ihre Altersbezüge aus dem laufenden Einkommen der aktiv arbeitenden Generation finanziert. Das Gesundheitssystem, das Jahr für Jahr mehr Geld verschlingt, weil die Mediziner neue, aber teure Behandlungsverfahren entwickeln, wäre in seiner derzeitigen Form ohne Wirtschaftswachstum kaum finanzierbar. Und: Wer die Post-Wachstumsökonomie fordert, stellt damit automatisch auch das gesamte moderne Finanzsystem infrage; ein System, das auf dem Prinzip aufbaut, dass Kapital verzinst werden muss. So werden Unternehmen, die sich Geld leihen, quasi zum Wachstum gezwungen, erklärt Niko Paech: »Das Kapital, das man hierzu benötigt, kann man entweder bei der Bank ausleihen. Dann muss man aber Zinsen zahlen, und die Erwirtschaftung dieser Zinsen bedeutet, dass der Output der Unternehmung wachsen muss. Wenn man nicht zur Bank geht, sondern das Kapital dadurch besorgt, dass man etwa Aktien emittiert, dann muss man den Aktionären eine Rendite zahlen, die mindestens so hoch ist wie das, was man bei der Bank bekommt, wenn man da sein Geld abgibt.«

Ein Unternehmen muss also diese Rendite erwirtschaften, aber das geht nur, indem es mehr produziert, indem es mehr Umsatz und mehr Gewinn macht – also wächst. Eine zukunftsfähige, nachhaltige Wirtschaft, sagen die Post-Wachstumsökonomen, müsste sich in großen Bereichen vom Prinzip des Zinses verabschieden.

Freigeld statt Euro?

Es gibt Vordenker, die konkrete Konzepte für ein Finanzsystem und für eine Währung entworfen haben, die ohne Zinsen auskommen würde. Dazu gehört etwa die Theorie des sogenannten Freigelds, die der Kaufmann und Finanztheoretiker Silvio Gesell vor annähernd 100 Jahren entwickelte. Weltweit gibt es heute sogenannte Regionalwährungen, die sich an dieser Idee orientieren und die parallel zur offiziellen Währung eines Landes regionale, nachhaltige Wirtschaftskreisläufe fördern sollen. Recht erfolgreich ist in Deutschland zum Beispiel der »Chiemgauer«, mit dem Bürger in der Gegend um Rosenheim und Traunstein bei vielen Händlern zahlen können.

Damit unsere Wirtschaft ohne Wachstum funktionieren könnte, müssten wir sie also stark umbauen. Eine noch grundsätzlichere Frage steht zudem im Raum: Sind wir – die biologische Art *Homo sapiens* – überhaupt in der Lage, uns auf Dauer zufriedenzugeben mit dem, was wir haben; sind wir gar bereit, materiell zurückzustecken und trotzdem glücklich zu sein? Der Frankfurter Wirtschaftswissenschaftler Alexander Ludwig glaubt das nicht. Wachstum sei nicht nur in unserem Wirtschaftssystem angelegt, sondern auch in jedem Einzelnen von uns: »Inhärent in jedem Wirtschaftssystem ist, dass der eine besser sein möchte als der andere. Und in dem Moment, in dem ich im Wettbewerb stehe, kommt automatisch Wachstum zustande, weil ich irgendwie suchen muss, wie ich besser werden kann.«

Unser Wirtschaftssystem, unsere gesamte Gesellschaft, ja womöglich unser im Verlauf der Stammesgeschichte erworbenes biologisches Erbe – das alles verlangt nach Wachstum. Tatsächlich leben wir in einer Wachstumskultur, in der der soziale Status jedes Einzelnen davon abhängt, was er sich im Vergleich mit seinen Mitbürgern leisten kann. Niko Paech: »Wenn ich beispielsweise eine bestimmte Ausstattung an Gütern mein Eigen nennen kann und damit für einen Moment glaube, gesellschaftlich anschlussfähig zu sein, und alle Menschen um mich herum plötzlich dickere Autos haben, mehr Flugreisen vorweisen können, noch üppiger essen oder sich besser kleiden oder noch schickere, vielleicht vergoldete Smartphones haben, dann falle ich zurück, ohne dass mir etwas weggenommen wurde. Das heißt, meine soziale Position hängt nicht von der absoluten Konsumausstattung ab, sondern von der relativen, vom Abstand zu denjenigen, zu denen ich kulturellen oder sozialen Anschluss haben möchte.«

So wird die Frage nach dem Wirtschaftswachstum zu einer Frage nach den individuellen Zielen im Leben eines Menschen. Was ist mir wichtig? Was macht mich glücklich? Was treibt mich an? Das hat sich schon John Maynard Keynes gefragt. Mit seiner Prognose aus dem Jahr 1930, dass seine Urenkel oder Ur-Urenkel im Jahr 2030 nur noch maximal 15 Stunden pro Woche arbeiten müssten, liegt er jedoch vermutlich falsch, denn auch im 21. Jahrhundert beansprucht die Erwerbsarbeit nach wie vor den Großteil der Lebenszeit erwachsener Menschen. Das gilt auch und gerade für die wohlhabenden Industrieländer. Keynes ahnte das offenbar. Er schrieb vom »alten Adam« in jedem von uns, der dafür sorge, dass wir zumindest in einem gewissen Maße arbeiten müssten, um zufrieden zu sein. Der Mensch ist anscheinend aufs »Immer-Mehr« konditioniert: »Es gibt aber kein Land und kein Volk, denke ich, das sich auf dieses Zeitalter der Freiheit und des Überflusses freuen kann, ohne dabei auch Angst zu verspüren. Dafür sind wir zu lange darauf trainiert worden, zu streben und uns anzustrengen und nicht zu genießen.«

Stimmt, sagt Niko Paech. Eine Gesellschaft des Weniger – das gehe nicht von heute auf morgen. Aber allmählich könnten wir durchaus dahin kommen. Wir könnten Repair-Cafés gründen oder mit Regionalwährungen Beispiele dafür liefern, wie eine Wirtschaft ohne Zinsen und damit ohne Wachstum auskommen könnte – genau das seien die richtigen Schritte: »Das heißt, wir brauchen Übungsprogramme, Projekte, Netzwerke, Orte, an denen neue Lebensstile eingeübt werden können. Projekte, die uns anhand vorgelebter Beispiele vor Augen führen, dass eine bescheidenere Ökonomie und damit Gesellschaft kein Rückfall in ein finsteres Mittelalter ist, sondern dass es viel entspannter, viel gesünder, viel fröhlicher ist und dass viele Menschen inkludiert werden können, die jetzt durch alle Raster fallen, weil sie in der Leistungsgesellschaft nicht standhalten können.«

Judith Kösters

17.

LAND, ÖL, WASSER – WIE WIRTSCHAFTEN WIR MIT RESSOURCEN?

Kennen Sie das Brettspiel »Die Siedler von Catan«? Um zu gewinnen, muss man an möglichst viele unterschiedliche Rohstoffkarten gelangen. An Holz zum Beispiel, an Getreide oder Erz. Aus diesen Rohstoffen kann man dann ein kleines Imperium erschaffen, mit Häusern, Straßen und Siedlungen. Was im Brettspiel so einfach geht, das ist im wahren Leben komplexer. Doch eines stimmt: Unsere Wirtschaft würde ohne Rohstoffe nicht funktionieren.

Früher war die Bezeichnung »Bodenschätze« üblich, weil es meist um wertvolle, im Boden vergrabene Schätze ging: um Erze, Mineralien oder Edelmetalle. Die Bezeichnung »Rohstoffe« geht weiter – sie umfasst auch, was oberhalb des Erdbodens wächst, also etwa Holz, Getreide und Baumwolle. Oft sprechen wir heute von »Ressourcen«. Der Duden definiert das als »natürlich vorhandener Bestand von etwas«: Sauberes Trinkwasser ist in diesem Sinne eine Ressource, aber auch eine artenreiche Natur und ein fruchtbarer Ackerboden. Wichtig ist, zu unterscheiden zwischen erneuerbaren Rohstoffen, wie Holz, und nicht erneuerbaren, wie zum Beispiel Erdöl. All diese Ressourcen benötigen wir, um zu leben, um zu handeln, um zu wachsen. Doch was passiert, wenn unsere »Rohstoffkarten« nicht nur im Spiel knapp werden, sondern auch im wahren Leben? Wie können wir besser und nachhaltiger mit ihnen umgehen?

Ersatzstoffe für Erdöl fehlen noch

Erdöl ist ein endlicher Rohstoff. Es hat dazu beigetragen, dass unsere Industrie – vor allem in den vergangenen 100 Jahren – extrem stark gewachsen ist. Benzin, Schweröl und Plastik – viele moderne Errungenschaften sind ohne den Grundstoff Rohöl nicht denkbar. Doch die Erfolgsgeschichte des Öls hat auch eine Schattenseite: Wir sind extrem abhängig geworden von einem Rohstoff, der nicht ewig zur Verfügung stehen wird. Hinzu kommt, dass die Nachfrage nach Öl und nach anderen fossilen Rohstoffen wie Erdgas noch immer steigt. Schließlich wächst auch unsere Weltgemeinschaft: Die Vereinten Nationen erwarten, dass wir bis 2025 rund acht Milliarden Menschen auf der Erde sein werden und bis 2100 sogar etwa elf Milliarden. All diese Menschen haben Bedürfnisse, sie wollen womöglich auch Auto fahren. Da stellt sich unweigerlich die Frage: Wie lange reicht das Öl?

Till Requate ist Mathematiker und hat eine Professur als Ökonom an der Universität Kiel inne. Er beschäftigt sich mit knappen Ressourcen und mit den Folgen des Klimawandels. Wie viel Öl noch in der Erde steckt, sei schwer einzuschätzen, berichtet er: »Die Reserven, die fossilen Brennstoffe, die man in der Erde kennt, sind noch recht groß, und durch neue Fördertechniken kommt man an sie heran. Ölsand oder die Ölförderung aus großen Tiefen war lange Jahre nicht wirtschaftlich, ist es jetzt aber. Und gerade haben wir durch die Ölsande in Kanada ein Überangebot auf dem Weltmarkt.«

Anfangs kam man mit dem Bohrer 20 Meter tief. Heute kommt man hinunter bis auf 10 000 Meter. Auch das Fracking, eine Methode des hydraulischen Aufbrechens von Gesteinsschichten, erschließt neue Erdgas- und Erdölquellen. So paradox es klingen mag: Obwohl die Ressource Erdöl endlich ist, gibt es derzeit eher zu viel als zu wenig Rohöl im Angebot.

Noch gibt es genug Erdöl auf dem Weltmarkt, noch ist es kostengünstig, aber es ist eine trügerische Situation. Denn es gibt ein ernsthaftes Problem – den Klimawandel: »Wir haben das Problem, dass wir zu viel an der Ressource haben, weil wir dadurch den Treibhauseffekt generieren. Wir würden durchaus mit weniger Brennstoffen auskommen, indem wir effizienter wirtschaften«, sagt der Kieler Professor für Innovationsökonomik, Till Requate. Ein Dilemma: Effizienz und Sparen vertragen sich nicht mit der Lust an der Gewinnmaximierung der Erdölförderer. Doch spätestens seit dem Weltklimagipfel Ende 2015 in Paris sind sich die Regierungen zumindest offiziell einig: Um den Treibhauseffekt einzugrenzen, müssen wir weltweit in den nächsten Jahrzehnten auf erneuerbare Energien umstellen. Denn wenn weiter so viel Kohle, Öl und Gas verbrannt werden, um Energie zu gewinnen, wird Kohlenstoffdioxid in gefährlicher Menge freigesetzt.

Ausstieg aus der Erdölförderung?

Die CO_2-Konzentration in der Atmosphäre ist seit Beginn der Industrialisierung stark angestiegen. Da CO_2-Moleküle in der Luft die Wirkung der Sonneneinstrahlung verstärken, heizt sich die Erdatmosphäre auf. Die Internationale Energieagentur drängt deshalb vehement darauf, alternative Energiequellen zu fördern. Ihr Präsident Fatih Birol betont: »Niedrige Energiekosten bieten den Verbrauchern ökonomische Vorteile. Aber man sollte nicht annehmen, dass das alles gute Nachrichten sind. Wenn es um Energiesicherheit geht, würde ich sagen, dass es ein großer Fehler wäre, wenn wir zu sehr nur auf die Schwankungen des Ölpreises schauen würden. Die Energiewende, der wachsende Anteil an erneuerbaren Energien und mehr Effizienz sind zwar schon ein Thema, es muss aber ein noch größeres werden. Man muss diesen Prozess beschleunigen.«

Dieser Wandel wird wohl nicht allein durch eine allmähliche Verknappung zu bewirken sein, sondern der Klimawandel fordert ein Umdenken – mit Konsequenzen für die Wirtschaft. Investitionen in den Abbau fossiler Rohstoffe wie Kohle und Öl müssen unattraktiv werden, denn erst wenn diese Rohstoffe ihre Wertigkeit verlieren, wenn sie im Boden verbleiben, statt umgewandelt zu werden in elektrischen Strom oder Benzin, ändert sich etwas. Zu den Vorreitern beim Ausstieg aus der Kohle-Industrie gehört der staatliche norwegische Pensionsfonds, einer der größten Anlagefonds überhaupt. Auch der Versicherungskonzern Allianz ist 2015 aus der Finanzierung des Kohle-Geschäfts ausgestiegen. Das Ganze hat bereits einen Namen: CO_2-Divestment. Diese Bewegung wird nach dem Klimaschutzabkommen von Paris wohl noch stärker werden. Was die CO_2-Emissionen betrifft, gilt Öl nach der Kohle als der zweitschmutzigste Energieträger – der nächste logische Schritt nach dem Kohle-Ausstieg ist also der Ausstieg aus der Ölförderung.

Dieser Wandel bietet neben den Sorgen um die Volkswirtschaften viele Chancen, glaubt Professor Ulf Moslener von der Frankfurt School of Finance and Management. In seiner Forschung befasst er sich vor allem mit der Ökonomik des Klimawandels und mit der Finanzierung klimafreundlicher Energiesysteme: »Grundsätzlich bedeutet das Innovation, das sind neue Technologien. Um durch die Substitution, durch den Austausch von Öl gegen andere Methoden, Mobilität zu erreichen, kommt Innovation zustande, und das ist natürlich positiv für eine Wirtschaft und kann andere positive Effekte erzeugen.«

Große Chancen also für die sogenannte Green Economy? Noch hinkt die Branche vor allem in Deutschland auf diesem Gebiet anderen Regionen hinterher. Liegt das an der Industrie oder am Staat? Der Ressourcenökonom Till Requate meint, am Beispiel Elektroauto sehe man, dass der Staat ranmüsse: »Die Marktanreize sind gering, deswegen braucht man, glaube ich, Förderinstrumente, um in Deutschland technologische Innovationen in Richtung Elektroauto zu generieren und auch um die Nachfrage danach anzukurbeln.«

Überlebenswichtig: fruchtbarer Boden

Eine der wichtigsten Ressourcen, die wir Menschen nutzen, ist der Boden. Dass Grund und Boden knappe Ressourcen sind, ist auf den ersten Blick nicht so offensichtlich wie beim Erdöl. Doch der fruchtbare Boden, der gute Ackerboden, schwindet, erklärt Felix Prinz zu Löwenstein. Er ist Agrarwissenschaftler und Biobauer mit eigenem Hof im Odenwald, und er engagiert sich für einen nachhaltigen Umgang mit fruchtbarem Ackerboden überall auf der Welt: »Boden ist eine sehr knappe Ressource und nicht mehr zu vermehren, wenn man nicht noch weiter Urwald umhacken möchte. Obwohl er so knapp ist, wird er immer weniger: durch Erosion, durch Versalzung und durch andere Degradationserscheinungen, die ganz wesentlich damit zu tun haben, wie er genutzt wird. Wir verlieren weltweit fast so viele Ackerböden im Jahr, wie wir in Deutschland an Acker überhaupt haben.«

Der Boden als natürliche Ressource ist für uns überlebenswichtig, nicht zuletzt weil im Boden CO_2 gespeichert wird – er ist neben den Weltmeeren der größte CO_2-Speicher, den wir haben; er ist also auch für unser Klima wichtig. Im Boden leben etwa zwei Drittel unserer Tierarten, und natürlich benötigen wir den Boden zum Anbau von Lebensmitteln, von Textilrohstoffen oder Biodiesel, also sogar für unsere Mobilität. Das funktioniert jedoch nur, wenn der Boden intakt ist, wenn die Humusschicht »gesund« ist.

Vor allem wenn Boden landwirtschaftlich falsch genutzt wird, kann ihn das auf Dauer schädigen, auslaugen und zu Erosion führen. Felix Prinz zu Löwenstein: »Es geht schon damit los, dass wir kapieren müssen, dass der Boden ein Ökosystem ist und nicht ein Substrat. Ich übertreibe da vielleicht ein bisschen, aber in der konventionellen Landwirtschaft behandeln wir den Boden so, wie man das Wattebett behandelt, auf dem man auf dem Fensterbrett die Kresse zieht. So langsam dämmert allen aber, dass das nicht so ist. Und dass wir dem Boden einiges angetan haben, indem wir die Vielfalt des Lebens – überirdisch wie unterirdisch, also die Biodiversität – vernichten.« Doch wer kontrolliert die Böden, wer bewirtschaftet sie und wer profitiert am meisten durch ihre Nutzung? Boden ist in unserer marktwirtschaftlich geprägten Welt mittlerweile ebenso ein Wirtschaftsgut wie das Erdöl. Und wie beim Erdöl gibt es auch hier große Konzerne, die die Nutzungsrechte erwerben, zum Beispiel um darauf großindustrielle Landwirtschaft zu betreiben.

Brisant wird es, wenn Boden, der bis dahin Allgemeingut war, von ausländischen Firmen aufgekauft oder gepachtet wird. Als »Land Grabbing« wird die Aneignung von Landflächen bezeichnet, wenn sie umstritten oder sogar illegal ist. Das geschieht heute in Afrika, in Südostasien, aber auch in Südamerika, beispielsweise in Argentinien. Neben Rindfleisch ist Soja das wichtigste Exportgut für diesen Staat geworden, allerdings geht das zulasten der Bevölkerung: »Wir kommen vom Land. Aber das war einmal. Jetzt ist alles anders, es gibt kaum noch Wald in unserer Heimat. Und alles ist in Privatbesitz, es gehört meist Unternehmern. Sie kommen auch aus dem Ausland und kaufen das Land auf, und ab diesem Zeitpunkt ist alles verboten.« So hat es Felix Diaz erlebt, ein Indio aus der Region Chaco im Norden Argentiniens. Dort gab es bis vor einigen Jahren noch viel Regenwald, doch diese Waldflächen wurden für eine große Sojaplantage abgebrannt. Felix Diaz lebte früher unter anderem von der Jagd: »Wenn wir einen Privatgrund betreten, ist es verboten, zu jagen. Also müssen wir immer häufiger in die Städte gehen. Dort brauchst du Geld. Viele von uns sind zum Betteln verdammt. Das ist alles sehr traurig.«

»Land Grabbing«, also »Landraub«, ist nicht immer wortwörtlich zu verstehen, denn die Felder werden nicht immer illegal erworben. Doch selbst wenn sie legal – beispielsweise aus dem Besitz des Staates – an große Konzerne verkauft werden, verlieren damit die Menschen, die das Land über viele Generationen hinweg als Allgemeingut genutzt haben, ihre Existenzgrundlage. Zudem landet das, was von den Konzernen auf den Feldern angebaut wird, selten im Supermarkt vor Ort. Beispielsweise werden Sojabohnen als Futtermittel exportiert, Rohrzucker wird zu Biodiesel verarbeitet. Die Weltbank geht für das Jahr 2010 von 47 Millionen Hektar Land aus, die dem »Land Grabbing« zum Opfer gefallen sind – das entspricht einer Fläche, die größer ist als Deutschland.

Natürliche Ressourcen – auch ein Fluch?

Geht es also um Gerechtigkeit, wenn wir darüber sprechen, wie Rohstoffe genutzt werden? Politiker und Wirtschaftswissenschaftler sprechen in diesem Zusammenhang auch vom »Fluch der Ressourcen«. Zum Beispiel der englische Europapolitiker David Hannan in einer Rede ans Europäische Parlament: »Vielleicht das Schlimmste, was einem Land passieren kann, ist der ›Fluch der Ressourcen‹. Der ehemalige venezolanische Energieminister hat es in einem Buch als das ›Exkrement des Teufels‹ bezeichnet. In dem Buch wurde dargelegt, wie ein Ölfund eine sich entwickelnde Demokratie zerstören kann. Für jedes gute Beispiel, wie Norwegen, das bewusst versucht, alle Bevölkerungsschichten vom Ölreichtum profitieren zu lassen, gibt es ein Dutzend schlechter Beispiele wie Iran, Nigeria oder Russland. Das Problem ist, dass die Verbindung zwischen Steuern und Einnahmen gekappt wird. Die Staaten können sich einfach zwischen die Ressourcen und die ausländischen Investoren stellen und Bestechungsgelder kassieren.«

Tatsache ist, dass in vielen Ländern, die reich an Rohstoffen sind, autoritäre Regime die Macht innehaben. Das Geld, das durch die Rohstoffe ins Land fließt, wird ins Militär gesteckt statt in die Infrastruktur oder in die Bildung. Für Militärausgaben geben die Erdöl exportierenden Länder fast ein Fünftel ihrer Staatseinnahmen aus, für Bildung hingegen im Durchschnitt nur halb so viel wie der Rest der Welt. Erdölreiche Staaten – außer Norwegen – haben folglich meist eine sehr schwache Volkswirtschaft mit einer meist bildungsfernen Bevölkerung.

Wie aber kann eine Volkswirtschaft gerecht und nachhaltig mit Ressourcen umgehen? Wie können wir den Verlust an fruchtbaren Böden stoppen? Die Weltbevölkerung wird in den nächsten Jahrzehnten weiterhin immens wachsen. Wie sollen sich die Menschen ernähren, wenn der Boden schwindet? Braucht es die großen Konzerne, um diese Aufgabe zu bewältigen, obwohl diese oft am Land Grabbing beteiligt sind? Die Welternährungsorganisation der Vereinigten Nationen hat im Jahr 2009 gefordert, dass bis zum Jahr 2050 die Produktion von Lebensmitteln um 70 Prozent gesteigert werden müsste. Kann das nur durch den hochprofessionellen, flächendeckenden Anbau von Lebensmitteln gelingen, auch wenn dadurch Land Grabbing unterstützt wird? Till Requate sagt dazu: »Wirtschaftlich sind die Folgen nicht immer unbedingt negativ. Weil es manchmal der Fall ist, dass produktivere Produzenten, manchmal auch größere Konzerne, das Land besser nutzen können, produktiver nutzen können, als es manche Kleinbauern tun.«

Der Agrarwissenschaftler und Biobauer Felix Prinz zu Löwenstein dagegen glaubt, dass genau das Gegenteil der Fall ist: Die großindustrielle Landwirtschaft zerstöre den Boden, indem sie mit Monokulturen auf großen Flächen und mit massivem Einsatz von Pflanzenschutzmitteln vorgehe. Außerdem gibt er zu bedenken: »Die Tatsache, von der man ausgehen muss, ist, das zwei Drittel der Weltnahrungsmittel nicht von einer Großflächenlandwirtschaft, wie wir sie bei uns für normal halten, hergestellt werden, sondern von Kleinbauern. Also von Bauern, die weniger als zwei Hektar Land haben. Die Kleinbauern sind extrem wichtig für die Erzeugung all der Nahrungsmittel, die die Welt braucht.«

Mischkulturen und Bodendecker

Felix Prinz zu Löwenstein weiß nicht nur in der Theorie, wovon er spricht. Als Landwirt, der Ökolandbau betreibt, setzt er sich täglich damit auseinander, wie man fruchtbares Ackerland erhalten kann. Nicht nur im Odenwald, auch in anderen Ländern der Welt, beispielsweise in Äthiopien. Dort berät und unterstützt er Kleinbauern: »Das Spannende ist, dass sie obendrein viel produktiver sein können als eine Großflächen-Landwirtschaft. Das hängt mit einem ganz simplen Faktum zusammen. Die können ja, weil bei denen die Arbeitskraft nicht knapp ist, Mischkulturen anbauen. Mischkulturen heißt, dass durch das Pflanzen verschiedener Dinge am selben Standort das Sonnenlicht viel besser ausgenutzt wird. Weil die Etagen vom Baum bis hinunter zur kriechenden Pflanze viel Blattfläche, viel mehr Quadratmeter für Photosynthese zur Verfügung stellen, als das eine Monokultur – eine gleichförmige Kultur – auf einer Fläche macht.«

Ganz entscheidend sei dabei, wie die Rechte am Boden aufgeteilt sind. Selbstverwaltetes Land werde nämlich nachhaltiger bepflanzt. Genau die gleiche Beobachtung hat auch Till Requate gemacht, er bezieht sich ebenfalls auf ein Projekt in Äthiopien: »Generell geschieht Erosion von Böden dort, wo die Besitzrechte von Böden nicht klar definiert sind und somit Bodennutzer keine Verantwortung spüren, den Boden vor der Erosion zu schützen. Wir waren selbst an einer Studie beteiligt in Äthiopien, wo wir gesehen haben, dass äthiopische Bauern Landnutzungsrechte für maximal zehn Jahre bekommen und in Interviews selbst aussagen, dass sie nicht sicher sind, ob sie dieses Land behalten können. Und die damit auch wenig Verantwortung für die Erhaltung dieses Landes übernehmen. Hätten sie dieses Land langfristig als Besitz zugeteilt bekommen, würden sie wahrscheinlich sorgsamer damit umgehen.«

Wenn Kleinbauern ihre eigenen Böden bewirtschaften, geht es nicht nur effizienter zu, sondern tendenziell auch gerechter. Und das wiederum stärkt die Volkswirtschaft eines Landes. Felix Prinz zu Löwenstein ist allerdings in Sachen Boden und Nahrungsmittelproduktion noch ein weiterer Aspekt sehr wichtig: Nicht nur die Produktion, sondern auch der Konsum von Nahrungsmitteln müsse effizienter werden: »Die Behauptung, wir müssten bis zur Hälfte des Jahrhunderts wegen des Bevölkerungswachstums 70 Prozent mehr landwirtschaftliche Produkte erzeugen, geht von einer völlig falschen Annahme aus. Nämlich von der, dass es gesetzt wäre, dass wir mit dem, was produziert wird, so umgehen, wie wir das heute tun: die Annahme, dass wir ein Menschenrecht darauf hätten, 200 Prozent erzeugen zu müssen, um 100 Prozent aufzuessen, weil wir den Rest nämlich wegwerfen. Was ich damit sagen will, ist: Die Reserven, um mehr Menschen Nahrung zur Verfügung zu stellen, stecken gar nicht darin, mehr zu erzeugen, sondern anders zu verbrauchen.«

Wasserholen statt Schulbesuch

Noch eine letzte Ressource gilt es zu betrachten: das Wasser. Ohne Wasser geht gar nichts. Doch obwohl unsere Erde zu zwei Dritteln mit Wasser bedeckt ist, sind nur 2,5 Prozent allen Wassers Süßwasser – und selbst dieses Wasser könnten wir nur maximal zu einem Drittel nutzen, denn das meiste davon ist gefroren; es liegt als Eis an den Polen. Weil immer mehr Menschen immer mehr Wasser verbrauchen, weil Industrie und Landwirtschaft das Wasser der Flüsse verschmutzen, ist diese Ressource bedroht.

In Entwicklungsländern wie Kenia ist der Tagesablauf für viele Menschen davon bestimmt, Wasser zu organisieren: »Wir brauchen den ganzen Tag. Wir sind immer müde, wir können oft nicht mal zu Hause schlafen. Wir können unsere Felder nicht bestellen, und die Kinder gehen nicht zur Schule. Das alles, weil das Wasser knapp ist.« Jumwa Kesi ist eine von geschätzt 16 bis 18 Millionen Kenianerinnen, die nur mit größter Mühe an das tägliche Wasser herankommt. Sie läuft weite Strecken dafür.

Thomas Kluge arbeitet am Institut für sozial-ökologische Forschung in Frankfurt zum Thema Wasser als Ressource. Er bestätigt, dass es meistens die Frauen oder Kinder sind, die Wasser holen müssen: »Dann ist die Zeit weg für Bildung, für Schule. Weil die Armen oft die Wassergebühren nicht zahlen können, nehmen sie dann oft das schlechte Brunnenwasser, in das die Tiere hineinlaufen, auch defäkieren, urinieren – und dann hat man die ganzen wasserbürtigen Krankheiten. Auch das ist ein großes Problem.«

Ganz anders stellt sich das Problem des Wassermangels in einer der größten Volkswirtschaften dar, zum Beispiel im US-Bundesstaat Kalifornien. Dort herrscht seit 2011 eine extreme Trockenheit, die Lage ist ernst, meint Thomas Kluge: »Das Wasser wird sowohl vom Colorado River als auch im gesamten Einzugsgebiet aus den Stauseen genommen. Alles quasi zur Bewässerung in einem Wüstenklima. Zurzeit bohrt man schon bis 400 Meter Tiefe nach Grundwasser. Man ist auf der Jagd nach den letzten Reserven.«

Was die Rohstoffe Boden und Wasser gemein haben, ist das Zusammenwirken mit der Landwirtschaft, denn Kalifornien versorgt die Welt mit vielen landwirtschaftlichen Gütern: Vier von fünf Mandeln kommen beispielsweise aus Kalifornien. Die Dürre macht der Agrarwirtschaft zu schaffen. Nach einem Bericht der University of California für das Jahr 2014 betragen die wirtschaftlichen Kosten der Dürre rund 2,2 Milliarden US-Dollar. Bauern beklagen, dass sie ihre Äcker nicht mehr bewässern können, weswegen ganze Plantagen zu vertrocknen drohen. In der Vergangenheit wurden dadurch beispielsweise Mandeln teurer, weil deren Anbau besonders wasserintensiv ist. An diesem Beispiel wird auch klar, dass die Landwirtschaft selbst ein Teil des Problems ist, argumentiert Thomas Kluge: »Was das Beispiel Kalifornien lehrt, ist, dass man den ersten Feind bei der landwirtschaftlichen Nutzung beherrschen muss, nämlich die Verdunstung. So wie das im Moment gehandhabt wird, gehen 70 bis 80 Prozent des Wassers ungenutzt verloren, das verdunstet die Landschaft in den Himmel.«

In Kalifornien wird deswegen die Wassernutzung seit 2015 stark reglementiert. Der Gouverneur des Staates hat per Dekret verfügt, dass der Staat seinen Wasserverbrauch um 25 Prozent senken soll. Das trifft allerdings nicht alle kalifornischen Bürger: Die Landwirtschaft, die immerhin rund 80 Prozent des Wassers verbraucht, muss sich nicht an die strengen Sparvorschriften halten. Kalifornischen Hausbesitzern hingegen drohen hohe Strafzahlungen, wenn sie mehr Wasser verbrauchen, als sie dürfen.

Ein Grundrecht auf Wasser

Für die Kalifornier ist der jahrelange Wassermangel zwar ernst, aber in keiner Weise lebensbedrohlich. In anderen Regionen der Welt sieht das ganz anders aus. Der Zugang zu sauberem Wasser wurde deswegen im Jahr 2010 von der UN zu einem Menschenrecht erklärt. Vielleicht gerade noch rechtzeitig, denn Wasser ist derzeit noch kein Spekulationsgut, anders also als Boden und Erdöl. Für Wasser gilt etwas anderes, wie Ulf Moslener von der School of Finance in Frankfurt erklärt: »Gerade in Gegenden, wo Wasser knapp ist, ist es für den Einzelnen wichtig, aber – wenn man so will – wertlos, weil es ja keinen hohen Preis für das knappe Wasser gibt. Das ist politisch auch nachvollziehbar, weil es ein Grundrecht, ein Menschenrecht ist. Dann muss man sich aber eingestehen, dass das ein harter Eingriff in den Markt ist. Und man muss dann Konsequenzen ziehen, dass man auch an anderer Stelle eingreifen muss, weil die Marktkräfte hier nicht wirken. Das kann bedeuten, weil Wasser keinen Preis hat, ist der Anreiz nicht so hoch, eine effiziente Wasserleitung zu bauen.«

Wassermangel wird von vielen Experten als eines der größten Probleme gesehen, das sich in den kommenden Jahrzehnten für die Menschen ergeben könnte – neben anderen. Wir müssen uns der Herausforderungen insgesamt bewusst werden, sagt Professor Ulf Moslener, der sich mit dem Ausbau nachhaltigen Wirtschaftens beschäftigt: »Da ist sicherlich einiges zu tun. Da geht es nicht nur um Landnutzung, da geht es auch um die begrenzte Ressource Öl und in einer ähnlichen Weise um das Wasser. Da zeichnet sich ein massiver Strukturwandel ab. Andersherum gesagt: Die traditionellen Stärken der deutschen Wirtschaft sind Innovation, Hightech, Patente und all diese Dinge. Da können wir uns ein klein wenig freuen, dass traditionelle Stärken der deutschen Industrie gefragt sein werden, und da sollten wir schauen, diese Chancen zu nutzen. Es ist ein ganz netter Ausdruck: Die Steinzeit ist nicht zu Ende gegangen, weil es keine Steine mehr gab, sondern weil es bessere technische Alternativen gab. Und so muss man versuchen, diesen ganzen Strukturwandel anzufassen.«

Und dieser Strukturwandel wird kommen: Bevölkerungswachstum, Klimawandel, Ressourcenverknappung – all das sind extreme Herausforderungen in den nächsten Jahrzehnten. Die Erde ist noch immer sehr reich an Ressourcen, doch die Strategien müssen heißen: weg von der Bereicherung weniger, hin zu mehr Gemeinnutz.

Drei wichtige Eckpunkte gibt es, wenn es um einen besseren, um einen zukunftsfähigeren Umgang mit Ressourcen geht: erstens Innovationen, zweitens nachhaltiges Wirtschaften und drittens die Reduzierung des Verbrauchs. Nur so können wir (global gesehen) mit unseren Rohstoffen auf Dauer gut haushalten.

Katharina Wilhelm

18.

KANN DER PRIVATSEKTOR ALLES BESSER? DAS DOGMA VOM EFFIZIENTEN MARKT

Wenn die Privatisierung öffentlichen Eigentums erörtert wird, dann gehen die Meinungen oft weit auseinander. Viele Bürger sehen Privatisierungen inzwischen kritisch, denn die Erfahrungen sind keineswegs durchweg positiv. Dutzende Kommunen in Deutschland haben beispielsweise ihre Energiebetriebe rekommunalisiert, also zurückgekauft, weil sie wieder selbst über die Energieversorgung ihrer Bürger bestimmen wollen. Andererseits sind Staatsbetriebe nicht automatisch die bessere Alternative – wie Korruptionsskandale und Klientelpolitik in öffentlichen Betrieben zeigen. Aber obwohl Privatisierungen hochumstritten sind, setzen sich in Deutschland viele Volkswirte und auch die deutsche Bundesregierung klar dafür ein. Aufwind bekam diese Politik durch die Krise in Europa: Viele Staaten, Länder und Kommunen sind in einer Zwangslage, weil sie hoch verschuldet sind. Privatisierungen versprechen schnell Geld in die Kasse zu spülen. Ist das aber tatsächlich der richtige Weg? Sind Privatisierungen sinnvoll – oder nicht? Und wem nützen sie?

Ein wirtschaftspolitisches Zaubermittel?

In der 1980er und 1990er Jahren schien die Privatisierung von Staatsbetrieben in den Augen vieler Politiker und Wissenschaftler so etwas wie ein wirtschaftspolitisches Zaubermittel zu sein. Zumindest bei vielen Wirtschaftswissenschaftlern ist diese regelrechte Privatisierungseuphorie inzwischen aber einer differenzierteren Betrachtung gewichen. Guido Friebel etwa, Professor an der Goethe-Universität Frankfurt, Abteilung für Management und Mikroökonomie, formuliert es so: »Privatisierungen sind kein Allheilmittel, das kann man ganz sicher sagen. Privatisierungen haben unterschiedliche Ziele, und manchmal erreichen sie die Ziele und manchmal nicht.«

Dagegen kommt die Bundesregierung zu einem eindeutigen Schluss: Der Staat sollte nur in Ausnahmefällen Unternehmer sein. Eine Begründung ist im Beteiligungsbericht des Bundesfinanzministeriums nachzulesen, in dem der Besitz des Bundes aufgelistet ist. Dort steht im Vorwort: »In der sozialen Marktwirtschaft sind unmittelbare staatliche Unternehmensbeteiligungen aus ordnungspolitischen Gründen auf ein Minimum zu reduzieren. Die fiskalische Bedeutung der Bundesbeteiligungen wird deswegen immer geringer.«

Ein merkwürdiger Ton, es klingt so, als gehe es hier um ein Naturgesetz und nicht um die Politik der Bundesregierung, also um fehlbare politische Entscheidungen. Dabei heißt Ordnungspolitik lediglich, dass der Staat die Rahmenbedingungen für die Wirtschaft festlegt. Der Wirtschaftshistoriker Werner Plumpe von der Universität Frankfurt stellt klar: »Es gibt keinerlei grundsätzliche Überlegung, die besagt, dass Staatseigentum an sich schlecht ist. Schlecht geführte Staatsbetriebe sind ein Ärgernis, allerdings sind auch schlecht geführte Privatbetriebe ein Ärgernis.«

Dennoch scheinen viele Politiker Privatisierungen nach wie vor als alternativlos zu begreifen, sie misstrauen grundsätzlich dem Staat als Unternehmer. Das zeigte sich besonders deutlich während der Finanzkrise: Auf deren Höhepunkt, als die Regierungen reihenweise Banken retten mussten, beeilten sich Politiker – wie der damalige FDP-Chef Guido Westerwelle – zu versichern: »Der Staat ist nicht der bessere Banker. Er hat nur mehr Geld.«

Tatsächlich haben sich die öffentlich kontrollierten Banken in der Krise nicht mit Ruhm bekleckert, die Landesbanken sind dafür nur ein Beispiel. Trotzdem: Es waren maßgeblich private Investmentbanken, die die Weltwirtschaft gegen die Wand gefahren haben. Den Glauben an die Überlegenheit privater Unternehmen scheint das jedoch nur wenig erschüttert zu haben. Das zeigt sich etwa deutlich in Griechenland; die Euro-Staaten treiben dort unbeirrt die umstrittenen Privatisierungen voran. Was ist die Grundlage dieser Politik?

Seine Träume verwirklichen

Öffentlichen Unternehmen haftet der Ruf an, Politikern für deren eigene Interessen zu dienen; Staatsbetriebe gelten als träge, bürokratisch und teuer. Oder, wie es der Chef des Deutschen Instituts für Wirtschaftsforschung (DIW), Marcel Fratzscher, formuliert: »Die Privatwirtschaft kann es häufig besser, weil sie sehr viel flexibler ist. Nehmen Sie staatliche Institutionen; jemand, der verbeamtet ist oder für den Staat arbeitet, der hat häufig eine hohe Sicherheit, der hat eine spezifische Aufgabe. Die Privatwirtschaft ist häufig viel volatiler: Unternehmen werden gegründet und werden wieder geschlossen, wenn sie nicht erfolgreich sind; also hier ist der Wettbewerb unheimlich hart.«

Wer überlebt, ist erfolgreich, so einfach scheint das zu sein. Das bedeutet aber auch, dass Unsicherheit und harter Wettbewerb sicher nicht für alle Beschäftigten wünschenswert sind. Auch die Bundesregierung verbreitet das negative Bild vom reformunfähigen Staatsunternehmen, das erst wettbewerbsfähig werden kann, wenn es privatisiert wird. Auf der Homepage des Bundesfinanzministeriums heißt es: »Durch Privatisierung gewinnen Staat und Unternehmen Handlungsfreiheiten: Der Bund setzt Reformpotenziale frei, und die Unternehmen steigern ihre Effizienz, um sich im internationalen Wettbewerb zu positionieren.«

Einen Grundstein für diese Sichtweise hat im 18. Jahrhundert der britische Ökonom Adam Smith gelegt. Er gilt als einer der Urväter der modernen Wirtschaftstheorie. Allerdings wird er oft als Marktradikaler dargestellt, der dem Staat allenfalls eine Statistenrolle zubilligte – zu Unrecht. Smith war der Ansicht, dass der Staat sehr wohl in bestimmte Bereiche investieren und eingreifen sollte: etwa ins Bildungssystem oder beim Bau von Straßen. Dagegen war er der Meinung, dass der Markt sehr gut funktioniert, wenn es darum geht, Güter zu produzieren.

Smith verstand seine Idee der wirtschaftlichen Freiheit als Gegenmodell zum damals herrschenden Absolutismus. Für ihn war sie ein Ausdruck der individuellen Freiheit des Menschen. So sehen es noch heute viele Volkswirte, auch DIW-Chef Marcel Fratzscher: »Die Bedingungen für Menschen sind eigentlich besser in einer marktwirtschaftlichen Ordnung. Weil man hier die Chance hat, seine Träume, seine Vorstellungen, seine Wünsche viel eher zu verwirklichen als in einer sozialistisch geprägten Wirtschaft. Jemand, der einen Traum hat, der sagt, er möchte selbstständig werden, eine Bäckerei aufmachen, oder er möchte Internetunternehmer werden, der kann das versuchen, der kann diesen Traum leben. Letztlich geht es in der Marktwirtschaft um Freiheit, und Freiheit ist nichts, was negativ ist, gegen einen Menschen.«

Adam Smith prägte das Bild von der »unsichtbaren Hand«. Demnach entsteht durch das freie Spiel von Angebot und Nachfrage ein Gleichgewicht auf den Märkten. Seine Vorstellungen von wirtschaftlicher Freiheit und von sich selbst regulierenden Marktkräften sind bis heute Grundsteine einer marktliberal geprägten Wirtschaftspolitik. Auch die zentrale Forderung nach der Privatisierung von Unternehmen lässt sich daraus ableiten. Allerdings hat der freie, unregulierte Markt bekanntlich auch Schattenseiten. Er kann zu extremer sozialer Ungleichheit und zur Ausbeutung der Beschäftigten führen. Als Antwort darauf ist der Sozialismus entstanden – als extremer Gegenentwurf zum kapitalistischen System. Für sozialistische Regierungen gelten privates Eigentum und Unternehmertum als eine Hauptursache für Ungleichheit. Deshalb waren – etwa in der DDR – nahezu alle größeren Betriebe verstaatlicht.

Unterschiedlicher könnten die Positionen also nicht sein: Die einen halten die Privatwirtschaft für den Schlüssel zu menschlicher Freiheit, die anderen für eine Wurzel von Ungleichheit und Ausbeutung.

Kredite und Sozialabbau

Vor dem ersten Weltkrieg standen die Zeichen in Europa eher auf Verstaatlichung, wie der Wirtschaftshistoriker Werner Plumpe sagt: »Sie müssen sich vorstellen, dass seit dem Ende des 19. Jahrhunderts der gesamte Bereich der kommunalen Daseinsfürsorge von privaten in öffentliche Hände übergegangen ist. Das geht bei den Kraftwerken los, bei der Energieversorgung, bis hin zum öffentlichen Personennahverkehr. Das ist alles in der Zeit vor dem Ersten Weltkrieg verstaatlicht worden, also das, was wir als Stadtwerke, als öffentliche Verkehrsbetriebe kennen. Das hat der Staat deshalb gemacht, weil man sich davon Einnahmen versprach.«

Auch nach dem Zweiten Weltkrieg verstaatlichten Länder wie Großbritannien und Frankreich Schlüsselindustrien, zum Beispiel den Bergbau. In der Bundesrepublik setzte sich dagegen rasch die soziale Marktwirtschaft durch, der Staat mischte sich nur noch wenig in die Wirtschaft ein. In den 1950er und 1960er Jahren verkaufte der Bund einen Großteil seiner Anteile an Industriekonzernen wie Preussag oder Volkswagen. Ende der 1970er Jahre begann dann der Siegeszug des Neoliberalismus. Einer der radikalsten Verfechter war der US-Ökonom Milton Friedman. Er forderte eine möglichst unregulierte Wirtschaft – eine Wirtschaft also, aus der sich der Staat möglichst zurückhalten sollte.

Regierungen, Politiker und tonangebende Wissenschaftler in vielen Ländern machten die von ihm und von anderen Ökonomen propagierte Politik zum Mainstream. Vorreiter waren Margaret Thatcher in Großbritannien und Ronald Reagan in den USA. Global setzten die internationalen Organisationen Weltbank und Internationaler Währungsfonds (IWF) Privatisierungen in vielen Staaten Asiens und Südamerikas durch – mithilfe von Zwang. Als Hebel diente die hohe Verschuldung dieser Länder. IWF und Weltbank vergaben Kredite, und als Gegenleistung verlangten sie Sozialabbau, Deregulierungen und die Privatisierung von Staatsunternehmen. Käufer waren häufig westliche Konzerne. Globalisierungskritiker warfen dem IWF deshalb vor, einen Ausverkauf öffentlicher Güter zulasten der Schwächsten der Gesellschaft zu betreiben.

Mitte der 1990er Jahre begann dann die Bundesregierung unter Helmut Kohl mit der Privatisierung der Bundespost. Das bisherige Staatsunternehmen wurde aufgespalten in Post, Postbank und Telekom. 1996 konnten Anleger die ersten Aktien der Telekom kaufen. Millionen Bürger hofften auf hohe Rendite. Die Idee schien verlockend: Die Telekom sollte moderner und rentabler werden; davon sollten die Bürger als Aktionäre profitieren. Doch es kam anders: Als um die Jahrtausendwende der Neue Markt kollabierte, stürzte auch der Kurs der T-Aktie ab; Verlierer waren vor allem die privaten Kleinanleger.

Die Post: ohne Pensionslasten privatisiert

Nicht nur in Deutschland rollt noch immer die Privatisierungswelle: Weltweit verkaufen Regierungen seit den 1980er und 1990er Jahren verstärkt ihre Staatsbetriebe. Das »Privatization Barometer«, das unter anderem von der Unternehmensberatung KPMG mitfinanziert wird, erfasst Privatisierungen weltweit. Demnach stiegen die Verkaufserlöse durch Privatisierungen nach der Finanzkrise an. Danach sind sie wieder etwas gesunken, auf knapp 167 Milliarden Euro jährlich weltweit. Zuletzt gab es vor allem durch Verkäufe in China und Großbritannien einen neuen Schub.

Privatisierungen gehören also noch immer zum Kern der globalen Wirtschaftspolitik. Doch wie ist deren Bilanz heute, nach Jahrzehnten der Privatisierungspolitik? Eindeutige Antworten darauf gebe es nicht, sagt Hans Jürgen Bieling, Professor für Politik und Wirtschaft an der Universität Tübingen; es sei schwierig, solide Angaben über die wissenschaftliche Bilanz zu machen: »Das hat unter anderem damit zu tun, dass auch Wissenschaftler spezifische Erkenntnisinteressen verfolgen und unterschiedliche Teilaspekte der Privatisierung ins Zentrum stellen.« Viele der neoklassisch geprägten Ökonomen schauen bei Privatisierungen vor allem auf die betriebswirtschaftlichen Daten; also darauf, ob die Kosten eines Unternehmens sinken oder ob es effizienter produziert. Hans-Jürgen Bieling: »Wenn jemand sehr betriebswirtschaftlich auf den Gegenstand blickt, dann wird er vor allen Dingen die betrieblichen Kosten im Blick haben, und die werden natürlich darüber, dass die Löhne gesenkt werden, entsprechend optimiert – also ebenfalls gesenkt. Eine ökonomische Perspektive nimmt aber die sozialen und öffentlich-demokratiepolitischen Implikationen nicht so stark wahr.«

Privatisierungskritiker wie der Publizist Werner Rügemer weisen deshalb darauf hin, dass zur Bilanz einer Privatisierung auch die Kosten für Staat und Bürger gehören und ebenso die sozialen Folgen für die Beschäftigten. Beispiel Post: Der Bund habe vor der Privatisierung die gesamte Pensionslast der Beschäftigten übernommen: »Das ist bis zum Jahr 2070 eine Gesamtlast von 500 Milliarden Euro, die jährlich mit mehreren Milliarden aus dem Bundeshaushalt klammheimlich entnommen werden. Das ist ein Kollateralschaden, den die Bürger mit ihren Steuern abzahlen.«

Hinzu kommt, dass Privatisierungen öffentlicher Unternehmen oft mit einem Stellenabbau verbunden sind. Laut einer Studie des gewerkschaftsnahen Wirtschafts- und Sozialwissenschaftlichen Institutes (WSI) sind durch die Liberalisierung und Privatisierung öffentlicher Dienstleistungen in Deutschland seit Anfang der 1990er bis Mitte der 2000er Jahre unterm Strich mindestens 600 000 Arbeitsplätze verloren gegangen. Privatisierungsbefürworter weisen dagegen darauf hin, dass viele Unternehmen nach einer Privatisierung effizienter geworden seien und wieder Arbeitsplätze geschaffen hätten.

Verschlechterungen gab es auch bei den Löhnen und bei den Beschäftigungsverhältnissen. So halten private Konkurrenten der Post die Kosten niedrig, indem sie an den Löhnen sparen. Profitiert haben dagegen all jene Branchen, die an Privatisierungen verdienen: Anwälte, Banken und Beratungsunternehmen wie PricewaterhouseCoopers oder KPMG. Laut Werner Rügemer hat es die Politik versäumt, in Sachen Privatisierung eigene Kompetenz aufzubauen: »Das ist sehr stark seit den 90er Jahren durch die Treuhand-Anstalt befördert worden. Da hat man gesagt, von diesen Privatisierungen, die auch sehr schnell gehen sollten, davon verstehen unsere Ministerialdirigenten und Juristen nichts, da holen wir gleich PricewaterhouseCoopers. Das hat sich dann – nach der Treuhand – im Staat und in den Kommunen dauerhaft festgesetzt.«

Der Verkauf der ehemaligen Staatsbetriebe der DDR durch die Treuhandanstalt war das größte Privatisierungsprojekt aller Zeiten in Deutschland. Abgewickelt oder verkauft wurden mehr als 8 000 volkseigene Betriebe. Hinzu kamen Zehntausende kleine Geschäfte und Grundstücke. Kritiker werfen der Treuhand einen harten Kurs vor. Gut die Hälfte der Beschäftigten der Staatsbetriebe verlor ihren Job. Guido Friebel: »Der Glaube war damals, dass man nur dann eine Subventionsmentalität verhindern kann, wenn schnell privatisiert wird. Das war im Lichte der Geschichte vermutlich eine falsche Strategie. Weil man sich selber unter massiven Druck gesetzt hat und sehr, sehr schnell alle Unternehmen abstoßen musste. Und dabei teilweise sehr viel Geld verloren hat.« Konkret lag das Minus bei einem dreistelligen Milliardenbetrag. Erfahrungen wie diese sind ein Grund für das gewachsene Misstrauen vieler Bürger gegenüber Privatisierungen.

Natürliche Monopole

Wie sieht es aber mit dem versprochenen Nutzen für die Bürger aus, also mit niedrigeren Preisen oder besserem Service? Ernst Ulrich von Weizsäcker hat im Jahr 2005 eine Bilanz der Privatisierungen für den Club of Rome gezogen. Von Weizsäcker ist inzwischen Co-Präsident des Clubs, der sich für eine nachhaltige Politik einsetzt. Viele seiner Aussagen sind bis heute aktuell. Positive Beispiele hat er bei Post-, Telekommunikationsdiensten und Transportunternehmen gefunden. Überwiegend seien sie effizienter geworden, sagt er, und nicht nur Großunternehmen wie die Telekom investierten: »Die Entwicklung der mobilen Telefone, das waren anfangs kleine Klitschen, sie sind dann aber wahnsinnig schnell gewachsen. In einem Tempo, bei dem der Staat vermutlich gar nicht mitgekommen wäre. Da war zeitweise der private Sektor dem öffentlichen einfach überlegen.«

Allerdings gibt es auch drastische Negativ-Erfahrungen. Ausgerechnet im Privatisierungs-Vorreiterland Großbritannien ist eines der größten Projekte gründlich schiefgegangen: Die Privatisierung der Bahn gilt als katastrophal misslungen. Hans-Jürgen Bieling: »Sie haben da eine sehr weitreichende Privatisierung im Laufe der 80er Jahre gehabt, wo auch sehr viele Konkurrenten auf den Gleisen tätig waren, wo die Gleise in unterschiedliche Anbieter zergliedert wurden und dadurch die Überwachung und die Koordination durch eine übergeordnete Aufsichtsinstitution sehr schwierig wurde. Es gab dann sehr viele Unfälle in Großbritannien, sodass unter Blair in den 90er Jahren die Privatisierung teilweise zurückgenommen und die staatliche Aufsicht und Koordination deutlich gestärkt wurde.«

Auch in Deutschland haben Privatisierungen häufig nicht zu einem besseren Service geführt. Die heutige Deutsche Post ist zu einem internationalen Logistikkonzern geworden. Seit das Unternehmen unter Renditedruck steht, wurden aber Tausende von Filialen geschlossen, und die Zahl der Briefkästen wurde ausgedünnt. Hinzu kommt, dass die Privatisierungsverträge in der Regel geheim sind. Die Bürger können also nicht nachvollziehen, unter welchen Bedingungen öffentliches Eigentum verkauft wird. Die meisten Volkswirte sind sich gleichwohl einig: Die alltägliche Warenproduktion lässt sich am besten privatwirtschaftlich organisieren. Guido Friebel drückt es so aus: »Insbesondere ist die Notwendigkeit, dass der Staat Industrieprodukte herstellt, um sicherzustellen, dass jeder Zugang dazu hat, erst mal gar nicht gegeben.« Doch auch er sieht Bereiche, in die der Staat eingreifen sollte: »Normalerweise gehen wir davon aus, dass öffentliches Eigentum dort sinnvoll ist, wo der Staat sagt: Ich möchte sicher sein, dass diese Güter auch zur Verfügung gestellt werden, insbesondere dass bestimmte Dienstleistungen zur Verfügung stehen. Der zweite Grund, warum wir öffentliche Einrichtungen sehr oft haben, ist, wenn es natürliche Monopole gibt und die Regulierung noch nicht so weit fortgeschritten ist, dass ich mir zutraue, tatsächlich dann auch einen privaten Spieler vernünftig regulieren zu können.«

Diese natürlichen Monopole gibt es da, wo anfangs sehr hohe Investitionen nötig sind, um ein Produkt überhaupt anbieten zu können. Ein klassisches Beispiel ist die Wasserversorgung. Anfangs muss der Wasseranbieter teure Leitungen bauen. Sind diese Leitungen dann aber vorhanden, hat kaum ein Konkurrent noch eine Chance, denn es ergibt meist keinen Sinn, eine zweite, teure Leitung zu bauen und ebenfalls Wasser zu verkaufen. Überlässt man die Wasserversorgung dem freien Markt, wird sich also aller Voraussicht nach ein großes, übermächtiges Unternehmen etablieren, das von den Verbrauchern überhöhte Preise verlangen kann, also »den Monopol-Gewinn abschöpft«, wie das in der Sprache der Wirtschaftswissenschaftler heißt. Die Selbstregulierungskräfte des Marktes versagen in solchen Fällen. Deshalb ist die Wasserversorgung in vielen Ländern in öffentlicher Hand.

Privatisierung schafft überlastete Ärzte

Heikel wird es beim Thema Privatisierung, wenn ethische Fragen ins Spiel kommen: Wenn sich nur Wohlhabende zum Beispiel eine gute Ausbildung oder eine ausreichende Krankenversorgung leisten können. Deshalb sind Privatisierungen besonders umstritten, wenn es um die öffentliche Daseinsvorsorge geht. Dazu zählen unter anderem die Versorgung mit Energie und Wasser, der öffentliche Nahverkehr und soziale Leistungen wie Krankenhäuser und Kinderbetreuung.

Die Frage ist: Muss der Kosten- und Renditedruck in der Privatwirtschaft zu einer schlechteren Versorgung führen? Auch darauf gibt es keine einfache Antwort. Grundsätzlich ist es im Sinne der Bürger, wenn öffentliche Unternehmen sparsam haushalten, wenn sie öffentliche Gelder nicht verschwenden und ihren Kunden günstige Preise anbieten. Aber, sagt Privatisierungskritiker Werner Rügemer: »Bei privatisierten Krankenhäusern, vor allem wenn es sich um größere Ketten handelt, wenn also ein Investor Dutzende von Krankenhäusern hat, dann kann man genauer vergleichen und bilanzieren: Dort wird noch extremer als in anderen Krankenhäusern am Personal gespart. Solche Sparmaßnahmen sind natürlich bei heutigen Formen der Privatisierung noch viel drastischer.«

Dies zeigen beispielsweise Daten des Statistischen Bundesamtes über die Arbeitsbelastung in Krankenhäusern. Am stärksten belastet sind demnach die Ärzte und Pfleger der freien gemeinnützigen Kliniken, die etwa von Kirchen betrieben werden. An zweiter Stelle kommen die privaten Kliniken. In den öffentlichen Kliniken haben die Beschäftigten die meiste Zeit für ihre Patienten. Die statistische Arbeitsbelastung ist aber nur eine Kennzahl unter vielen. Zentral ist zum Beispiel auch, ob Kliniken wirklich jeden Patienten sorgfältig behandeln – egal wie langwierig oder lukrativ diese Behandlung ist. Tun sie das, werden sie höhere Kosten und Behandlungszeiten haben und nach rein betriebswirtschaftlichen Maßstäben ineffizienter sein. Wollen wir aber, dass es nur um Effizienz, Wettbewerb und

Kosten geht? Und umgekehrt: Geht es in staatlichen Betrieben automatisch menschlicher zu?

Ernst Ulrich von Weizsäcker hält es nicht für entscheidend, ob eine Leistung privat oder öffentlich erbracht wird. Entscheidend für ihn ist, ob Staat und Unternehmen auf Augenhöhe seien: »Der Staat muss die Regeln setzen, der Staat muss dafür sorgen, dass die Qualität nicht sinkt. Der Private soll sich natürlich um Effizienz bemühen, damit das Ganze auch gut bezahlbar bleibt; aber die Vermeidung von unsauberen Methoden muss vom Staat kontrolliert werden.«

Deutsche Kommunen: allein gelassen

Politik und Wirtschaft sind allerdings längst nicht immer auf Augenhöhe. Deutlich wurde das etwa während der Krise in Europa seit 2010. Auf Druck der Euro-Staatengemeinschaft müssen verschuldete Staaten wie Griechenland und Spanien Staatsbetriebe privatisieren. Sie sollen mit den Erlösen ihre Schulden bezahlen. Doch obwohl sich die Befürworter der Privatisierung stets nachdrücklich auf betriebswirtschaftliche Daten berufen, geht es in Griechenland kaum um den wirtschaftlichen Sinn oder Unsinn dieser Privatisierungen.

Auch viele verschuldete deutsche Kommunen sind in einer Zwangslage. Sie dürfen sich kaum noch Geld leihen – Sparpolitik und Schuldenbremse setzen enge Grenzen. Und die Lage verschärft sich. Guido Friebel: »Das hat damit zu tun, dass man die Steuerbasis der Kommunen, insbesondere auch durch die Senkung von Gewerbesteuern, beschränkt hat und dass vielfach die Kommunen vom Land und vom Bund allein gelassen wurden. Oft blieb ihnen gar nichts anderes übrig, als zu privatisieren.«

Aber eignen sich Privatisierungen tatsächlich für den Schuldenabbau? Im Fall Griechenlands sind Zweifel angebracht, weil ein eiliger, erzwungener Verkauf von Staatsbetrieben mitten in der Krise dazu führen dürfte, dass die Regierung ihren Besitz unter Wert verschleudern muss. Der Verkaufserlös stopft zwar kurzfristig Haushaltslöcher, die laufenden Einnahmen aus den Betrieben werden in Zukunft aber im Staatshaushalt fehlen. Mit der Privatisierung öffentlicher Betriebe verliert die öffentliche Hand zudem Gestaltungs- und Einflussmöglichkeiten. Damit schrumpft auch der Einfluss der Bürger, denn nur öffentliche Unternehmen unterliegen demokratischer Kontrolle.

Mit der Krise sind Teilprivatisierungen für viele verschuldete Kommunen, aber auch für Bund und Länder attraktiver geworden. Dabei überlässt zum Beispiel eine Kommune den Betrieb einer Schule auf Zeit einem Unternehmen und zahlt dafür Miete. Aber auch diese Projekte sind umstritten, denn die öffentliche Hand kann so günstig Kredite aufnehmen wie noch niemals zuvor, und sie kann es viel günstiger als die privaten Partner. Aus diesem Grund hat der Bundesrechnungshof 2014 von öffentlich-privaten Partnerschaften (ÖPP) abgeraten. Er hatte sechs ÖPP-Autobahnprojekte überprüft. Ergebnis: Die Projekte seien insgesamt um fast zwei Milliarden Euro teurer gewesen, als es die übliche Finanzierung über den Haushalt gewesen wäre.

Ob Privatisierungen sinnvoll sind oder nicht – darauf gibt es also keine allgemeingültige Antwort. Wenn es darum geht, welcher Anbieter das beste Produkt zum günstigsten Preis für die Verbraucher erbringt, dann ist ein privates Unternehmen dazu womöglich am besten in der Lage. Es gibt aber Bereiche, in denen der private Betrieb unerwünschte Nebenwirkungen hat: Wenn etwa Arbeitnehmerrechte ausgehöhlt werden, wenn der Service für die Kunden schlechter wird oder wenn im schlimmsten Fall – wie etwa bei der Bahn in Großbritannien – sogar die Sicherheit der Kunden und der Mitarbeiter auf dem Spiel steht.

Grundsätzlich gilt: Um ein zuvor staatliches Unternehmen mit Gewinn für alle Beteiligten zu privatisieren, braucht es einen starken Staat, der auf Augenhöhe mit der Privatwirtschaft agiert und die Regeln vorgibt. Wenn Regierungen oder Behörden sich Privatisierungsgesetze von externen Beratungsunternehmen vorschreiben lassen, macht sich der Staat klein – zulasten der Bürger. Vereinfacht gesagt gilt: Wenn die Bürger als Beschäftigte, Steuerzahler oder Verbraucher durch eine Privatisierung mehr Nachteile als Vorteile haben, dann ist ein staatliches Unternehmen die bessere Wahl. Ob eine Branche oder ein Unternehmen privatisiert werden sollte, ist also immer eine Abwägungssache.

Der schlimmste Fall aber ist der, in dem diese Abwägungen überhaupt nicht mehr stattfinden. Wenn nicht nach sorgfältiger Abwägung von Vor- und Nachteilen privatisiert wird, sondern aus Prinzip. So wie im Fall von Griechenland: Dann sind Privatisierungen reine Ideologie – und sie schaden im Zweifelsfall mehr als sie nützen.

Eske Hicken

19.

TASCHENGELD FÜR ALLE? DIE UTOPIE DES BEDINGUNGSLOSEN GRUNDEINKOMMENS

Geld vom Staat für alle, einfach so, geschenkt: Schließlich kann der Mensch ohne Geld nicht leben. Er braucht es, genauso wie er Luft und Wasser braucht, und deshalb hat er auch einen Anspruch darauf. Ganz egal, ob er arbeitet oder nicht. Das ist, knapp und überspitzt formuliert, die Idee des bedingungslosen Grundeinkommens. Es ist eine Utopie vom guten Leben für alle und lässt sich auf eine einfache Formel bringen: 1 000 Euro für jeden!

Zur Allianz, die für diese Utopie streitet, gehört beispielsweise der Unternehmer Götz Werner, Gründer der dm-drogerie-Märkte: »Ich plädiere für ein bedingungsloses Grundeinkommen, weil es einfach das Ergebnis einer Lebensbeobachtung ist: Der Mensch braucht ein Einkommen, um leben zu können.« Götz Werner argumentiert dabei ähnlich wie die Linken-Politikerin Katja Kipping, die gesagt hat, »dass jeder Mensch, qua Existenz, weil er ein Mensch ist, Anspruch hat, an der Gesellschaft, in der er lebt, teilzuhaben. Das ist für mich nicht nur notwendig, um Armut in diesem reichen Land zu verhindern, sondern das ist für mich ein Gebot der Demokratie.«

Neben dem Unternehmer und der Politikerin äußert sich neuerdings in Person des Telekom-Chefs Timotheus Höttges ein weiterer prominenter Fürsprecher. Auch er fordert unkonventionelle Lösungen zum Erhalt unserer Sozialsysteme, denn mit der Digitalisierung sei eine fortschreitende Veränderung unserer Gesellschaft und der Abbau von Arbeitsplätzen vorhersehbar: »Ein bedingungsloses Grundeinkommen kann eine Grundlage sein, um ein menschenwürdiges Leben zu führen«, sagte Timotheus Höttges im Interview mit der Wochenzeitung *Die Zeit*. Er würde das bedingungslose Grundeinkommen so finanzieren: »Wenn Produktivität zukünftig vor allem an Maschinen und die Auswertung von Daten gekoppelt ist, könnte die Besteuerung stärker auf den darauf beruhenden Gewinnen aufbauen und weniger auf der Einkommensteuer des Einzelnen.«

Auffallend wenige Menschen, die sich für diese Idee einsetzen, sind jedoch auch anderweitig politisch engagiert. Zu dieser Gruppe von Idealisten gehört Michael Bohmeyer, er ist Ende 20 und Internetunternehmer: »Wir haben heute die Wahl, auf welche Art und Weise wir uns zu Markte tragen. Aber wir haben nicht die Wahl, ob wir uns überhaupt zu Markte tragen wollen. Mensch sein ist so viel mehr, als sich ökonomisch verwerten zu lassen. Geben wir den Menschen doch einfach ein bisschen Geld. Geben wir ihnen ein bisschen Vertrauen und schauen wir, wie es sie verändert und wie es ihnen ein bisschen Luft zum Atmen verschafft. Vielleicht verändert sich dadurch mehr zum Positiven, als wir denken.«

Mehr Freiheit, mehr Gleichheit, mehr Mut und mehr Kreativität – all das soll das bedingungslose Grundeinkommen bewirken. Um das zu beweisen, hat Michael Bohmeyer die Internetsite meingrundeinkommen.de ins Netz gestellt. Dort ruft er zu Spenden auf. Sind 12 000 Euro zusammengekommen, verlost er für ein Jahr ein Grundeinkommen von 1 000 Euro im Monat: »Ich habe 2006 eine Internetfirma gegründet. Ich habe viel gearbeitet und Anfang 2014 beschlossen: Ich steige aus; ich werde wenigstens das nächste Jahr nur von den Gewinnausschüttungen leben – das waren etwa 1 000 Euro im Monat. Das war eine Entscheidung, die mein Leben ziemlich stark verändert hat. Am Anfang bin ich – ehrlich gesagt – in ein recht tiefes Loch gefallen, weil es gar nicht so leicht ist, wenn man auf einmal gar nichts mehr zu tun hat, und der Lebensunterhalt ist trotzdem gesichert. Nach ein paar Monaten habe ich daraus aber eine große Kraft entwickelt. Ich habe gemerkt, wie viel Druck und Anspannung vorher in mir steckten – und auf einmal war das alles weg. Ich habe eine tiefe Sicherheit und Entspannung in mir gefühlt, und aus der wuchsen nach ein paar Wochen eine starke Kreativität und der Mut, etwas Neues anzupacken. Das Neue war dann, dass ich dieses Erlebnis auch anderen Menschen gönnen möchte.«

Es dauerte keine drei Monate, und schon hatte Michael Bohmeyer 50 000 Euro Spenden eingesammelt. Mit seinem Projekt wollte er die Diskussion um das bedingungslose Grundeinkommen neu ankurbeln. Er hat es geschafft: Sein Projekt sorgte tatsächlich für Aufsehen.

Eine Art Daseinsprämie

Es ist ein Projekt, das auf eine radikale Reform des Sozialstaats zielt. Bisher hat nur derjenige einen Anspruch auf Unterstützung, der in Not geraten ist oder Sozialbeiträge eingezahlt hat. Dieser Sozialstaat soll abgeschafft werden. Stattdessen soll ausnahmslos jeder ein Grundeinkommen beziehen, bedingungslos. Manchmal wird dieses Konzept auch als »solidarisches Bürgergeld« bezeichnet. Es soll existenzsichernd sein und jedem Menschen gesellschaftliche Teilhabe ermöglichen. Es ist gedacht als individueller Rechtsanspruch – und das ohne jeden Zwang zur Gegenleistung.

Diese Idee ist schon sehr alt. Vor genau 500 Jahren beschrieb der englische Staatsmann Thomas Morus seine Vorstellung von einer idealen Gesellschaft. Die Bürger von *Utopia* sollten ein Grundeinkommen beziehen. Das entscheidende ethische Argument, das die Befürworter auch heute geltend machen, geht auf die Zeit der Aufklärung und der Revolutionen in Frankreich und Nordamerika zurück. Thomas Paine, einer der Gründerväter der USA, vertrat die Ansicht, dass jeder Mensch ein Kind dieser Erde sei. Deshalb habe er auch ein Recht auf die Früchte, die diese Erde hervorbringt. Doch weil es Eigentumsrechte gibt – so der Gedanke – können viele Menschen ihr Recht nicht wahrnehmen. Ein finanzieller Ausgleich muss her, eine Art Daseinsprämie.

Die Idee des bedingungslosen Grundeinkommens wird heute in vielen Ländern diskutiert, nicht nur in Deutschland. Dabei haben es Anhänger von Utopien einer besseren Gesellschaft sonst eher schwer, oft werden sie belächelt. Was finden die Menschen heute trotzdem an der Idee vom Grundeinkommen so faszinierend? Der Italiener Giacomo Corneo ist Professor für Volkswirtschaftslehre an der Freien Universität Berlin, er beschäftigt sich mit Gegenentwürfen zum Kapitalismus und daher auch mit der Idee des bedingungslosen Grundeinkommens: »Diese Idee ist besonders bestechend, weil sie verspricht, mehr Freiheit und mehr Gleichheit zu erreichen, und zwar durch ein sehr einfaches Instrument, nämlich durch ein Recht auf eine universelle Einkommenstransferzahlung. In der heutigen Welt von Twitter und schneller Kommunikation ist die Tatsache, dass diese Idee schnell kommuniziert und erklärt werden kann, ein großer Vorzug. Dagegen sind alternative Wirtschaftssysteme, zum Beispiel eine Planwirtschaft oder das System der selbstverwalteten Betriebe oder der Marktsozialismus, vergleichsweise komplex zu erklären.«

Die Idee des bedingungslosen Grundeinkommens unterscheidet sich von anderen alternativen Wirtschaftsmodellen in einem wesentlichen Punkt: Um die Welt gerechter zu machen, muss der Kapitalismus nicht abgeschafft werden. Märkte, Unternehmen und Eigentum bleiben bestehen. Das also ist der Clou: Das bedingungslose Grundeinkommen ist ein Kapitalismus mit kommunistischem Anstrich.

Die negative Einkommensteuer

Die aktuelle Diskussion begann vor gut 50 Jahren in den USA. Der 1976 mit dem Nobelpreis ausgezeichnete, als marktliberal geltende Ökonom Milton Friedman entwickelte 1962 die Idee einer negativen Einkommensteuer: Das Finanzamt soll jedem Steuerpflichtigen, dessen Einkommensteuerschuld unter einem festzulegenden Minimum liegt, eine gewisse Summe ohne weitere Prüfungen überweisen. Dieses Konzept wurde zunächst vor allem in den USA breit diskutiert. Der westliche Sozialstaat steckte seit der Weltwirtschaftskrise Mitte der 1970er Jahre aber in der Krise, und so kam das Thema in den 1980er Jahren auch nach Deutschland.

Der Kapitalismus bringt offenbar immer mehr Ungleichheit und Unsicherheit hervor. »Vielen stellt sich die Systemfrage«, sagt Professor Giacomo Corneo. »Der Kapitalismus bedeutet auf jeden Fall, dass man auf dem Markt die eigene Arbeitskraft veräußern muss, wenn man nicht das Glück hatte, eine riesige Erbschaft zu machen. Auf dem Arbeitsmarkt treffen wir auf viele Bedingungen, die den meisten als ungerecht erscheinen. Die Tatsache nämlich, dass man, wenn man weniger anbieten kann von dem, was der Markt als wertvoll erachtet, leer oder fast leer ausgeht. Das begründet im Allgemeinen den Eingriff des Staates in die Wirtschaft, um die Einkommensverteilung zu korrigieren.«

Das Grundeinkommen wäre ein besonders radikaler Eingriff des Staates. Populär wurde diese Idee in Deutschland seit 2003, seit dem unter Bundeskanzler Gerhard Schröder mit der Agenda 2010 eingeleiteten Wandel des deutschen Sozialstaates. Unter dem Gebot der »Aktivierung« heißt es seither »fördern und fordern«: Wer Hartz IV bekommt, muss mit Kürzungen rechnen, wenn er keine Bewerbungen schreibt, und er darf keine vom Staat als zumutbar eingestufte Arbeit ablehnen. Die Idee des bedingungslosen Grundeinkommens ist ein Gegenentwurf: Schluss mit dieser Gängelung und mit einem negativen Menschenbild als Grundannahme der Sozialpolitik. Denn das Grundeinkommen müsste nicht beantragt werden. Es würde finanziert aus den bisherigen staatlichen Leistungen, von Kindergeld und Hartz IV über das Arbeitslosen- und Krankengeld bis zum Wohngeld und zur Rente. Die Befürworter des bedingungslosen Grundeinkommens sagen, dass sich das Konzept so finanzieren lasse.

Teilzeit- statt Vollzeitarbeit?

»Wer nicht arbeiten will, soll auch nicht essen«, heißt ein bekannter Spruch aus der Bibel (2. Thess 3,10). Von dieser Haltung ist auch die deutsche Gesellschaft geprägt. Den Grundeinkommenbefürwortern geht es dagegen um einen neuen Arbeitsbegriff, argumentiert auch die Linken-Politiker Katja Kipping: »Heutzutage wird ja die ganze Gesellschaft einer kollektiven Gehirnwäsche unterzogen, wo jedem gesagt wird: Du bist eigentlich nur dann etwas wert, wenn du eine Arbeit hast. Ich finde, es gibt Tätigkeiten in dieser Gesellschaft, die für uns alle unglaublich wichtig sind: Erziehungsarbeit, gesellschaftliches Engagement, politisches Engagement, das ich nicht einfach in Form von Erwerbsarbeit organisieren kann. Auch diese Tätigkeiten müssen abgegolten werden, und das ist die Idee, die hinter dem Grundeinkommen steht: ein individuelles Bürgerinnen- und Bürgerrecht.«

Mühsal, Plage, Anstrengung, das bedeutet das Wort »Arbeit« im Althochdeutschen. Das bedingungslose Grundeinkommen soll dafür sorgen, dass die Menschen sich bewusst für eine Arbeit entscheiden können, dass sie für alle einen positiven Sinn hat, so Michael Bohmeyer: »Man muss den Menschen einen Vertrauensvorschuss geben; man sollte sagen: Weil du selbst am besten weißt, was für dich gut ist, mach das einfach, und im großen Mittel wird das auch für die Gesellschaft gut sein. Trotzdem wird sich natürlich die Arbeit, wie wir sie heute kennen, mit einem Grundeinkommen verändern, denn ein Druckmittel fällt weg. Viele schlechte Jobs müssten sich verändern, denn niemand hat sie dank des Grundeinkommens noch nötig.«

Niemand hätte es mehr nötig, aber ohne Menschen, die arbeiten, ginge es auch nicht: Dieser Widerspruch ist die große Unbekannte, wenn man das Für und Wider des bedingungslosen Grundeinkommens abwägt. Die Arbeitssoziologin Friedericke Hardering forscht an der Universität Frankfurt zum Sinn der Arbeit. Für eine Studie hat sie Interviews mit Berufswechslern geführt und ihnen unter anderem die sogenannte Lottofrage gestellt: »Das ist die folgende Frage: ›Wenn Sie einen großen Geldbetrag gewinnen würden, der Ihnen ermöglichen würde, nicht mehr arbeiten zu müssen, was würden Sie dann tun?‹ Alle haben darauf geantwortet, dass sie weiterarbeiten würden, aber unter veränderten Bedingungen. Sie würden nicht unbedingt Vollzeit weiterarbeiten. Sie würden auch gerne andere Aufgaben hinzunehmen, nicht nur ihre reine Erwerbsarbeit, die sie gerade machen. Aber alle haben gesagt, dass sie gerne arbeiten möchten, und auch viele genau im gleichen Beruf, das, was sie gerade tun. In allen Erwerbsarbeitsgesellschaften, auch hier in Deutschland, ist Arbeit eine Quelle von Identität und Anerkennung.«

In Umfragen zum bedingungslosen Grundeinkommen sagen 70 Prozent der Menschen, dass sie weiterarbeiten würden. Die Ängste von Wirtschaftswissenschaftlern scheinen also unberechtigt. Arbeit ist für die meisten Menschen mehr als reiner Broterwerb. Friedericke Hardering: »Wir gehen in der Arbeitssoziologie davon aus, dass Menschen eine Doppelperspektive auf Arbeit haben. Dass sie einerseits ihren Lebensunterhalt sichern wollen, dass sie konsumieren möchten, dass sie ein gewisses Einkommen haben möchten. Und auf der anderen Seite wünschen sie sich auch, dass sie sich in der Arbeit vergegenständlichen können, dass sie sich selbst einbringen können, dass sie ihre Fähigkeiten und Talente nutzen können. Sie möchten Anerkennung in der Arbeit erleben, ein soziales Netzwerk auf der Arbeit haben. Diese Bedürfnisse kann man nicht gegeneinander ausspielen, sondern es sind beides Perspektiven, die die Menschen an die Arbeit herantragen.«

Es sind also auch innere Beweggründe, die den Menschen zur Arbeit »treiben«. Der klassische *Homo oeconomicus,* der allein auf seinen materiellen Nutzen bedachte Mensch, ist in der Arbeitswelt eher die Ausnahme. Es geht zwar auch ums Geldverdienen, doch gleichzeitig sucht der Mensch Sinn und Anerkennung. Allerdings finden viele Menschen von alldem kaum etwas in ihrer Arbeit, vor allem diejenigen nicht, die die sogenannte Drecksarbeit machen.

Sie verdienen wenig, sie haben wenig Sicherheit, sie arbeiten oft befristet oder mit Leiharbeitsverträgen. Es ist wahrscheinlich, dass sich diese Menschen, ausgestattet mit einem Grundeinkommen, aus dem Arbeitsleben zurückziehen würden, sagt die Arbeitssoziologin Friedericke Hardering. Auch das ist ein Ergebnis der Studien zur Lottogewinn-Frage.

Wer aber macht die sogenannte Drecksarbeit, wenn niemand mehr arbeiten muss? Wer bringt den Müll weg, wer reinigt die Kanäle? Wer zerlegt die Tiere im Schlachthof? Niemand weiß, ob eine Gesellschaft, in der es ein bedingungsloses Grundeinkommen gäbe, funktionieren würde. Doch eine Gesellschaft, die nur deshalb funktioniert, weil viele Menschen zu unglücklich machenden Arbeiten gezwungen sind, erscheint vielen als ungerecht. Eine Untersuchung der Berliner Bundespsychotherapeutenkammer hat gezeigt, dass manche Jobs tatsächlich seelisch krank machen. Mitarbeiter von Call-Centern, Krankenpfleger, Verkäufer und Wachleute sind demnach besonders anfällig. Die Grundeinkommenbefürworter wollen, dass diese Menschen sich davon befreien können. Friedericke Hardering: »Man müsste diese Berufe attraktiver machen. Man müsste dafür sorgen, dass es zum Beispiel keine Stigmatisierungen gibt, dass die Arbeitsbedingungen besser sind, dass die Leute eine bessere Bezahlung, bessere Konditionen haben; dass die Arbeit einfach attraktiver und auch im Vergleich zu anderen Tätigkeiten fairer honoriert wird.«

Wie würden sich die Menschen insgesamt verhalten? Würden mehr Menschen oder weniger Menschen arbeiten? Klare Antworten gibt es bisher nicht, nur Vermutungen. Das würde die Umsetzung des Konzeptes zu einem Risiko machen. Denn eines ist klar: Ziehen sich allzu viele Menschen komplett aus dem Berufsleben zurück, könnte das bedingungslose Grundeinkommen nicht finanziert werden. Professor Giacomo Corneo hat es für Deutschland ausgerechnet: »Wenn man ein Einkommensniveau gewährleisten will, mit dem jeder leben kann – sagen wir: auch der Single, der in München lebt, müsste mit diesem Einkommen ein gutes Leben führen können –, dann sind Beträge unterhalb von 750 Euro im Monat nicht hinnehmbar. Bei 750 bis 900 oder 1 000 Euro sind selbst bei Streichung von mehreren Sozialleistungen zusätzliche Ausgaben für den öffentlichen Sektor in einer Höhe von etwa 500 Milliarden Euro im Jahr zu erwarten. Das würde bedeuten, dass sich die Steuerquote, also das Verhältnis von Steuern und Einkommen, in etwa verdoppeln müsste.«

Verdoppelung der Steuersätze

Ein Staat, der so viel Geld braucht, könnte – anders als die Grundeinkommenbefürworter glauben – schnell in Schieflage geraten. Vor allem dann, wenn er geradezu ermuntert, nicht zu arbeiten: Warum sollte ein Vater arbeiten gehen, wenn die Steuern hoch sind und seine vierköpfige Familie auch ohne Arbeit auf ein Nettoeinkommen von 4 000 Euro kommen würde? Giacomo Corneo fürchtet, dass sich vor allem diejenigen, die viel arbeiten und viele Steuern zahlen, vom Land abwenden würden: »Bei den Gutverdienern glaube ich auch, dass man keine großen Verhaltensänderungen hätte in Bezug auf das Arbeitsangebot, solange diese Menschen hier im Lande bleiben. Die große Frage ist aber, ob sie im Lande bleiben. Denn wenn der Einkommensteuersatz verdoppelt wird, wenn man heute 35 Prozent Durchschnittssteuersatz zahlt, morgen aufgrund der Einführung des Bürgergeldes dann mit 70 Prozent belastet wird, dann würden insbesondere Hochqualifizierte mit hohen Verdiensten sehr wahrscheinlich auswandern. Aber da diese Gutverdiener diejenigen sind, die das System finanzieren, weil sie Nettozahler sind, würde das erhebliche Probleme für die Finanzierung des Gesamtkonzepts mit sich bringen.«

Es ist also absehbar, dass selbst die Verdoppelung der Steuersätze nicht genügen würde, um die Utopie des bedingungslosen Grundeinkommens in die Wirklichkeit umzusetzen. Diejenigen, die gerne arbeiten und gut verdienen, würden womöglich aus dem Land vertrieben, und diejenigen, die nicht arbeiten wollen, würden womöglich ins Land gelockt. Die meisten Wirtschaftswissenschaftler stimmen darin überein, dass die finanzielle Basis eines solchen Sozialstaats schnell zerstört wäre. Vor allem, wenn das bedingungslose Grundeinkommen zu einem Wandel der Werte führen würde. Giacomo Corneo: »Es hängt davon ab, ob sich die Möglichkeit, vom bedingungslosen Grundeinkommen zu leben, ohne zu arbeiten, als akzeptierte Lebensweise – als mögliche soziale Norm – durchsetzt oder nicht. Das ist schwer vorauszusehen; das hängt sehr von der Zusammensetzung der Bevölkerung ab, weil unterschiedliche Bevölkerungsgruppen ein unterschiedliches Arbeitsethos haben. Je nachdem wie diese Norm sich durchsetzen würde, könnte es zu sehr großen oder zu verkraftbaren Effekten auf die Arbeitsbereitschaft kommen.«

Doch die Befürworter des Grundeinkommens wollen genau das: Ein Leben ohne Erwerbsarbeit soll zu einer akzeptierten Daseinsform werden. Jeder soll sich ohne wirtschaftlichen Druck überlegen können, was er mit seinem Leben anfangen will. Niemand würde des Geldes wegen im falschen Job bleiben und vor einem beruflichen Risiko zurückschrecken. Alle könnten frei über ihre Zukunft nachdenken.

Noch ist das eine Utopie. Praktische Erfahrungen gibt es kaum. Die finnische Regierung hat jedoch im Sommer 2015 beschlossen: »Ein Grundeinkommensversuch wird durchgeführt.« Dieser allerdings ist gekoppelt an eine Erwerbstätigkeit. In den Niederlanden soll in einigen Städten ebenfalls damit experimentiert werden: Die Stadt Utrecht und ihre Universität planen ein solches Projekt mit 250 Teilnehmern, und die Städte Maastricht, Gouda und Tilburg wollen folgen. Auch in der Schweiz wird es 2016 eine Volksabstimmung geben, hier ist die Idee eines bedingungslosen Grundeinkommens durch eine erfolgreiche Volksinitiative vorangetrieben worden.

Abschied vom Wohlstand?

Michael Bohmeyer testet die Utopie derweil im Kleinen: Er will mit den Spenden, die er sammelt, 100 Menschen für ein Jahr ein Grundeinkommen zahlen. Einer der Auserwählten ist Mark Wander aus Kassel. Er lebt zurzeit von geschenkten 1 000 Euro im Monat. Für ihn ist es ein großer Glücksfall. Er ist chronisch krank und kann seit anderthalb Jahren nicht arbeiten. Sein Anspruch auf Krankengeld war gerade ausgelaufen: »Das ist einfach eine Riesen-Erleichterung für mich. Meine privaten finanziellen Mittel waren nahezu aufgebraucht. Ich weiß, ich habe die Sicherheit, ich bekomme für ein Jahr das Geld, ich muss in keiner Weise irgendwie dafür funktionieren.« Er will das Jahr nutzen, um seine Krankheit in den Griff zu bekommen, damit er dann – so hofft er – wieder arbeiten kann.

Es sind solche kleinen Geschichten, die Michael Bohmeyer von seinen Gewinnern erzählt: Eine Familie fühlt sich erleichtert, weil sie ihre knappe Haushaltskasse aufbessern kann und nun entspannter durch den Alltag geht. Ein anderer Gewinner will bewusster weiterleben. Ein junger Mann macht eine Erzieherausbildung, statt im Call-Center zu arbeiten: »Allein die Tatsache, zu wissen, dass man ein Jahr abgesichert ist, weckt den Mut in den Menschen. Das verändert die Gesellschaft radikal, aber radikal gewaltfrei, weil es aus den persönlichen Bedürfnissen der Menschen erwächst und nicht aus einem wirtschaftlichen Druck.«

Ist eine Gesellschaft, die ein Grundeinkommen einführt, also mutig – oder doch eher lebensmüde? Denn die Liste der Einwände ist lang, vor allem gibt es zwei zentrale Fragen. Zum einen, ob wir uns ein bedingungsloses Grundeinkommen leisten können: Wenn man die Renten- und Arbeitslosenversicherung abschafft, was würde dann mit den Ansprüchen passieren, die die Beschäftigten erworben haben? Die zweite Frage lautet: Selbst wenn es machbar wäre – wollen wir ein bedingungsloses Grundeinkommen überhaupt? Eine Gesellschaft, die erwartet, dass jeder vom Staat versorgt wird, verabschiedet sich von dem Grundsatz, dass Arbeit und Leistung die Grundlagen des Wohlstandes sind. Viele Bürger, meint Giacomo Corneo, empfinden das als ungerecht: »Das Bürgergeld räumt perfekt gesunden Menschen das Recht ein, sich ein ganzes Leben lang vom Gemeinwesen alimentieren zu lassen; das wird von den meisten Menschen als eine Ungerechtigkeit betrachtet. Tatsächlich waren in der Vergangenheit genau die Aufstände gegen Adel, Klerus und die Industriemagnaten Aufstände derjenigen, die geschuftet haben gegen diejenigen, die von den Früchten der Arbeit dieser Menschen gelebt haben. Deswegen birgt die Einführung dieses Rechts auf Alimentierung, ohne einen Beitrag zu leisten, ein großes Konfliktpotenzial. Es ist sozialer Sprengstoff dahinter.«

Die Gesellschaft könnte sich in Faule und Fleißige aufspalten: Je mehr Bürger nicht arbeiten, umso härter müssten dies andere tun. Was das heißen kann, zeigt sich am Beispiel Israels. Dort haben ultraorthodoxe Juden die Möglichkeit, ohne Arbeit auf Staatskosten zu leben und dafür ihre Zeit dem Studium der Heiligen Schriften zu widmen. Dieses Privileg, für das die arbeitenden Israelis zahlen müssen, spaltet die Gesellschaft. Auch in einem Land wie Deutschland könnte ein bedingungsloses Grundeinkommen verschiedene Bevölkerungsgruppen gegeneinander aufbringen.

Die Zuwanderung von Flüchtlingen macht ein solches Projekt noch unberechenbarer. Die Diskussion darum sei trotzdem wichtig, meint Giacomo Corneo: »Ich glaube, dass die Begeisterung für das bedingungslose Grundeinkommen daher rührt, dass es auf ein Bedürfnis nach dem Abbau von – sozial und ökonomisch gesehen – unnötigen Herrschaftsstrukturen hinweist. Das heißt, die Leute glauben, dass durch dieses Recht auf Einkommen die Leute sich emanzipieren können von tyrannisierenden Arbeitgebern, von tyrannisierenden Ehemännern, von tyrannisierenden Eltern, von tyrannisierenden Bürokraten, von tyrannisierenden Banken, die keinen Kredit geben, wenn man einen benötigt.«

Die Schwärmerei für diese Utopie offenbart also eine generelle Unzufriedenheit mit dem Wirtschaftssystem. Regelmäßig bekennt eine Mehrheit in Umfragen, dass es in Deutschland nicht gerecht zugeht. Ein Drittel der Befragten ist sogar der Meinung, dass Demokratie und Kapitalismus nicht miteinander zu vereinbaren sind. Das Grundeinkommen wirkt da auf viele wie die Verheißung einer besseren Welt. Michael Bohmeyer: »Es wird definitiv irgendeine Form von Grundeinkommen kommen, da bin ich ganz sicher. Wenn die Generation, die wir heute die Generation Y nennen, also die zwischen 1975 und 1985 Geborenen, die Werte hat wie ›Work-Life-Balance‹ und ›mehr Sinnhaftigkeit in der Arbeit‹ – wenn die eines Tages in den Bundestag kommt, dann wird es ein Grundeinkommen in irgendeiner Form geben. Davon bin ich fest überzeugt.«

Die Anhänger glauben also an die Umsetzbarkeit des bedingungslosen Grundeinkommens. Die nüchternen Gegenrechnungen der Ökonomen haben es da schwer. Die Gesellschaft sollte die Kritik der vielen Befürworter ernst nehmen. Denn es stimmt ja: Wirkliche Freiheit gibt es im Kapitalismus in gewisser Hinsicht nur für Reiche. Für Arme bedeutet der Kapitalismus oft Zwang zu unbefriedigender Arbeit, zu Selbstausbeutung und Unterwerfung. Ein Wundermittel aber, das all diese Ungerechtigkeit mit einem Handstreich hinwegfegt, wird wohl eine schöne Utopie bleiben.

Silja Tietz

20.

KANN MAN DIE FINANZMÄRKTE BÄNDIGEN?

Ende 2007 war die Welt an den Finanzmärkten noch in Ordnung: Der Deutsche Aktienindex kletterte über 8 000 Punkte – es fehlte nicht mehr viel bis zu einem neuen Rekordhoch. 2008 aber kamen die Einschläge immer näher: Die fünftgrößte US-Investmentbank Bear Stearns ging pleite. Die gerade erst privatisierten amerikanischen Hypotheken-Finanzierer Fannie Mae und Freddie Mac wurden wieder verstaatlicht. Die Investmentbank Lehman Brothers brach zusammen. Und auch der Münchner Immobilienfinanzierer Hypo Real Estate musste vom Staat vor dem Zusammenbruch gerettet werden. Panik an den Börsen.

Die Aktienkurse waren in freiem Fall. Daraufhin senkten die großen Notenbanken die Zinsen in mehreren Schritten bis auf nahe null Prozent. Milliardenschwere Rettungsprogramme für die Banken wurden auf den Weg gebracht. Die Staats- und Regierungschefs kamen überein: So kann es nicht weitergehen. »Politik darf nicht hinterherrennen, Politik muss gestalten«, sagte Bundeskanzlerin Angela Merkel im Jahr 2008. Gestalten mit Blick auf die Finanzmärkte heißt für Merkel: kontrollieren und regulieren.

Seitdem haben sich die Regierungschefs und die Finanzminister unzählige Male zusammengesetzt, um das Weltfinanzsystem umzubauen und stabiler zu machen. Thomas Mayer, früher Chefvolkswirt der Deutschen Bank und heute Direktor des Flossbach von Storch Research Institute, sagt dazu: »Es ist einiges an Fortschritt passiert. Aber ich denke, was wir nicht geschafft haben, ist, das System selbst zu hinterfragen. Es bleiben weiterhin die Risiken, die von unserem Kredit- und Geldsystem für die wirtschaftliche Stabilität ausgehen.« Zu einer ähnlichen Einschätzung kommt Helmut Siekmann, Professor für Geld-, Währungs- und Notenbankrecht an der Goethe-Universität in Frankfurt: »Es ist sehr viel geschehen; es sind sehr viele neue Vorschriften erlassen worden, und alte Vorschriften sind geändert worden. Ob aber tatsächlich das Finanzsystem als Ganzes deutlich stabiler geworden ist, würde ich mit einem kleinen Fragezeichen versehen.«

Grundsätzlich überzeugt von den neuen Vorschriften ist hingegen Carsten Burhop, Professor für Wirtschafts- und Sozialgeschichte an der Universität Wien: »Mit der Regulierung verhindert man immer, dass die letzte Krise nochmal auftaucht. Insofern ist Regulierung wichtig, weil so die Möglichkeit, Krisen zu haben, eingeschränkt wird.« Martin Götz, Professor für Regulierung an der Frankfurt School of Finance, hält von immer neuen Regeln und Vorschriften dagegen wenig: »Man muss das Spiel an manchen Stellen etwas neu aufsetzen und dadurch auch neue Gegebenheiten schaffen, die dann unter Umständen eine Regulierung der Marktteilnehmer selbst mit sich bringen, ohne aber den Sheriff zu spielen, der sagt: So machen wir es und nicht anders.«

Universalbanken aufteilen?

Hier treffen unterschiedliche Philosophien aufeinander: Die einen setzen bei der Regulierung der Finanzmärkte auf detaillierte Vorschriften und strengere Regeln, die anderen auf den großen einheitlichen Rahmen, innerhalb dessen sich die Investoren oder Banken bewegen. Die Geldinstitute als Mitverursacher der weltweiten Finanzkrise stehen seit 2008 unter verschärfter Beobachtung der Politik, denn Kanzlerin Angela Merkel hat versprochen: »Nie wieder wird es notwendig sein, dass Steuerzahler dafür eintreten müssen, wenn große Banken zusammenbrechen und dann praktisch ein erpresserisches Potenzial entwickeln und Steuerzahler diese Banken retten müssen.« Michael Koetter, Professor für Banken und Finanzen an der Frankfurt School of Finance, hält jedoch von diesem Versprechen nicht viel: »Ich denke, das ist Politik; das ist eine Aussage, die so nicht aufrechtzuerhalten ist. Und das ist sicher nicht möglich zu versprechen.«

Wie können die Steuerzahler in Zukunft also geschützt werden, wenn Banken in Schieflage geraten? Eine Antwort lautet: Die Institute brauchen mehr Kapital. Und im Zweifel müssen andere herangezogen werden. Michael Koetter: »Wenn etwas schiefgeht, muss die Bank aus eigener Tasche in der Lage sein, das zu regeln. Wir haben die neuen sogenannten Bail-in-Rules mit der neuen Regulatorik. Das bedeutet auch, dass Menschen, die der Bank Geld geliehen haben, im Extremfall sogar bereit sein müssen, dieses geliehene Geld in Anteile umzuwandeln. Wir werden also von Verleihern von Geld zu Eigentümern der Bank, qua Zwang.« Mit dem Risiko, dass im schlimmsten Fall dieses geliehene Geld auch weg sein kann. Diese sogenannten Bail-in-Vorschriften, die Gläubiger einer Bank an möglichen Verlusten beteiligen, sind ein wichtiges Element der EU-Richtlinie zur Sanierung und Abwicklung von Kreditinstituten.

Daneben kommt ein weiterer Vorschlag zum Einsatz: Die Geldhäuser – auch Universalbanken genannt – sollen in zwei Teile aufgespalten werden: Der eine verwaltet das Geld der Sparer und verleiht die Einlagen in Form von Krediten. Der andere betreibt Handel, beispielsweise mit Aktien, Anleihen oder Devisen. Den Gedanken dahinter erklärt Michael Koetter: »Wir müssen versuchen, Funktionen, die die Bank ausübt, stärker in organisatorisch abschließbaren Einheiten zu trennen, um im Falle eines Verlustes, der nur in der Einheit A anfällt, diesen einkapseln zu können, ihn abschirmen zu können vom Rest der Bank, der vielleicht sehr gesund ist und auch meine Spareinlage hat.«

Konkret geht es darum, das vermeintlich riskantere Handelsgeschäft, das Investmentbanking, im Falle eines größeren Verlustes nicht durch die Spareinlagen der Kunden auffangen zu müssen.

Deutschland hat – wie andere europäische Staaten – inzwischen ein eigenes Trennbanken-Gesetz beschlossen. Es sieht vor, dass Geldinstitute ihren Handel in eigenständige Tochtergesellschaften ausgliedern müssen. Kritiker bemängeln die vielen Ausnahmen und den starken Einfluss der großen Banken bei der Formulierung des Gesetzes. Außerdem fehle eine einheitliche europäische Regelung.

Das Geld der Kunden soll besser geschützt werden. Wird damit aber auch das System insgesamt sicherer? Professor Helmut Siekmann von der Goethe-Universität Frankfurt hat Zweifel: »Durch die Menge der neuen Regeln und Vorschriften wird dieses Aufsichtssystem immer unübersichtlicher. Hinzu kommen weitere neue Einrichtungen, die die Finanzmärkte kontrollieren sollen. Alles das zusammen macht das System der Aufsicht so komplex, dass kaum noch abzuschätzen ist, welche Hintertüren und welche Möglichkeiten für findige Finanzingenieure bestehen.« Das sieht auch der Ökonom Thomas Mayer so: »Man kann versuchen, dieses System besser in den Griff zu kriegen, wenn man darauf vertraut, dass staatliche Instanzen das allumfassende Wissen haben. Ich fürchte nur, das haben sie nicht. Wir werden vermutlich wieder Löcher in der Regulierung finden. Wir werden sehen, im Nachhinein, wenn wir die nächste Finanzkrise haben, dass die Regulierung wieder nicht funktioniert hat.«

Schattenbanken: Die im Dunkeln sieht man nicht

Je strenger die Regeln, umso mehr Geschäfte mit dem Geld wandern in die Hinterzimmer des Finanzmarktes, in Grauzonen. Martin Hellmich, Professor für Risikomanagement an der Frankfurt School of Finance, verweist auf die Schattenbanken: »Zunächst einmal – ganz abstrakt gesprochen – ist eine Schattenbank eine Institution, die Bankgeschäft betreibt, ohne die dafür notwendige Banklizenz zu besitzen und ohne einer entsprechenden Regulierung zu unterliegen.«

Das können zum Beispiel Tochtergesellschaften von Banken sein oder Kredit- und Geldmarktfonds, die vom Gesetzgeber kaum kontrolliert werden. Zu den bekanntesten Schattenbanken gehören der weltgrößte Vermögensverwalter Blackrock und der chinesische Onlinehändler Alibaba, der einen der größten Geldmarktfonds der Welt betreibt. Nach Schätzungen des Internationalen Währungsfonds IWF sind Schattenbanken in den USA für mehr als die Hälfte der Kreditvergaben verantwortlich, in der Eurozone für gut ein Viertel. Extrem schnell wachsen sie in China, sagt Martin Hellmich: »Dort hat sich das Geschäft in Schattenbanken verlagert, und die refinanzieren sich über die Banken. Mit anderen Worten: Das Kreditrisiko existiert noch, aber es existiert für die Banken nur noch auf indirektem Weg. Und ist dann auch nicht mehr für die Aufsicht so sichtbar, weil es nicht mehr in den Bilanzen auftaucht, sondern nur noch indirekt über die Verbindung zur Schattenbank. Das ist eine Entwicklung, die man mit Vorsicht betrachten muss. Der chinesische Markt zeigt uns ganz gut, wohin das führen kann, wenn Banken sehr reguliert sind und nur sehr eingeschränkt Geschäft machen können.«

Martin Hellmich spricht damit eines der Probleme an, die den Finanzaufsehern weltweit Sorgen bereiten – die enge Verflechtung von herkömmlichen Banken mit Schattenbanken: »Wenn sich die Schattenbank über die Bank refinanziert hat, wird sich das Umkippen der Schattenbank auch direkt in Verluste der Bank auswirken. Im schlimmsten Fall kann sich das natürlich auf weitere Kapitalmarktteilnehmer auswirken.« Die Rede ist vom sogenannten Domino-Effekt, wenn ein Institut die anderen mit in den Abgrund zu reißen droht. Im schlimmsten Fall steht am Ende der Kollaps des gesamten Finanzsystems. Wie schon einmal: Das Schattenbankensystem hatte einen wesentlichen Anteil an der US-Immobilienblase, deren Platzen im Jahr 2007 ein globales Finanzbeben ausgelöst hat. Leichtfertig wurden jahrelang billige Hypotheken vergeben, teilweise sogar an Kunden, die sie gar nicht bezahlen konnten. Diese Kredite wurden dann in Anleihen verpackt und an Investoren und Banken verkauft. Doch als die Kreditblase platzte, standen die Banken selbst am Abgrund. Die Regulierer sind sich dieser Gefahr inzwischen durchaus bewusst, doch international einheitliche Vorschriften gibt es auch hier noch nicht.

Schattenbanken, sagt Martin Hellmich, stellen aber nicht nur ein unkontrolliertes Risiko dar, sie bieten vielen Firmen auch eine Chance: »Wenn ich beispielsweise ein Unternehmen bin, und ich möchte von einer Bank einen Kredit haben, dann muss ich normalerweise Sicherheiten stellen. Die unterliegen gewissen Anforderungen, zum Beispiel stelle ich mein Unternehmensgebäude als Sicherheit zur Verfügung. Wenn ich ein Unternehmen bin, wie eines aus der IT-Branche, wo das Geschäft eher virtuell ist, es gibt also sehr wenig reale Vermögenswerte, die sich für Sicherheiten qualifizieren, oder ich bin ein Start-up, ich habe gar keine Sicherheiten, mein Wert besteht aus dem Wissen meiner Mitarbeiter, dann bin ich eigentlich als Kreditnehmer nicht für eine Bank geeignet. Das Geschäft einer Bank passt da nicht so richtig drauf. Da ist natürlich die Frage: Gibt es irgendwelche alternative Refinanzierungsquellen? Hier kommen dann Schattenbanken zum Tragen; insofern ist eine Schattenbank nicht immer nur schlecht. Der Begriff Schattenbank trägt ja einen negativen Touch in sich; sie spielen aber durchaus eine sehr wichtige Rolle.«

Insbesondere für junge Unternehmen sind sie eine alternative Finanzierungsquelle. Andernfalls hätten sie kaum eine Chance, an bezahlbare Kredite heranzukommen. Investoren können bei ihnen auch Geld anlegen, und sie bekommen mitunter eine höhere Rendite als bei einer klassischen Bank – allerdings zum Preis eines höheren Risikos.

Streitpunkt Finanztransaktionssteuer

»Weniger Risiko« war die Ansage der Politik nach der weltweiten Finanzkrise. Deshalb sollten die Verursacher nicht nur strenger beaufsichtigt werden. Sie sollten die finanziellen Folgen der Bankenrettung mittragen, »einen fairen Beitrag leisten«, wie es die EU-Kommission im Jahr 2011 formulierte. Sie schlug deshalb die Einführung einer Finanztransaktionssteuer vor: Der Steuersatz sollte 0,1 Prozent auf den Handel von Aktien und Anleihen und 0,01 Prozent für Derivate von Aktien und Anleihen betragen. Mit dem Finanzprodukt Derivat spekulieren Investoren darauf, dass der Preis eines Wertpapiers oder der Kurs einer Währung in Zukunft steigen oder fallen wird. Andere Devisengeschäfte sollten von der Steuer befreit sein.

»Spätestens hier beginnen die Schwierigkeiten«, sagt Carsten Brzeski, Chefvolkswirt der Bank ING Diba in Deutschland: »Streitpunkte sind zum Beispiel: Würden auch Derivate mit besteuert, ja oder nein? Wenn ja: welche Derivate? Wir sehen auch, dass in Europa das große Problem ist, dass das Vereinigte Königreich von Großbritannien und Nordirland nicht mitmachen möchte bei einer Finanztransaktionssteuer. Sollte das so sein, haben wir die Gefahr, dass Finanzzentren in Frankreich und Deutschland Arbeitsplätze verlieren, wenn die dann nach England abwandern.« Vermutlich würden sie nicht nur nach England gehen, sagt der Rechtswissenschaftler Christoph Schalast: »Natürlich würden Finanzplätze in den USA und Asien sehr davon profitieren, wenn wir es hier einführen würden. Sie würden eben ausweichen, und das kann auch nicht sinnvoll sein.«

Eingeführt wurde die Finanztransaktionssteuer bislang nur in Frankreich und in Italien, allerdings unter Einschränkungen. Insgesamt sind es elf EU-Länder, die diese Abgabe planen, Deutschland gehört dazu. Konsequenzen könnte sie auch für normale Bankkunden, für Arbeitnehmer und Pensionäre haben, sagt Helmut Siekmann, Professor für Geld-, Währungs- und Notenbankrecht an der Goethe-Universität Frankfurt: »Durch eine umfassende Finanztransaktionssteuer, die auch geografisch alle Länder umfassen müsste, um Schlupflöcher zu vermeiden, würde auch der kleine Sparer und Steuerzahler belastet werden. Und das soll ja nicht Sinn der Sache sein.« Untersuchungen haben gezeigt, dass vor allem langfristige Sparpläne mit Fonds für die Altersvorsorge davon betroffen wären. Die Abgabe würde auch indirekte Anlagen treffen, beispielsweise über Pensionskassen oder Versicherungen, die für ihre Kunden Finanztransaktionen durchführen.

Und wie sieht es mit dem zweiten Versprechen aus, das die Finanztransaktionssteuer einlösen soll? Mit ihrer Hilfe sollen spekulative Geschäfte eingedämmt werden. Christoph Schalast, Anwalt und Professor für Rechtswissenschaften an der Frankfurt School of Finance, traut ihr das zu: »Wir haben in den letzten Jahren eine Tendenz beobachten können, dass es immer mehr sehr kurzfristige Transaktionen gibt. Wenn die Politik da regulierend eingreifen will, was sie sich zum Ziel gesetzt hat, dann tut sie aus ihrer Sicht das Richtige. Ob das notwendig ist, ist eine andere Frage. Aber sie erreicht vermutlich das, was sie erreichen will: Das ist das Beste, was man von einer Steuer sagen kann.« Dem stimmt auch Max Otte zu, Professor für Betriebswirtschaftslehre an der Hochschule Worms: »Die Finanztransaktionssteuer bremst marktwirtschaftlich die Spekulation, ohne sie zu verbieten. Sie ist damit das ideale Steuerungsinstrument.«

Algotrading – eine »perverse Parallelwelt«

Abbremsen soll sie auch den Hochgeschwindigkeitshandel an den Börsen, den nicht wenige als eine ernsthafte Gefahr für die Stabilität der Finanzmärkte ansehen. Die Finanzmarktprofis haben für ihn inzwischen viele Begriffe entwickelt: Hochfrequenzhandel, Flash- oder Algotrading. Stefan Scharffetter, ein Händler der Baader Bank an der Frankfurter Börse, erlebt täglich die ultraschnelle Konkurrenz: »Auch wir sind hier mit einer guten Technik unterwegs. Das kann man so vergleichen: Wir fahren einen Golf GTI. Aber ein Algotrader sitzt in einem Ferrari; so sind die technischen Unterschiede, die Leistungsunterschiede.«

Die Hochgeschwindigkeitshändler werden auch deshalb Algotrader genannt, weil ihre Computerprogramme auf mathematischen Algorithmen aufbauen. Das sind Anweisungen, wie sie sich etwa beim Kauf oder Verkauf von Aktien – beides innerhalb von Sekundenbruchteilen – verhalten sollen. Stefan Scharffetter: »Es geht manchmal nur um einen Zehntel Cent oder um einen halben Cent, aber das so oft und so schnell wie möglich am Tag. Wenn Sie gut sind und am Tag vielleicht 1 500, 2 000 oder 4 000 Geschäfte machen und an diesen Geschäften immer nur mit der dritten oder vierten Kommastelle verdienen, aber großes Volumen handeln, da reden wir nicht von 100 oder 500 Stück, die da gekauft oder verkauft werden, sondern da reden wir von 10 000, 15 000 oder auch 25 000 Stück – da macht es einfach die Masse und die Schnelligkeit.«

Hinzu kommen allerdings auch zweifelhafte Methoden, sagt Yvonne Hofstetter, Datenmanagerin von Teramark Technologies in München und Buchautorin: »Die Auftragsbücher werden insofern manipuliert, als dass Schein-Orders von Flash-Tradern eingestellt werden, um zu sehen: Bewegt sich der Markt in eine Richtung, lässt sich der Markt tatsächlich in eine Richtung bewegen – das nennt man *Momentum Ignition*, wenn man einen bestimmten Trend auslöst, indem man eine riesige Order einstellt, die man aber gar nicht ernsthaft ausführen möchte. Eigentlich sind das Marktmanipulationen, die nicht erlaubt sind, trotzdem sehen wir das in ganz großem Stil. Es gibt eine große Lobby im Bereich des Hochfrequenzhandels.« Denn hinter den Hochfrequenzhändlern stehen oft große Banken. Sie bescheren den Börsenbetreibern über den ultraschnellen Handel hohe Umsätze, an denen beide verdienen. Das Problem dabei: Maschinen können auch falsche Befehle ausführen, sagt Stefan Scharffetter: »Für die eine oder andere größere Kursschwankung, die wir erlebt haben, es ist noch nicht so richtig nachgewiesen worden, aber dass da Algohändler ihre Finger mit im Spiel hatten, das ist eigentlich ganz klar.«

Das berühmteste Beispiel ist der 6. Mai 2010: An den amerikanischen Börsen brachen die Kurse innerhalb von Minuten ein und erholten sich genauso schnell wieder. Börsenprofis nennen das einen »Flashcrash«, einen Sekundeneinbruch. Yvonne Hofstetter: »Dadurch, dass die Börsenplätze weltweit über das Internet vernetzt sind, kann es möglich sein, dass sich solch ein Fehler, solch ein Flashcrash, relativ schnell über den ganzen Globus verbreitet und die Finanzmärkte herunterreißt, wenn sie so wollen, ohne dass wir etwas dagegen machen können.«

Spätestens dann kann es gefährlich werden an den Finanzmärkten. Was also tun, wenn Hochgeschwindigkeitscomputer einen Börsentrend nach oben oder nach unten beschleunigen, wenn die Kurse verrücktspielen? Yvonne Hofstetter: »Kann man es stoppen, wenn Maschinen mit Maschinen handeln? Nein. Institutionelle Börsenhändler sagen: Das ist eine perverse Parallelwelt, die wir da gebaut haben und die wir eigentlich auch nicht mehr unter Kontrolle haben.«

Finanzmärkte ohne Krisen?

Lassen sich die Finanzmärkte überhaupt kontrollieren? Oder sind sie jenes »wilde Tier«, von dem der kanadische Verhaltensökonom Hersh Shefrin sprach? Hartmut Kliemt, Philosophieprofessor an der Frankfurt School of Finance, sagt: »Was heißt hier wildes Tier? Erstens ist es nicht so, dass es den Markt in gleicher Weise gibt wie es den korporierten Akteur Staat oder Regierung gibt. Zweitens muss man auch sehen: Wenn Sie den Menschen in bestimmten Bereichen Vertragsfreiheit geben, dann fangen die irgendetwas mit der Vertragsfreiheit an. Wenn Sie diese Freiheit geben, haben

Sie keine Kontrolle. Nun meinen manche Menschen: Gut, jetzt geben wir ihnen keine Vertragsfreiheit, wir regulieren alles durch. Der Preis, den wir dafür zahlen würden, wäre uns vermutlich viel zu hoch. Das heißt, dieser Kontrollverlust gegenüber dem Markt, den viele von uns beklagen, ist natürlich auch erwünscht. Wenn wir ihn vollkommen kontrollieren könnten, dann hätten wir auch seine guten Seiten nicht – die Innovationskraft zum Beispiel.«

Das sieht auch der Finanzanalyst Joachim Goldberg so, mit einer Einschränkung: »Wenn ich anfange, durch Intervention an der einen Ecke etwas zu beeinflussen, hat das natürlich Wirkung auf andere Seiten des Finanzmarktes. Das heißt, wenn ich versuche, jedes Tor von Angebot und Nachfrage zuzumachen, dann kann es zwei Reaktionen geben: Das eine ist, ich bringe den Finanzmarkt total zum Erliegen, weil keiner mehr handeln will. Das andere ist, weil wir global so stark verwoben sind, dass die ganze Geschichte irgendwann explodiert und uns um die Ohren fliegt. Insofern ist es ein Tier, das sehr schwer zu bändigen ist.«

Die Revolution der Fintechs

Krisen werden damit zu einem festen Bestandteil der Finanzmärkte. Franz-Josef Leven, Direktor des Deutschen Aktieninstituts, sagt: »Die Tatsache, dass es in mehr oder weniger regelmäßigen Abständen zu Blasen und zu Hysterie kommt, ist eine Begleiterscheinung der Börse. Ich glaube nicht, dass man diese Nebenwirkungen abstellen kann. Weil es auch irgendwo in der menschlichen Psyche so verankert ist, dass solche Dinge passieren. Es wäre natürlich schön, wenn die Börsenentwicklung glatter verliefe, ohne diese spekulativen Übertreibungen und die anschließenden Kursstürze und die damit verbundenen Verteilungswirkungen. Aber ich glaube, das ist wahrscheinlich der Preis, den wir für die Börse zahlen müssen; und wenn wir die Börse nicht hätten, sähen wir – glaube ich – sehr viel schlechter aus als jetzt.«

Denn hier treffen Investoren auf Unternehmen: Die einen wollen am Wachstum teilhaben, die anderen brauchen das Geld, um wachsen zu können. Aktienhändler Stefan Scharffetter geht davon aus, dass diese wichtige Funktion der Börse auch in Zukunft gefragt sein wird. Ihm bereitet allerdings die technologische Aufrüstung Sorgen: »Ich glaube schon, dass die Börse weiterexistieren wird, weil ein Marktplatz da sein muss, wo Aktien gehandelt werden können. Man muss sich nur darauf einrichten, dass es keine ›Waffengleichheit‹ mehr unter den Marktteilnehmern gibt. Also die, die auf dem technisch höchsten Niveau sind, das sind dann auch keine großen Banken mehr, das sind dann kleine Fintech-Unternehmen, wie sie so schön heißen, das sind die, die in Zukunft hier das Marktgeschehen bestimmen werden.«

Fintech ist eine Wortneuschöpfung aus den Begriffen *financial services* und *technology*. Sie wird häufig als Synonym für Start-ups verwendet, die innovative Finanztechnologien entwickeln. Die Rede ist von kleinen IT-Firmen, die mit ihren Produkten und Dienstleistungen das Bankgeschäft vereinfachen wollen – zum Beispiel mit Apps für die Kontoführung, mit privaten Plattformen für Kreditfinanzierungen oder mit Robotern als Anlageberater. Diese jungen, innovativen Firmen und die Hochgeschwindigkeitshändler werden die Finanzmärkte revolutionieren, sagen viele. Spätestens in einigen Jahren dürfte klar sein, wie diese Revolution aussehen wird.

Alexander Schmitt

21.

LEHMAN RELOADED. NACH DEM CRASH IST VOR DEM CRASH

»Als Lehman pleiteging: Das waren spektakuläre Tage,« erinnert sich Professor Jan-Pieter Krahnen, Finanzforscher an der Frankfurter Goethe-Universität: »Es war im Grunde das Eintreten eines Ereignisses, wie wir es nie erlebt hatten; an das wir manchmal vielleicht in wilden Träumen gedacht hatten: Ja, es könnten diese sehr komplizierten Strukturen, die da mittlerweile entstehen, eines Tages auch mal nicht funktionieren. Aber wie das aussehen könnte, da hatten wir damals keine konkrete Vorstellung.« Ähnlich äußert sich Professor Werner Plumpe, Wirtschaftshistoriker an der Frankfurter Goethe-Universität: »Dass so etwas wie eine Krise auftauchte, hat uns nicht überrascht. Da sind wir ziemlich sicher gewesen, dass das passiert. Aber mit welcher Plötzlichkeit das passierte und wie groß meiner Ansicht nach auch die Überforderung der Wirtschafts- und Finanzpolitiker, auch der Bankakteure, gewesen ist, die lange Zeit glaubten, der Himmel sei wolkenlos – und dann trifft es sie wie aus heiterem Himmel.« Das hat ihn dann doch erstaunt.

Im Frühjahr 2007 erlebte der Immobilienmarkt in den USA eine Blütezeit. Viele Menschen kauften Häuser, auch jene, die dafür gar nicht genügend Geld hatten. Schwierig wurde es für sie, als die Zinsen stiegen. Viele Hausbesitzer konnten die Hypothekenkredite nicht mehr bedienen und mussten ihre Immobilien verkaufen. Infolgedessen brachen die Immobilienpreise ein. Damals glaubten viele noch, das sei ein Problem, das nur ein ganz kleines Marktsegment in den USA betrifft. Doch weit gefehlt: Viele US-Banken hatten die Kreditrisiken, die mit den Immobiliengeschäften verbunden waren, weiterverkauft, an Investoren auf der ganzen Welt. Und als die US-Banken ihr Geld nicht wiederbekamen, hatte das Auswirkungen auf Finanzinstitute rund um den Globus. An den Börsen herrschte damals Ausverkaufsstimmung, auch im Frankfurter Handelssaal. Viele Aktienhändler waren fassungslos: Plötzlich funktionierten gewohnte Strukturen nicht mehr. Die Akteure waren überfordert, eine der schlimmsten Finanzkrisen hatte begonnen.

Doch der Blick zurück in die Geschichte der Wirtschaft zeigt: Krisen hat es schon immer gegeben, auch wenn jede Krise andere Ursachen und andere Auswirkungen hatte. Werner Plumpe: »Die gesamte literarische Überlieferung der Menschheit kreist mehr oder weniger um Krisen. Das kennt man ja auch aus den biblischen Texten: das Phänomen der sieben fetten und der sieben mageren Jahre – das war sehr verbreitet.«

Nahrungskrisen und Spekulationskrisen

Werner Plumpe erinnert damit an die Geschichte von Joseph, den Traumdeuter aus Kanaan und späteren Minister am Hof des Pharaos, der aus einem Traum des Pharaos heraus eine drohende Hungersnot vorhersagte. Die Geschichte ist mehr als 2 500 Jahre alt, und steht im Buch Genesis des *Alten Testaments*. Damals waren die Krisen in erster Linie Agrarkrisen. Sie bedrohten unmittelbar die Existenz der Menschen. Werner Plumpe: »Seinerzeit war die agrarische Produktivität gering, die Überschüsse waren nicht hoch. Wenn dann aufgrund von schlechtem Wetter, aufgrund von Klimaschwankungen, auch aufgrund von Kriegen, Epidemien und anderen Faktoren, die Ernteerträge zurückgingen, dann wurde es sehr schnell existenziell. Viele Menschen konnten sich dann nicht mehr ernähren – Hunger und Tod waren typische Phänomene. Für die anderen stiegen die Agrarpreise sehr stark: wenig Getreide, hohe Preise. Sie mussten also alles, was sie hatten, für Nahrungsmittel ausgeben.

Vor allem gilt das für die Menschen in den Städten. Wenn ich alles Geld für Getreide ausgebe, kann ich kein Geld mehr für Porzellan ausgeben, für Kleidung, für andere Dinge. Das heißt, die Krise, die aus der Landwirtschaft kam, hat sich sehr schnell in anderen Bereichen fortgesetzt.«

Im Lauf der Jahrhunderte entwickelten sich noch andere Krisentypen, die allein der Aktivität des Menschen entsprangen, Spekulationskrisen zum Beispiel. Denn alles, was Menschen für wertvoll halten, kann zum Spekulationsobjekt werden, selbst Blumenzwiebeln: »Ein goldener Köder schien verführerisch im Raum zu hängen, und einer nach dem anderen drängte zur Tulpenbörse – wie Fliegen zum Honigtopf.« So beschrieb der schottische Schriftsteller Charles Mackay das, was als »Tulpenkrise« in die Geschichte eingehen sollte. Die Tulpe war im 17. Jahrhundert die Modeblume schlechthin. Sie war kostbar, für Tulpenzwiebeln wurden Fantasiepreise gezahlt. Das ging so weit, dass man in Holland für drei Zwiebeln ein ganzes Haus bekommen konnte. Werner Plumpe: »Irgendwann war völlig klar – das sind ja nur Zwiebeln. Das haben schon die Zeitgenossen karikiert. Man hat die Holländer als Affen dargestellt, als Verrückte, die so etwas machen, aber das ist wie in jeder Spekulationskrise: Wenn man rechtzeitig verkauft hatte, konnte man ein gutes Geschäft machen.« Am Ende ging die Tulpenkrise aus wie jede Spekulationskrise: Einige wurden reich, aber die Masse der Spekulanten wurde quasi enteignet.

In der frühen Neuzeit zeichnete sich damit eine Entwicklung ab, die vom 19. Jahrhundert an, also mit dem Beginn der Industrialisierung, bestimmend wurde. An die Seite von Tauschgeschäften – Ware gegen Ware oder Ware gegen Bares – trat der Handel auf Kredit. Wirtschaftskrisen hatten fortan immer eine materielle und eine finanzielle Seite. Grund für diese Entwicklung war die Fähigkeit der Menschen, mehr und mehr in Massen zu produzieren. Wer zum Beispiel nicht mehr einzelne Mäntel auf Bestellung einzelner Kunden herstellt, sondern massenhaft Mäntel auf Vorrat, der kann nur noch »spekulieren«, wie viele Mäntel er am Ende absetzen kann.

Wenn er falsch spekuliert hat und auf seinen Mänteln sitzen bleibt, dann kriegt er im wahrsten Sinne des Wortes »die Krise«. Eine Krise, die dazu führt, erläutert Werner Plumpe, »dass man die Produktion zurücknimmt, dass Arbeitskräfte entlassen werden, dass man nicht mehr investiert, dass man eine Zeit lang wartet – und dann geht es von vorne los, bis die Erwartungen wieder besser werden. Das heißt, wir haben in der Moderne einen Rhythmus aus Produktivitätssteigerungen und Absatzerwartungen, der sich im Laufe der Zeit immer wiederholt. Das führt dazu, dass wir spätestens seit der Mitte des 19. Jahrhunderts, wahrscheinlich schon etwas länger, regelmäßige wirtschaftliche Krisenzyklen haben, die alle sieben bis acht Jahre, wenn man den Höhepunkt oder den Tiefpunkt nimmt, eintreten.«

Die USA – das Epizentrum aller Krisen?

Eine Krise in diesem Sinne ist also nicht mehr und nicht weniger als ein Abschwung, der einem Aufschwung folgt und dem nächsten Aufschwung vorangeht – so regelmäßig wie Tag und Nacht einander abwechseln. Aber: Neben diesen zyklisch wiederkehrenden gibt es auch außergewöhnliche, gravierende Krisen, die nicht regional begrenzt bleiben, die sich rasend schnell ausbreiten und die nicht nur in der Wirtschaft und auf den Finanzmärkten, sondern bis weit in die Gesellschaft hinein ihre Spuren hinterlassen. Dazu gehört die Weltwirtschaftskrise von 1929.

Begonnen hatte alles mit einem Börsenkrach. Im Oktober 1929 platzte an der New Yorker Börse eine gewaltige Spekulationsblase. Unter den Anlegern brach Panik aus. Viele Menschen verloren damals ihr gesamtes Vermögen. Was dann geschah, hat Karl Blessing, der in den 1930er Jahren Mitglied im Direktorium der Deutschen Reichsbank war, in einer Weise geschildert, die uns heute sehr bekannt vorkommt: »Die amerikanischen Banken zogen ihre Kredite aus Europa zurück und trugen so zu den dramatischen Vorgängen bei, die 1931 Europa erschütterten. Im Juli verlagerte sich das Sturmzentrum nach Deutschland und führte zum Zusammenbruch der ›Darmstädter und Nationalbank‹.« Werner Plumpe erläutert hierzu: »Die USA sind eigentlich immer das Epizentrum der großen Wirtschaftskrisen gewesen. Das liegt daran, dass die USA von Anfang an ›das Land der unbegrenzten Möglichkeiten‹ waren. Es ist ja ein riesengroßes Land mit sehr vielen Ressourcen gewesen und mit sehr wenigen Menschen und sehr wenig Kapital. Also hat sich das englische Kapital, zum Teil das französische, auch das deutsche, gedacht, da können wir investieren. Wenn wir dort in Eisenbahnen investieren, wenn wir in Fabriken investieren, das gibt gigantische Erträge. Insofern haben Sie einen kontinuierlichen Kapitalstrom aus dem alten Europa in das ›neue‹ Amerika. Anders ausgedrückt: Amerika finanziert seine wirtschaftliche Entwicklung durch Schulden.«

Das heißt: Wenn jemand in den USA in großem Stil seine Schulden nicht mehr bezahlen kann, dann bricht gleich eine Weltwirtschaftskrise aus. Reichskanzler Heinrich Brüning hatte das in den 1930er Jahren sehr schnell erkannt: »Dieser Sturm hat allen Einsichtigen mit drastischer Schärfe die Verbundenheit der Weltwirtschaft im Positiven und im Negativen vor Augen geführt. Er hat aus der Not einzelner Völker und besonders Deutschlands eine Not der ganzen Welt gemacht. Er hat gezeigt, dass die Lebenshaltung eines Volkes bedingt ist durch die Lebenshaltung auch anderer Völker. Wenn ein Land schwer leidet, können auf die Dauer andere Völker, die mit ihm in wirtschaftlicher Verbindung stehen, ihre Prosperität nicht erhalten.«

In der Finanzkrise von 2007/2008 hat dieses Phänomen noch einmal eine Steigerung erfahren, weil die weltweiten Handelsbeziehungen und Finanzströme viel stärker ineinandergriffen, als das in den 1930er Jahren der Fall gewesen ist. Der Frankfurter Aktienhändler Oliver Roth beschrieb das so: »Das A und O in unserem Wirtschaftssystem ist der Glaube ans und das Vertrauen ins System. Die Banken sind das Schmiermittel der Wirtschaft, das weiß jeder, deswegen sind sie die Achillesferse unseres Systems. Die war auf einmal stark verletzt, und alles ist über uns zusammengebrochen.«

Im Moment der Krise wird dann nicht mehr notwendig unterschieden zwischen stark und schwach, sagt Jan-Pieter Krahnen: »Wenn ein Schadensfall – sagen wir – an einer Stelle des Systems groß genug ist, werden ausreichend viele andere mitgerissen. Und mit jedem weiteren, der mitgerissen wird, wird ein Nächster noch leichter ebenfalls mitgerissen, und zwar im Grunde unabhängig davon, wie stark er selber ist.«

Diese Beschreibung erinnert an das, was Friedrich Schiller einst über den Feldherrn Wallenstein schrieb und was er heute über Lehman und andere systemrelevante Banken sagen könnte: »Ich sehe ahnend / die unglückselige Entwicklung nahen. / Denn dieser Königliche, wenn er fällt / wird eine Welt im Sturze mit sich reißen.« Immerhin – bei Schiller heißt es auch: »Ich sehe ahnend die unglückselige Entwicklung nahen.« 2008 haben wenige die »unglückselige Entwicklung nahen« sehen. Und wer eine Krise nicht kommen sieht, kann sie auch nicht verhindern.

Kann man Krisen überhaupt verhindern? Der Wirtschaftshistoriker Werner Plumpe bezweifelt das: »In jeder Krise stellt sich das auf eine andere Weise dar. Da ist manchmal die Arbeitslosigkeit stärker ausgeprägt, manchmal ist der Rückgang der Produktion stärker ausgeprägt. Manchmal ist die Finanzseite des ökonomischen Prozesses stärker ausgeprägt. Insofern ist es sehr schwierig, aus der vergleichsweise ähnlichen Struktur aller Krisen auf ihren je konkreten Verlauf zu schließen. Insofern ist es auch sehr schwierig zu sagen, ich kenne die letzte Krise, also habe ich ein Rezept und benutze das in dieser Krise.« Jan-Pieter Krahnen ergänzt: »Aus Krisen lernen wir eine gewisse Demut. Wir können nicht der ›Master des Universums‹ sein, wir beherrschen nicht alle Entscheidungsträger und Entwicklungen, die da passieren.« Und Krisen sind, so Werner Plumpe, »nicht irgendwie ein zu vermeidendes negatives Moment der wirtschaftlichen Entwicklung, sondern die Krise ist die Normalform, in der sich wirtschaftliche Entwicklung vollzieht. Es geht immer über Aufschwung und Krise.« »Krisen zu verhindern – wenn das bedeutet, alles, was Innovation und Eigenständigkeit anbelangt, zu verhindern, dann wollen wir das auf gar keinen Fall«, ergänzt Jan-Pieter Krahnen.

Reinigende Gewitter

Sind Krisen also nicht nur unvermeidbar, sondern womöglich auch unentbehrlich? Jan-Pieter Krahnen ist fest davon überzeugt, dass große Veränderungen überhaupt erst durch Krisen möglich werden. Man sollte allerdings dafür sorgen, dass sie so selten und so wenig folgenreich wie möglich bleiben. Die sozialen Folgen von Krisen kann man zumindest begrenzen, glaubt der Wirtschaftshistoriker Werner Plumpe: »Das heißt, man kann Menschen unterstützen, die aus eigenen Möglichkeiten keine Chance haben, sich gegen Krisenwirkungen zu schützen – das sind Arbeitnehmer, die im Zweifelsfall arbeitslos werden.«

Halten wir fest: Wirtschafts- und Finanzkrisen lassen sich nicht verhindern. Sie gehören zum kapitalistischen System wie ein Gewitter zu einem überhitzten Sommertag. Die Aufgabe besteht darin, mit Krisen umzugehen und das Beste daraus zu machen. Das ist möglich und auch nötig, sagt der Finanzforscher Jan-Pieter Krahnen: »Krisen sind einerseits leidvoll, weil sie etwas, was eingeübt und gewohnt ist, plötzlich beenden und damit viele Personen oder Haushalte um etwas bringen, mit dem sie gerechnet haben, an das sie gewöhnt sind. Andererseits zwingen sie alle Beteiligten, sich neu zu organisieren, sich neu zu fragen: Wie wollen wir eine bestimmte Aufgabe lösen?«

Aber bevor eine Krise dazu zwingt, alles neu zu organisieren, schlägt sie erst einmal zu. Und wie reagieren wir darauf? Mit Angst – wie sie der Händler Salarino in William Shakespeares Stück *Der Kaufmann von Venedig* empfindet: »Sollt‘ ich nicht gleich an schlimme Felsen denken, / die an das zarte Schiff nur rühren dürfen? / [...] Jetzt eben dies Vermögen noch, nun gar keins mehr?« Jan-Pieter Krahnen: »Nein, ich glaube, Angst ist ein schlechter Ratgeber, weil sie einen dazu bringt, alles was neu und ungewohnt ist, abzulehnen.« Aber gerade das Neue macht Angst. Weil es mit Unwägbarkeiten verbunden ist; sogar verbunden sein muss, sagt der Wirtschaftshistoriker Werner Plumpe: »Wer sich auf die Zukunft einlässt, der spekuliert und geht Risiken ein, die unter Umständen nicht wirklich abzusichern sind. Die moderne Wirtschaft ist auf Risiko, auf Zukunft, aufgebaut, und das ist eine Sache, die nicht ohne Gefahren ist für diejenigen, die hinterher den Gewinn nicht haben, das ist völlig klar.«

Nach der Krise ist vor der Krise

Es bleibt also nur, der Krisengefahr, die man weder vermeiden noch ignorieren kann, ins Auge zu sehen – so wie es auch Joseph tut in Thomas Manns Roman *Joseph und seine Brüder*. Joseph sorgt für schlechte Zeiten vor, er legt Getreidevorräte an. Aber wie sorgt man für Finanzkrisen vor? Jan-Pieter Krahnen: »Wir lösen in aller Regel mit einer neuen Regulierungsoffensive, wie wir sie gerade erleben, die Krisenprobleme der letzten Jahre; nicht unbedingt die Probleme der nächsten Jahre. Aber es ist eben nicht möglich, die Krisenprobleme der nächsten Jahre zu lösen, wenn wir gar nicht wissen, wo die eigentlich liegen.«

Trotzdem kreisen die Gedanken von Politikern immer wieder darum, »das Übel aufzufangen, es in Schranken zu halten und ihm Segen abzugewinnen obendrein«, so wie es Thomas Mann in seinem Roman *Joseph und seine Brüder* formuliert hat. Diese Gedanken kommen den Politikern allerdings meist nicht in den guten, sondern erst inmitten der schlechten Zeiten, in Krisenzeiten. Ein historisches Beispiel: Anfang der 1930er Jahre, also mitten in der

Weltwirtschaftskrise, sagte der damalige Reichskanzler Heinrich Brüning: »Alles muss geschehen, um Opfer und Kosten der Krise so gering wie möglich zu halten – und um vorzusorgen, dass nach ihrer Beendigung alle Mittel für den Aufbau auf gesunder Grundlage vorhanden sind.« In der Finanzkrise von 2007/ 2008 hat Bundeskanzlerin Angela Merkel geradezu gebetsmühlenartig die Hoffnung Brünings wiederholt: »Wir werden alles dafür tun, dass Deutschland diese Krise nicht einfach nur überwindet, sondern dass Deutschland aus dieser Krise gestärkt hervorgeht.« Das heißt, »dass Deutschland nach der Krise stärker ist, als es vorher war«.

Nach Ansicht von Jan-Pieter Krahnen ist es zunächst einmal schwierig genug, überhaupt durch eine Krise hindurchzukommen. Er vergleicht die Politik in Krisenzeiten mit dem Kajak-Fahren auf einem reißenden Fluss. Die Manövrierfähigkeit ist enorm eingeschränkt: »Sie können nicht mehr beliebig nach links, rechts, vorne und hinten fahren, weil das Wasser unter Ihnen Sie einfach mitreißt und mitzieht. Sie müssen mit dem Fluss gehen. *You have to go with the flow.*« Genau das Gleiche gelte für einen Finanz- und Wirtschaftspolitiker: »Er muss verstehen, welche Teile der Bewegungen, die heute an den Märkten passieren, für ihn nicht kontrollierbar sind, auf die er sich aber einstellen muss. Und er muss verstehen, an welcher Stelle er noch Einfluss nehmen kann auf das, was auf diesen Märkten passiert.«

Allerdings neigen heutige Politiker dazu, sich selbst eine größere Rolle zuzuschreiben, als sie auf der Finanzbühne tatsächlich ausfüllen können. Was dazu führt, dass die Erwartungen des Publikums entsprechend wachsen. Im 19. Jahrhundert ließ der Staat Banken pleitegehen, und keiner wunderte sich. Im 21. Jahrhundert ließ die US-Regierung die Lehman-Bank pleitegehen, und alle waren entsetzt. Aber der Wirtschaftshistoriker Werner Plumpe hält es für wichtig, »dass Krisen nicht gebremst werden. Was wir heute im Finanzsystem haben, ist die Fortsetzung eines Spiels, das die Akteure im Finanzsystem selber gar nicht fortgesetzt hätten, wenn ihnen nicht die Politik das billige Geld geradezu hinterhergeworfen hätte.«

Politiker seien nun einmal daran interessiert, dass die Finanzstrukturen erhalten bleiben – weil sie zur Finanzierung staatlicher Aufgaben auf Kredite angewiesen sind, sagt Werner Plumpe. So etwas dürfe aber nicht auf eine Unternehmensrettung um jeden Preis hinauslaufen: »Wenn es Unternehmen gibt, die am Markt spekuliert haben, die damit viel Geld gewonnen haben, nun aber in Schwierigkeiten kommen, dann ist das deren Risiko – ein Risiko, das sie tragen müssen. Dann darf man die nicht noch im Spiel halten. Auf diese Weise ist die Krisenbekämpfung im Grunde genommen nur die Verstetigung der Krisenursachen.« Es sind also Krisenmanager gefragt, die nicht nur ihre Verantwortung, sondern auch ihre Grenzen kennen.

Jan-Pieter Krahnen: »Ich denke, die nächste Krise wird wie jede Krise an einer ganz anderen Stelle aufbrechen, als wir es überhaupt für möglich halten, sodass wir nur darauf vertrauen können, eine solche Grundstabilität in das System hineingetragen zu haben, dass Krisen nicht mehr den Charakter einer systemischen, einer Landesgrenzen überschreitenden Krise annehmen können.«

Und Werner Plumpe zieht folgendes Resümee: »Nach der Krise ist immer vor der Krise. Aber auf einem anderen technologischen Niveau, auf einem anderen strukturellen Niveau. Das heißt, die Krisen werden immer bleiben. Bedenken sollte man überhaupt erst bekommen, wenn das Neue aufhört, wenn zu wenig Neues kommt, wenn also die Menschheit weder die kognitiven noch die technologischen Voraussetzungen hat, um immer Neues hervorzubringen. Krisen gehören dazu.«

Claudia Wehrle und Oliver Glaap

22.

WIE GEHT EINE GERECHTE WIRTSCHAFT?

Wer von Gerechtigkeit spricht, kann nicht ohne Radikalität auskommen. Denn das Prinzip der Gerechtigkeit gehört zu den größten Versprechen, die unsere Gesellschaft ihren Bürgern macht. Ein Versprechen, das für alle Menschen auf der Welt gegeben wird, im Artikel 1 der UN-Menschenrechtserklärung vom 10. Dezember 1948: »Alle Menschen sind frei und gleich an Würde und Rechten geboren. Sie sind mit Vernunft und Gewissen begabt und sollen einander im Geiste der Brüderlichkeit begegnen.«

Es sind zwei feierliche Sätze. Aber der Schweizer Soziologe Jean Ziegler wird wütend, wenn er an diese Sätze denkt. Viele Jahre im Dienst der Vereinten Nationen (UN) in Afrika und in Genf, im beratenden Ausschuss des UN-Menschenrechtsrats, als Sonderberichterstatter für das Recht auf Nahrung, haben ihn ernüchtert: »Alle fünf Sekunden verhungert ein Kind unter zehn Jahren auf diesem Planeten, 57 000 Menschen sterben jeden Tag am Hunger, und fast 1 Milliarde von den 7,1 Milliarden, die wir sind, sind permanent schwerstens unterernährt. Und derselbe World Food Report der FAO, der Spezialorganisation der UN für Landwirtschaft und Ernährung mit Sitz in Rom, der diese Opferzahlen angibt, die von niemandem bestritten werden, sagt, dass die Weltlandwirtschaft in der heutigen Phase der Entwicklung ihrer Produktionskräfte problemlos zwölf Milliarden Menschen ernähren könnte, also fast das Doppelte der Weltbevölkerung.«

Wir haben ein Problem mit diesen Versprechen aus Artikel 1 der UN-Menschenrechtserklärung, denn in jeder Sekunde werden sie gebrochen. Mit tödlichen Folgen für die Kleinsten und Schwächsten auf dieser Erde. In den vergangenen 100 Jahren hat die Landwirtschaft eine Produktivität entfaltet, die bis dahin undenkbar war. Seit Jahren steht in den Berichten der FAO, wie reich unsere Weltproduktion ist – und wie armselig die Verteilung. Der Globalisierungskritiker Jean Ziegler hat dutzende Bücher geschrieben, er klagt Konzerne, Regierungen, die EU, die UN und nicht zuletzt internationale Finanzinvestoren an. In seinem jüngsten Buch *Ändere die Welt* zieht er ein bitteres Fazit: Unsere Weltordnung ist kannibalistisch: »Es gibt keine Fatalität mehr. Es hat sie einmal gegeben. Aber ein Kind, das jetzt, wo wir reden, am Hunger stirbt, wird ermordet.«

Jean Ziegler wird für solche Sätze scharf kritisiert. Aber trifft seine Zuspitzung nicht doch einen wesentlichen Kern des Problems? Warum schafft es eine funktionierende Weltwirtschaft, internationale Finanzströme geräuschlos und in Echtzeit zu bewerten und darauf zu reagieren, während uns das Decken einfachster Grundbedürfnisse gegen Hunger – die Schüssel Reis einmal am Tag für jeden – nicht gelingt? Wie ernst ist es uns mit der Gerechtigkeit?

Lebensmittelmarken für die Armen

Die Nahrungsmittelproduktion ist ein gutes Beispiel für Wohlstandsentwicklung. Die politischen Ökonomen oder Volkswirte zerbrachen sich zu Zeiten der französischen Revolution und bis ins 19. Jahrhundert den Kopf darüber, ob es in Zukunft – bei ständig wachsender Bevölkerung – möglich sein würde, dereinst 1 Milliarde Menschen auf der Erde zu ernähren. Heute könnten wir 12 Milliarden ernähren, doch noch immer hungern Menschen; es gibt sogar Hunger in den reichen Industrienationen. Haben wir also unter dem Strich vor allem ein Problem mit der Verteilung von Wohlstand – und gar nicht damit, dass es nicht genug Wohlstand gibt?

Josef Stiglitz, der US-Ökonom und Wirtschaftsnobelpreisträger, beschäftigt sich mit Armut in den Industrienationen, vor allem in den USA: »Jeder siebte Amerikaner bezieht Lebensmittelmarken, und jeder siebte ist trotzdem von Hunger bedroht. Die Finanzkrise hat das alles noch schlimmer gemacht. Besonders auf die Vermögensbildung hatte sie einen verheerenden Effekt, denn Amerikaner der Unter- und Mittelschicht steckten ihr Geld komplett in ihre Häuser. Als dann die Hauspreise um 30, mancherorts sogar um 50 Prozent fielen, haben diese Leute einfach alles verloren. Statistisch bedeutet das heute: Die sechs Familienmitglieder der Familie Walton – die reichsten Amerikaner, denen die Supermarktkette Wal Mart gehört – besitzen zusammen so viel, wie die unteren 30 Prozent der Amerikaner zusammen besitzen. Das sagt etwas darüber aus, wie reich die Reichen sind, aber auch, wie arm die Armen sind.«

Dass die reichste amerikanische Familie so viel besitzt wie knapp ein Drittel der ärmsten Amerikaner zusammen, spiegelt einen weltweiten Trend wider. Global betrachtet, sind die Vermögensunterschiede sogar noch größer als in den USA und Europa; und die Zahlen belegen, dass diese Unterschiede von Jahr zu Jahr zunehmen: Erstmals besitzen, laut einer Studie von Oxfam, im Jahr 2016 die reichsten 1 Prozent der Weltbevölkerung mehr als die Hälfte aller Vermögen weltweit. Und 80 Prozent der restlichen Menschheit teilen sich 5 Prozent des Weltvermögens. Deutschland liegt im Trend: Die ärmere Hälfte der Bevölkerung besitzt 2,5 Prozent der Vermögen, das reichste 1 Prozent verfügt über ein Drittel der Vermögenswerte – mindestens, so schätzt das Deutsche Institut für Wirtschaftsforschung (DIW). Über Armut in Deutschland gibt es präzise Erhebungen, über Reichtum nicht. Seit 1997 die Vermögensteuer auf Kapitalvermögen abgeschafft wurde, hat auch die deutsche Steuerverwaltung keinen Überblick mehr über den tatsächlichen Reichtum der Deutschen.

Der Gerechtigkeitsmonitor

Ab wann aber ist die Verteilung von Reichtum und Armut ungerecht? Der »Internationale Gerechtigkeitsmonitor«, den das arbeitgebernahe Institut der deutschen Wirtschaft (IW) in Köln regelmäßig erstellt, nähert sich dieser Frage über einen Datenvergleich. 28 Industrienationen, inklusive Australien und Kanada, werden nach Aspekten wie Gesundheitsversorgung, Lohn- und Einkommensgerechtigkeit, Bildungschancen und soziale Mobilität bis hin zu Generationengerechtigkeit verglichen und in einem Ranking sortiert. Deutschland steht in der Gesamtbewertung auf Platz 7 vor Ländern wie Luxemburg, Belgien und Frankreich – aber hinter Schweden, Finnland und der Tschechischen Republik. Geht es in Deutschland also ungerechter für die Menschen zu als etwa in Schweden? Professor Dominik Enste, der für das IW den Gerechtigkeitsmonitor erarbeitet, erklärt die Bedeutung von Platz 7 für Deutschland: »Platz 7 sagt aus, dass die Gerechtigkeit in Deutschland im internationalen Vergleich relativ gut gewährleistet ist, über diese sechs Dimensionen hinweg betrachtet, und dass wir uns gar nicht so sehr verstecken müssen im Hinblick darauf, was die soziale Marktwirtschaft an wirtschaftlichen Erfolgen gebracht und geleistet hat. Sondern es ist gelungen, ein sehr großes Land, das ja doch sehr heterogen ist, insgesamt sehr gerecht zu gestalten.«

Beim Internationalen Gerechtigkeitsmonitor lohnt jedoch auch der Blick auf Details, etwa auf die Kategorie der Bedarfsgerechtigkeit: Wie gut werden Grundbedürfnisse gesichert, wie gut werden mögliche Notlagen abgefedert? Hier befindet sich Deutschland auf Platz 5 – dank der umfassenden Gesundheitsvorsorge und der funktionierenden Sozialtransfers. In der Kategorie der Chancengerechtigkeit aber rangiert Deutschland auf Platz 9, weil es weniger Investitionen in Bildung und Kinderbetreuung gibt als in den Vergleichsländern. Und in der Kategorie Einkommensgerechtigkeit befindet sich Deutschland sogar im unteren Drittel, weil die höchsten und die niedrigsten Einkommen weit auseinanderklaffen. Hier schlägt sich nieder, dass die verschiedenen Einkommensarten – beispielsweise Arbeitseinkommen, Kapitaleinkünfte und Erbschaften – ungleich besteuert werden und zu guter Letzt auch, dass die Vermögen in Deutschland ungleicher verteilt sind als in den Vergleichsländern. In Sachen Einkommensgerechtigkeit liegt Schweden an der Spitze – und die USA liegen am unteren Ende der Gerechtigkeitsskala.

Fassen wir also zusammen: Der Internationale Gerechtigkeitsmonitor bescheinigt Deutschland: Hungern und unversorgt krank sein muss keiner, aber in Sachen Chancengerechtigkeit und Einkommensgerechtigkeit steht das Land schlechter da, als es seiner großen Wirtschaftskraft entspräche. Reichtum und höhere Einkommen sind zudem einer kleinen Minderheit vorbehalten, deren Reichtum überproportional wächst.

Die unsichtbare Hand

Die klassische Wirtschaftstheorie tut sich schwer mit dem Begriff der Gerechtigkeit. Er hat in ihrer Logik keinen definierbaren Platz. Dafür aber arbeitet die Theorie mit dem Begriff des »Gleichgewichts«. Das Gleichgewicht ist das Ergebnis eines bewussten oder unbewussten Aushandelns zwischen Wirtschaftssubjekten, gewissermaßen ein Zustand, den alle als gemeinsamen Nenner oder zumindest als Kompromiss akzeptieren – und als richtig, vielleicht sogar als gerecht empfinden.

Das dürften die Überlegungen gewesen sein, die den Moralphilosophen Adam Smith bei seiner Theorie von der unsichtbaren Hand begeistert haben. Zumindest stellte der Schotte 1776 befriedigt fest, dass sich im allgemeinen Zusammenspiel der Eigennutz vieler zu einem guten Ganzen fügt. In seinem Buch *The Wealth of the Nations* (*Der Wohlstand der Nationen*) beschreibt er die Wirkungsweise der unsichtbaren Hand: »Wenn daher jeder Einzelne so viel wie nur möglich danach trachtet, sein Kapital zur Unterstützung der einheimischen Erwerbstätigkeit einzusetzen und dadurch dieses so lenkt, dass ihr Ertrag den höchsten Wertzuwachs erwarten lässt, dann bemüht sich auch jeder Einzelne ganz zwangsläufig, dass das Volkseinkommen im Jahr so groß wie möglich werden wird. [...] Er wird in diesem wie auch in vielen anderen Fällen von einer unsichtbaren Hand geleitet, um einen Zweck zu fördern, der keineswegs in seiner Absicht lag.«

Das Wunder der unsichtbaren Hand bestimmt bis heute unser Bild davon, wie allgemeiner Wohlstand entsteht, fast 250 Jahre nach Adam Smith. Egoistisches Verhalten der Marktteilnehmer kann unter Verweis auf die »unsichtbare Hand« gerechtfertigt werden, Rücksichtnahme wäre im Umkehrschluss sogar schädlich. Adam Smith verdanken wir auch die theoretische Erklärung dafür, wie der Wohlstand der Reichen auch zu den ärmeren Menschen gelangt, quasi durchsickert: Der Trickle-down-Effekt – der goldene Regen – beschreibt, wie der überbordende Reichtum der Gutsherren, Fabrikbesitzer, des Adels wie aus einer überlaufenden Regentonne zu den Armen hinuntertröpfelt und so auch die Arbeiter, Angestellten und Bauern erreicht.

Bis in die 1980er Jahre war die Rede vom »goldenen Regen« ein fester Bestandteil konservativer Wirtschaftspolitik. US-Präsident Ronald Reagan – ein Republikaner – versprach in seiner Regierungserklärung im Juni 1985 ein Steuersenkungsprogramm für die Reichen in den USA und einen »goldenen Regen« für die anderen: »Wenn Steuern gesenkt werden, wächst die Wirtschaft. Und Wachstum ist gut für alle, vor allem für die Armen. Mit dieser Leiter können sie aus der Armut herausklettern. Und für die, die nicht arm sind, aber eben auch keineswegs reich, wie die meisten Leute in Amerika, wird das Wachstum Möglichkeiten eröffnen, die sie so noch nie hatten.«

Der versprochene Trickle-down-Effekt hat in der Reagan-Ära allerdings nicht funktioniert – und auch nie zuvor, und schon gar nicht seither, sagt Josef Stiglitz: »Ich wünschte, das wäre alles wahr – und wenn man sich anschaut, was wir dann für eine geringe Ungleichheit hätten, dann stünden wir alle auch ziemlich gut da. Aber wenn man sich das Datenmaterial genau ansieht, dann erkennt man: Die meisten Amerikaner stehen schlechter da als vor 15 Jahren. Anders formuliert: Inflationsbereinigt sind die Löhne heute niedriger als im Jahr 1997. Von der Dynamik der amerikanischen Wirtschaft profitierten vor allem die oberen 1 bis 10 Prozent, aber nicht die große Mehrheit der Amerikaner.«

Historisch ist also die These längst widerlegt, dass die Reichen quasi ganz von allein ihren Wohlstand nach unten durchsickern lassen. Dennoch hält sich in den USA seit Jahrzehnten die Doktrin der Steuersenkungen. Sogar unter Präsidenten der als progressiver geltenden US-Demokraten zahlen die Reichen im Schnitt geringere Steuersätze auf ihre gesamten Einkünfte als der klassische Klein- oder Durchschnittsverdiener auf seinen Lohn. Der Großinvestor Warren Buffet, einer der reichsten Männer der Welt, bezeichnete es als Skandal, dass seine Sekretärin eine höhere Steuerquote habe als er, der Milliardär. Geht der »goldene Regen« am Ende also eher über dem Kapital hernieder?

Die Re-Feudalisierung der Gegenwart

Der französische Ökonom Thomas Piketty hat für diese These entscheidende Hinweise, sogar Beweise gefunden. Nicht Arbeit, Fleiß und Strebsamkeit führen zu Wohlstand, wohl aber wachsen die Einkünfte aus Kapital und der Wert des Kapitals. Thomas Piketty: »Das ist zum Beispiel auch bei Liliane Bettencourt der Fall, bei der reichsten Frau Frankreichs. Ihr Vermögen wuchs innerhalb von 20 Jahren von 2 auf 25 Milliarden Euro. Im Vergleich dazu wuchs das Vermögen von Bill Gates, seit er sich aus dem operativen Geschäft zurückgezogen hat, genauso stark, nämlich von 4 auf 50 Milliarden.

Wir haben also einen Mechanismus, der hier abläuft – und der völlig unabhängig von Arbeit stattfindet.«

Thomas Piketty hat statistische Werte aus über einem Jahrhundert und für die ganze Welt ausgewertet. Vereinfacht gesagt, hat er dabei Folgendes festgestellt: Die Aufteilung der Vermögensverhältnisse nähert sich heute derjenigen aus vordemokratischen Zeiten an, es gibt eine Art Re-Feudalisierung. Präziser gesagt: Die Verzinsung oder Rendite aus Immobilien, Unternehmensanteilen und anderen Kapitalanlagen entwickelt sich immer besser, während Arbeitseinkommen und das sogenannte Volkseinkommen langsamer wachsen. Das bedeutet: Vom Wohlstandszuwachs profitieren in stärkerem Maße diejenigen, die bereits über Vermögen verfügen. Leistungen von Unternehmern werden genauso belohnt wie Erbschaften – die Arbeitsleistung jedoch in jedem Fall geringer. Aufgrund seiner statistischen Beobachtung kommt Piketty zu einer – durchaus umstrittenen – Gesamtformel: Die Kapitalrendite pro Jahr ist höher als das Wachstum des Volkseinkommens. Was genau ist daran ungerecht? Wie definiert eine Gesellschaft ökonomische Gerechtigkeit?

Auch hier steht am Anfang eine Art Versprechen, ähnlich wie das eingangs zitierte Versprechen in der UN-Menschenrechtserklärung, denn alle deutschen Gesetze und Maßnahmen berufen sich letztlich auf einen zentralen Satz im Grundgesetz, nämlich Artikel 3 Absatz 1: »Alle Menschen sind vor dem Gesetz gleich.«

Doch was folgt daraus? Jeder bekommt eine Chance, keiner darf benachteiligt werden, Leistung wird belohnt. Und weiter? Wie gerecht Wirtschaft ist und wie gerecht sie werden soll, das ist eine politische Frage, die eine Gesellschaft immer wieder neu aushandeln muss. Der Philosoph und Politologe Rainer Forst fordert, dass die Ökonomie sich diesen gesellschaftlichen Forderungen folglich auch stellen muss: »Kein ökonomischer Diskurs kann davon ausgehen, dass die Art, wie Märkte etabliert werden, wie Produktionsverhältnisse etabliert werden, nicht von politischen Rahmenbedingungen abhängt. Dieser Rahmen wirkt an vielen Stellen auf das ein, was am

Markt geschieht. Es ist eine Durchdringung von Politik und Ökonomie, deshalb ist das Gesamtbild einer Wirtschaft immer auch ein politisches Bild und kann nie frei sein von den Gerechtigkeitsvorstellungen darüber, wie dieses Geschehen gestaltet werden soll.«

Ein demokratisches Paradox

Wie entwickelt eine Gesellschaft wirtschaftliche Gerechtigkeit? Die Frage führt direkt zum antiken, auf Platon zurückgehenden Kern der Gerechtigkeitstheorie, der sich auch in den Grundrechten spiegelt: Gerecht ist demzufolge, jedem das zu geben, was er benötigt, was ihm zusteht, was er verdient. Rainer Forst geht noch einen Schritt weiter und beschreibt Gerechtigkeit politisch und damit als das Gegenteil von Willkür: »Es geht darum, wie Menschen durch Bildung, durch Ausbildung und durch andere Ressourcen in die Lage versetzt werden, nicht nur erfolgreich sich wirtschaftlich betätigen zu können, es geht darum, dass die Menschen sich nicht nur als solche verstehen, die diese Systeme akzeptieren müssen, in Systemen funktionieren und dafür bestmögliche Ressourcen haben. Sondern dass sie diese Systeme auch verändern können, weil es ihr Leben ist und ihre Gesellschaft, die auf eine bestimmte Weise funktioniert.«

Wenn Gerechtigkeit die Abschaffung von Willkür ist, genügt es dann, Lebensmittelmarken zu verteilen, Niedriglöhne aufzustocken, Spenden zu geben? Gerechtigkeitstheoretisch ist das zu kurz gegriffen, sagt Rainer Forst. Um Willkür auch in wirtschaftlichen Situationen zu beseitigen, müssen alle die Möglichkeit haben, die Bedingungen, unter denen sie leben, zu verändern. Eine gerechte Wirtschaft ist ihm zufolge demnach eine, die auch von jenen mitgestaltet wird, die zu den am schlechtesten Gestellten gehören. Es ist daher ein demokratisches Paradox, dass genau diese Gruppe besonders selten wählen geht, also diese Möglichkeit nicht nutzt. Je ärmer, desto geringer die Wahlbeteiligung, sagt der Soziologe Armin Schäfer, Professor für International Vergleichende Politische Ökonomie an der Universität Osnabrück. Mit fataler Wirkung: »Wenn nur eine Untergruppe der Gesellschaft wählt, die sich noch dazu sehr unterscheidet von der Gesellschaft insgesamt, dann droht die Gefahr, dass nur die Interessen derjenigen berücksichtigt werden, die ohnehin bessergestellt sind.«

Drei Viertel der Deutschen finden Deutschland sozial ungerecht und machen sich Sorgen um den sozialen Frieden in Deutschland. Das stellte der Deutsche Paritätische Wohlfahrtsverband anlässlich des Armuts- und Reichtumsberichts der Bundesregierung 2013 fest. Der Elitenforscher Michael Hartmann hat zudem erforscht, dass die Reichen sich weniger Sorgen um den sozialen Frieden machen als die Armen. Weil diese Gruppe bei Wahlen also überrepräsentiert ist, bekommt die Politik die Botschaft: Alles ist gut.

Michael Hartmann hat Deutschlands Eliten, Entscheider aus Wirtschaft, Politik und Kultur, befragt, wie gerecht oder ungerecht sie das Leben in Deutschland finden. Ergebnis: Nur 43 Prozent, also nicht einmal die Hälfte, finden Deutschland sozial ungerecht – und lehnen daher beispielsweise höhere Steuern für Reiche ab: »Es gibt zwei Gründe. Der erste ist ihre Position, und der zweite, noch wichtigere, ist die überwiegende Herkunft dieser Eliten. Das heißt: Fast zwei Drittel stammen aus reichen oder zumindest sehr wohlhabenden Familien, und sie wachsen auf in einer Umgebung, die mit der normalen Bevölkerung nur begrenzt zu tun hat. Das verfestigt sich, wenn man selbst in Spitzenpositionen ist. Das hat nichts mit persönlicher Ehrlichkeit oder Sympathie oder so zu tun, man bekommt einfach einen anderen Blick auf die Wirklichkeit.«

Zudem werden sogenannte Aufsteiger, die beide Welten kennen, immer seltener. Dabei wären sie diejenigen unter den Reichen, die sich für Wohlstandsausgleich stark machen würden: »Es gibt einen großen Unterschied zwischen denen, die aus Arbeiterfamilien stammen, und denen, die schon reich geboren wurden. Unter Kindern aus Arbeiterfamilien gibt es eine deutliche Mehrheit für höhere Steuern, und bei denen, die aus wirklich reichen Familien kommen, gibt es eine sehr große Mehrheit dagegen. Das heißt, es ist nicht nur die Elite-Position, sondern auch die Herkunft und die Erinnerung daran, wo man hergekommen ist.« Und so bleiben Reiche immer mehr unter sich; das gilt gleichermaßen für gentrifizierte Stadtviertel und Urlaubsresorts, wie für Liebe und Partnerschaften: Längst haben sich ein eigener Heiratsmarkt, eigene Partnerbörsen etabliert.

Die »Generation Erben«

In den kommenden Jahrzehnten werden in Deutschland geschätzt 250 Milliarden Euro pro Jahr vererbt, man rechnet mit rund 3 Billionen Euro (eine Zahl mit 12 Nullen) in den nächsten zehn Jahren. Zum Vergleich: Damit könnte man alle deutschen Schulden auf einen Schlag tilgen, und es wäre noch fast ein Drittel der Summe übrig. Man könnte damit auch 150 Jahre lang alle Hartz-IV-Empfänger bezahlen. Bereits heute sind die großen Vermögen zu 80 Prozent aus Erbschaften entstanden, *self-made* sind nur noch wenige Milliardäre. Diese Erbschaftswelle wird vor allem die Generation der heute 30- bis 40-Jährigen treffen. Erstmals in der Geschichte der Bundesrepublik erbt eine Generation mehr, als sie selber je verdienen kann – zumindest gilt das für die reichsten Erben.

Die Journalistin Julia Friedrichs hat sich mehrere Jahre lang mit der »Erbschaftswelle« beschäftigt: »Das Problem bei dieser Geldmenge ist ja, dass es eine schiefe Metapher ist, denn ›Welle‹ klingt danach, dass alle warm getränkt werden von so einem schönen Geldsegen. Das ist aber nicht so. Das Vermögen ist in Deutschland extrem ungleich verteilt, und so wird es auch im Erbfall sein. 50 Prozent erben Schulden oder nichts, und man schätzt, dass 8 Prozent der Erben 40 Prozent erben werden.« Erbschaften werden so zu einem ausschlaggebenden Faktor bei der Vermögensbildung. Julia Friedrichs: »Das ist gewissermaßen eine Doppelkluft. Denn vertiefen wird sich auch die Kluft zwischen denen, die Kapital haben, und denen, die nur durch Arbeit versuchen, zu Wohlstand zu gelangen. Deutschland war immer eine Arbeitsgesellschaft, eine, wo der Großteil des Einkommens erarbeitet wurde. Der Franzose Thomas Piketty beschreibt, dass wir uns wieder in Richtung einer Rentier-Gesellschaft entwickeln, also einer, in der Menschen hauptsächlich oder nur von Kapitalerlösen leben werden. Und die, die nur arbeiten, haben es immer schwerer, diesen Abstand zu verringern.«

Die »Generation Erben« will dabei nicht unbedingt alles für sich behalten – im Gegenteil. Es gibt Erben, die freiwillig einen Teil ihres Erbes abgeben. Dieter Lehmkuhl ist einer von ihnen. Der Psychotherapeut und Arzt hat in den 1990er Jahren von seinen Eltern Brauerei-Aktien geerbt. Seither hat sich sein Vermögen verdoppelt, sagt er, und zwar einfach so, ohne sein Zutun. Das findet er ungerecht. Auch deswegen ist er einer der Initiatoren des »Appells für eine Vermögensabgabe«: »Unsere Forderung ist 5 Prozent von dem Betrag des Gesamtvermögens, der über 500 000 Euro hinausgeht, auf die nächsten zwei Jahre verteilt. Das heißt, wenn jemand ein Vermögen von einer Million hat, dann muss er 10 Prozent von 500 000 abgeben, das sind 50 000 Euro über einen Zeitraum von zwei Jahren.« Im Anschluss an die ersten beiden Jahre soll dann eine dauerhafte Vermögensteuer von 1 Prozent pro Jahr folgen, fordert die Initiative »Appell für eine Vermögensabgabe«. Sie sind übrigens nicht die Einzigen, ähnliche Pläne hat auch die »Initiative Generationengerechtigkeit«. Im Jahr 2015 zählte man in Deutschland 150 Milliardäre: Folgte man den Aufforderungen dieser Initiativen, es käme nach dieser Rechnung eine enorme Summe zusammen. Aber wie besteuert man diese Vermögen auf gerechte Weise?

Für den Ökonomen Thomas Piketty ist klar, wie eine solche Besteuerung aussehen müsste: Seine statistischen Werte erlauben eine Schätzung über den Vermögenszuwachs bei Immobilienvermögen, die man ins Verhältnis zu den Werten setzen kann, die in

Unternehmen stecken – und zumindest diese Steuerbelastung sollte zwischen allen Gruppen gleich verteilt sein: »Wenn die wertvollsten Immobilien ihren Marktwert mit einer Rate von 7 bis 8 Prozent im Jahr steigern, dann ist es klar, dass eine Vermögensabgabe von 1 oder 2 Prozent daran nicht viel ändern wird. Wenn man also wieder für eine gleichmäßigere Vermögensverteilung sorgen will, oder zumindest verhindern möchte, dass die Unterschiede immer größer werden, dann muss man auf die Immobilienwerte eine Steuer erheben, die zu diesen Immobilienwerten in einem vernünftigen Verhältnis steht.«

Die Spendenbereitschaft boomt

Steuern werden ungern gezahlt, bei Spenden aber zeigen sich auch Wohlhabende großzügig. In einer Studie mit über 600 Millionären zeigte sich, dass Millionäre gerne teilen, besonders, wenn sie glauben, das Gegenüber sei bedürftig. Dann würden sie 63 Prozent eines Gewinns abgeben. Zeigt also die Verhaltensökonomie, dass Großzügigkeit funktioniert, wenn sie sinnvoll erscheint? Zumindest erklärt das, warum Spenden beliebter als Steuern sind. In den USA sind Steuererhöhungen politisch nicht mehr durchsetzbar, in Deutschland zeichnet sich diese Entwicklung ebenfalls ab. Spenden hingegen boomt.

The »Giving Pledge« heißt die Bewegung in den USA, in die Milliardäre beachtliche Summen für karitative Projekte investieren, sich sogar im Wettstreit um die höchsten Summen messen. Die Bill-und-Melinda-Gates-Stiftung etwa engagiert sich auch in Entwicklungsländern für bessere Gesundheitsfürsorge und landwirtschaftliche Forschung. Ist Wohltätigkeit also die Lösung für einen Ausgleich zwischen Vermögenden und Armen? Das sieht der Gerechtigkeitsforscher und Politologe Rainer Forst kritisch. Verteilung von Wohltaten durch Privatmenschen sei – politisch gesehen –

pseudogerecht: »Mit Gerechtigkeit hat das erst mal nicht viel zu tun, weil die Gerechtigkeit eine öffentliche Aufgabe ist. Sie ist nicht eine Aufgabe von Wohltätern oder eine, die wir an Wohltäter abtreten könnten. Die wichtige Frage ist, wie eine Ökonomie anders organisiert werden kann, um nicht Gruppen derjenigen zu produzieren, die nach John Rawls die Schlechtestgestellten sind und die eigentlich die Gruppen sind, vor denen unsere ökonomische Struktur sich rechtfertigen muss. Denen gegenüber müssen wir Gründe liefern, wieso wir glauben, dass keine alternative Form des Wirtschaftens möglich ist, die deren Situation verbessern würde – und da wird es schon schwierig.«

Führt der Weg zu einer gerechten Wirtschaft also nur über den Weg einer gerechteren Politik? Der Globalisierungskritiker und Kämpfer gegen den Welthunger, Jean Ziegler, hofft genau darauf: auf ein starkes Erwachen demokratischer Kräfte, auf eine lebendige Zivilgesellschaft, die daran arbeiten will, Deutschland, Europa und die Welt zu einer Welt gerechten Wirtschaftens zu machen: »Es gibt keine Ohnmacht in der Demokratie. Die Französische Revolution ist auch aus einem ganz lokalen Quartieraufstand entstanden. Dasselbe kann morgen früh in Frankfurt, Berlin, Dresden, Leipzig geschehen. In den westlichen Herrschaftsländern gibt das Grundgesetz, die Verfassung, den aufständischen Menschen, die die Entfremdung in ihrem Kopf gebrochen haben, alle Waffen in die Hand, um diesen Kampf gegen Ungerechtigkeit, Absurdität, Konzernherrschaft und Entfremdung siegreich zu führen.«

Wie also geht eine gerechte Wirtschaft? Ohne Politik wird Wirtschaft diesen Weg nicht finden. Wir alle bestimmen darüber, wie gerecht die Zukunft wird. Und wer nicht einmal wählen geht, dessen Interessen sind in der Gefahr, unterzugehen.

Bettina Emmerich